地域福祉実践の社会理論

贈与論・認識論・規模論の統合的理解

山本　馨

新曜社

目　次

装画　山本浩二

装幀　鈴木敬子（pagnigh-magnigh）

序章　問題関心の所在——地域福祉実践の豊饒さと政策枠組みを超える実践の出現

地域福祉実践の方向性

近未来の日本の地域福祉を構想するために、どのような研究手法を採用すればよいか。そしてその将来像とはどのようなものか。本書は社会理論の援用と比較分析という研究手法を採用することによって、この困難な問いに答えようとするものである。

未来の地域福祉を構想するためには、まず、現在のさまざまな〈福祉実践〉の間に見られる質的多様性を適切に位置づける必要がある。たとえば、デンマークの社会学者イエスタ・エスピン＝アンデルセンは、福祉国家に代わる新しい概念として「福祉レジーム論」を展開している。この概念は、現代の福祉国家を自由主義、社会民主主義、保守主義の三レジームに分類する。また、日本の社会福祉政策は、自由主義レジームと保守主義レジームの組み合わせから独自のレジームを形成する、または発展途上にあるとして、結論を留保した（Esping-Andersen 1990=2001）。現代日本の福祉レジームは相対的に未成熟であり、今後どの類型に成長していくのか不明であるというのが理由であった。

本書では、このアンデルセンの三類型も参照しつつ、現代および近未来の日本の地域社会における福祉実践の相対的な位置づけや方向性を検討する。この検討を通じて、福祉実践からみた現代日本社会は、自由主義でも社会民主主義でも保守主義でも、あるいはこれらの混合でもなく、「地域による福祉」が要援護者の幸福に重要な役割を果たす、新たなレジームである可能性を明らかにしたい。

この将来像は、現在の福祉実践家や福祉職員のマジョリティの中には必ずしも存在しない。地域福祉実践の中には制度疲労を起こしている事例も数多く存在するからである。そのようなマジョリティの延長線上ではなく、各地で行われている実践においてむしろ「神は細部に宿る」のではないかと筆者は考える。

現代日本の地域福祉はもはや、単なるケアの資源調達に留まっていない。それは、要援護者の日常生活の幸福を、彼または彼女が所属する地域コミュニティの中でどのように実現していくのか、個人の幸福を支える地域コミュニティのあり方を問題化する段階に到達しているのである。つまり、本書が見出した福祉実践たちは、次の時代の到来を指し示す光源である。本書は、この現代日本の地域福祉実践の指向性を明らかにしたい。そして、これらに対する社会分析は、未来をつなぐ「細部」を探り当てる試みである。

地域福祉実践の豊饒さ

次代の地域福祉を展望する旅に出る前の準備として、そもそも地域福祉や地域福祉実践／政策とは何を指すのか、そして現在の日本の地域福祉実践の態様はどのようなものであるのか、本書の出発点を整理しておこう。

地域福祉とは、厚生労働省の定義によれば、地域における福祉のことである。これに対立する概念は、特定の地域に偏ることなく日本社会一般に通用する国の社会福祉制度であろう。国家による社会福祉制度を地域福祉の対概念に据えてみると、地域福祉の特徴がよく理解できる。つまり国の制度ではカバーできない、地域における福祉の諸問題を解決する活動全般が、包括的に地域福祉と呼ばれている。

したがって、地域福祉一単位のカバーする地理的エリアは広くないが、担当する分野は広範囲にわたる。地域福祉の守備範囲は、ある地域内、たとえば学校区で生じる高齢、障害、母子、児童、貧困などあらゆる福祉分野の問題に及ぶ。

そのために活動するのが、地域福祉実践家と呼ばれる住民個人と、自主的な住民組織の成員、あるいはその活動を手助けする社会福祉協議会の職員である。彼らの活動を地域福祉実践と呼び、社会福祉協議会や自治体行政と連携する場合を、地域福祉の政策実践と呼ぶ。社協職員など福祉職従事者を除くと、実践家の多くは中高年齢層の主婦や退職した女性ボランティアが多い。現代日本では、全国各地で地域福祉実践が盛んに行われており、活動内容も多領域にわたり、重要な社会福祉実践として注目されることも多くなってきた。社会福祉分野では近年のこの傾向を「地域福祉の主流化」と呼ぶこともある。

これから紹介する現代日本の各地で行われる地域福祉実践は、われわれが想像する以上に多彩で豊饒である。ここでいう豊饒さとは、単に同じ地域福祉の枠組みの中に多彩なバリエーションが豊富にあるという意味ではない。そこには制度設計の枠組み自体にもさまざまな質的相違が存在するという意味も含んでいる。地域福祉実践の現場では、われわれが一般的に想定する福祉実践をはるかに超えた実践が実際に行われているのである。本書では、このような設計・立案の枠組みが有する豊饒さにも、焦点を当てて検討したい。

現代日本の地域福祉実践

現代日本における一般的な地域福祉の理解は、次のようなものであろう。①市区町村社会福祉協議会の主導により、②一般の地域住民がボランティアとなって、③地域の要援護者に対して福祉資源やサービスを提供すること、あるいは④当該提供のための体制を構築すること、である。このような理解に基づく実践活動は、共同募金やボランティア活動など、一般的に想定される福祉活動が該当する。しかし本書は、これらは現代の地域福祉実践の一部でしかないという仮説から出発する。本書第1章で述べるように、現実の地域福祉実践はこのような一般的な理解を大きく超える多様性を根本にもつ。たとえば、次のような新たな実践例が見出される。

(1) 介護保険では対応しきれない福祉ニーズ全般に、地域住民が自ら企画立案してきめ細かく対応する例（地域福祉理論でいう「小地域福祉活動」）

(2) 私的な近隣あるいは友人づきあいの中に少し福祉的な心遣いを込めることで、特別な「地域福祉活動」ではなく、私的で日常的な社会関係自体を結果的に地域福祉的な活動として認知する例（地域福祉の「定義」や「提供方法」や「守備範囲」の拡大）

(3) 社会福祉協議会が独占的に管理や担当する地域福祉から、介護保険事業所等が実質的に主導する地域福祉へ（地域福祉の「主導者あるいは援護者の範囲」の多様化）

地域福祉の拡大傾向と社会理論の援用　個人の幸福を支える共同体のあり方としての地域福祉従来の地域福祉政策が指向していた枠組みを乗り越える、このような実践がすでに生成している。しかし、現代日本の地域福祉実践の現場が、質的に異なる枠組みを含む「豊饒さ」を有することは、一般の人々にはもちろん、地域福祉の担当機関の職員にも、あるいは新たな実践家本人にさえ、自覚されていない。

たとえば、後章で紹介する私的なつきあいに福祉的要素を取り込んだ地域福祉の実践家本人は、実際には目の前の要援護者を大いに助けているにもかかわらず、それを地域福祉実践の一種とも、従来の政策が想定するカテゴリーを超える実践とも自覚していないであろう。介護保険事業所の地域福祉実践家による認識も同様で、自分の行為が地域福祉実践としての役割を果たすとは自覚していない。つまり、自分たちの実践の意味や枠組み自体を他地域と対比して地域福祉実践全体のなかで位置づける、相対的な比較の視点をもつ実践家はほとんど存在しない。あるいはそうした観点の研究もほとんどなされていない。

社会学研究や地域福祉研究の分野においても、特定地域の個別実践についての事例研究や参与観察がほとんどであり、他地域の実践との質的差異を問う比較研究はあまり行われていない。たとえば当該地域内で生じる政策と実践の齟齬や逆機能等、両者の関係を問う研究は多数存在する。しかし、社会科学理論を援用して複数地域の政策構想・手段の類型化・実践の成立条件を比較分析し、地域福祉実践の枠組み自体と質的豊饒さを描こうとする研究は、管見の及ぶ限り存在していない。

本書の目的と構成

本書の目的は日本の地域福祉実践を贈与・認識・規模の観点から解明し、これらを統合して福祉研究の理論水準と方法論を洗練化することである。第一に、地域福祉実践事例を三つの類型に分類し社会理論により相対化を行う。第二に、相対化された類型を統合的に理解することで新たな社会福祉政策の萌芽を発見する。第三に、この発見に基づいて地域福祉政策の将来像を構想し、政策立案に活かす方法論を開発する。すなわち、事例をいったん抽象化して比較分析を行い、現場の地域福祉政策立案に提言を行う、福祉社会学の研究手法を洗練化する。

本書の構成は次の通りである。

序章では、本書の問題関心の所在、研究目的、学術的・社会的意義を述べる。

第Ⅰ部では、地域福祉活動の様相および本書独自の比較分析手法を提示する。

第1章では、議論の前提として、世界と日本の社会福祉政策の動向を概観する。第2章では、二〇〇六〜二〇一三年に著者が行った日本の地域福祉活動の事例調査（おもに地域福祉実践者への聞き取り調査）から、全国五地域の福祉実践の概要と特徴を述べ、地域福祉理論に基づく活動の特色と、地域福祉実践の多様化の様相を明らかにする。これらの事例を三つにグループ化し、次章以降で、社会科学理論に基づく類型に読み替えて比較分析する。第3章では、贈与・認識・規模の社会理論を分析視角として、モースの贈与論、シュッツの認識論、ダールの規模論のそれぞれについて、理論的検討を行う。

第Ⅱ部では、五地域の地域福祉実践を質的差異に基づいて三つの類型に区分し、類型ごとの特徴、各実践の位置づけ、実践間の連携関係を、第3章で検討した三つの社会理論を援用して明らかにする。

第4章では、贈与論から、第5章では、認識論から分析を行う。また、三類型の他者認識の相違を別の角度から評価するため、フッサールやレヴィナスの他者論も援用する。第6章では、規模論から分析を行い、三つの社会理論から統合的理解をめざす。

第Ⅲ部では、分析のまとめと結論を述べる。

第7章では、第Ⅱ部でみた地域福祉実践間の連携関係の中に、先進的で新たな社会福祉政策の萌芽が見出せることを示す。第8章では、この発見から、地域福祉政策の将来展望を述べる。すなわち、今後の方向性として「重層的な地域福祉実践」構想の可能性を提起する。また、相互行為論の議論を敷衍して社会関係を統合的に理論化する、福祉研究の理論水準と分析手法の洗練化を示す。

結論として、現代日本の地域福祉政策全般とそこから演繹される社会福祉政策全般の設計は、一地域に複数の政策実践を重層的に適用する構想段階にあること、いわば「重層的な地域福祉実践」とも命名すべき、従来の枠組みを乗り越える実践／政策設計を展開する可能性があることを提示する。これらを通して社会福祉政策の将来展望を拓くことができよう。

第Ⅳ部では、補足的考察を行う。

第9章では、福祉研究の方法論として、方法論的集合主義を三つの位相から再検討する。第10章では、社会関係資本（ソーシャル・キャピタル）理論ともいうべき、新たな社会学理論のパラダイムシフトが到来しつつあることを展望する。以上の考察により、従来は「一地域一手法」と意識／無意識にとらえられていた地域福祉諸政策の関係性を明らかにしたい。

社会の存続ならびに社会生活に根源的に必要とされる人間性・幸福・尊厳に関わる価値も、福祉制度や地域福祉に組み込む必要が生じてきたという議論も存在する。本書では、このような新たな読み直しの可能性を合わせて議論する。今後の社会福祉の目的は、これまでのような福祉資源の提供のみに留まることなく、社会生活や人間の幸福感と深く関連する住民同士の共生関係の構築それ自体にある、という考え方に移行しつつある。

第Ⅰ部　地域福祉実践の比較分析

第1章　社会福祉政策の動向

1　〈国家福祉論からの離陸〉と〈社会関係の社会福祉〉

1・1　地域福祉の文脈変化

現代日本の地域福祉政策は、社会福祉政策全体の中でどのように位置づけられ、どのような文脈の中で理解されてきたのか。〈国家福祉論からの離陸〉から一般的な理解および歴史的な位置づけを、さらに〈社会関係の社会福祉〉から地域福祉の潮流と新たな政策実践の方向性を概観し、整理しておきたい。

冒頭でも触れたが、アンデルセンは、福祉国家に代わる新しい概念として「福祉レジーム論」を展開している。その中で日本の社会福祉政策については「自由主義レジームと保守主義レジーム双方の主要要素を均等に組み合わせているが、未だ発展途上であり、独自のレジームを形成するかどうかについては結論を留保」している（Esping-Andersen 1990=2001: xiii）。

また厚生労働省は、日本では社会民主主義レジーム諸国と同様の保障内容を持つ国民皆保険を達成し、社会保障給付規模も拡大傾向にあるため、日本の医療保障は個人が購買力に応じて市場から保険を購入するしくみではないという意味で、高い普遍性を有していると主張する（厚生労働白書 2012: 85）。

このような現状から、日本の福祉レジームは、自由主義レジームと保守主義レジームばかりでなく、社会民主主義レジームの要素も有すると考えられる。

しかし最近では、介護保険給付の増大が財政を圧迫している状況から、給付規模を制限する方向へ制度改正が行われている。このような社会民主主義的な社会保障制度の縮小、すなわち国家福祉の縮小傾向によるサービス供給減少とあたかもトレードオフ関係のように、近年政府が活用するようになったのが地域福祉政策である。

近年の地域福祉政策と実践は、国家福祉が財政的に限界に達したことから、福祉サービス提供の代替機能として着目され、期待される側面がある。次節で検討するように、現実の地域福祉政策の多くも、そのような理解の上に立案されているのである。つまり、近年の地域福祉の主流化（武川 2006）は、財政的な理由による「国家福祉論からの離陸」という文脈の一環であるといえよう。

1・2　自治体の地域福祉計画

「国家福祉論からの離陸」としての地域福祉文脈を、埼玉県の地域福祉政策指針を例に見ていこう。

埼玉県では、二〇〇四年三月に策定した彩の国さいたまの地域福祉協働・創造指針において、「解決すべき課題」として次のような目標を立てた。

① （地域福祉においては）高齢者、障害者、児童といった分野ごとに縦割りになったサービス提供ではなく、総合的な福祉サービスを提供できる仕組みを創設すること

② 相談から、情報提供、具体的なサービスの利用援助までを一貫して行う仕組み、すなわち地域福祉総合文

援体制を確立すること
③ サービス提供事業者、市町村、地域住民、県や国がそれぞれの役割を果たしながら、密に連携していくための、たとえば地域サービス調整会議のような手法を積極的に用いること
④ 福祉分野における専門家とボランティアなどの地域の支援者との役割分担と協働を図ること
⑤ 福祉、保健、医療などの分野を超えた相互連携を確立すること
⑥ 一人ひとりの生活課題を出発点とするコミュニティソーシャルワークを実現すること

（埼玉県 2004: 15 一部抜粋。傍線は筆者が加筆）

この指針の趣旨は、さまざまなサービス提供主体による「（新たな）福祉サービス提供の体制」を構築することが、今後の社会福祉政策の中の地域福祉政策のめざすべき方向性であることを主張している。つまりこの計画では、社会福祉政策論の前提として、社会福祉の目的を住民に福祉サービスを提供する体制の構築と理解しており、地域福祉実践もその手段の一翼を担うと位置づけている。この指針は、国家による社会福祉がすべての福祉ニーズを担うことができなくなった対応策の一環として、「国家福祉論からの離陸」という文脈において、地域福祉を定義している。

埼玉県の指針は日本の地域福祉政策の方向性を記述した典型例であり、その基盤に厚生労働省や他の多くの自治体と共通する理解をおいている。これが少なくとも政策レベルにおける社会福祉／地域福祉政策の一般的な理解であろう。

2　社会福祉政策と地域福祉政策の歴史的な位置づけ

厚生労働省（旧厚生省）が実施した社会福祉基礎構造改革の文脈に沿って、社会福祉／地域福祉政策の歴史的な位置づけを試みることとしよう。

2・1　日本の社会福祉政策の歴史

日本の社会福祉政策の歴史は、二〇〇〇年の社会福祉基礎構造改革（以後、改革）によって大きく転換したといえる。そこで改革以前の政策、改革の方向性、改革以後の現在までの三つの動向を概観することにしよう。

(1)社会福祉基礎構造改革以前

戦後の社会福祉政策は、一九五一年に制定された「社会福祉事業法」を基盤としてきた。戦後直後に生活困窮者対策を前提につくられた制度を基盤とし、その後の高度経済成長を背景に、国家負担による措置制度（行政が主体となって福祉サービスを提供する方式）を基本とした政策が実施された。障害別、高齢、母子の対象者別福祉政策から一九八三年、老人保健制度が創設され、施設福祉から在宅福祉への方向転換がなされた。しかし現在に至るまで、その方向性は必ずしも達成されたとは判断できない。地域福祉政策は、このような社会福祉政策の在宅／地域への方向転換に呼応してきたといえよう。

「一九八〇年代後半頃から、地域社会の連帯と主体的な活動の強化を目指したコミュニティ・オーガニゼーション活動だけではどうして埋没してしまう「個」の問題に視点を置き、社会的・地域的な援助の体制を要援護者の周りに作り上げようとする「ソーシャル・サポート・ネットワーク」や社会資源の調達やサービスの調整・評価を一連の過程としてとらえていく「ケースマネージメント」などの概念により、要援護者一人ひとりの個別的な処遇を中心とした方法論が台頭してきた」（永田 2001: 34）。

⑵社会福祉基礎構造改革

「社会福祉事業法」は制定以来、大きな改正が行われていなかったが、社会福祉制度が大きく転換したのが、二〇〇〇年に厚生労働省が実施した社会福祉基礎構造改革である。

改革の理念は「個人が尊厳を持ってその人らしい自立した生活が送れるよう支えるということを社会福祉の理念として推進すること」であった。改革の方向は、①個人の自立を基本とし、その選択を尊重した制度の確立、②質の高い福祉サービスの拡充、③地域での生活を総合的に支援するための地域福祉の充実、の三つであった（社会福祉事業法等改正法案大綱骨子）。改革は、福祉三プランの策定と推進（ゴールドプラン、エンゼルプラン、障害者プラン）を中心に行われた。

具体的には、社会福祉の根幹を形成している福祉八法のすべて（児童福祉法、身体障害者福祉法、知的障害者福祉法、老人福祉法、老人保健法、母子及び寡婦福祉法、社会福祉法、社会福祉・医療事業団法）が改正された。措置制度から支援費制度（利用者がサービスを選択することができ、自己決定が尊重される制度）へと、これらの法律が大きく変わったのである。時代背景としては、少子・高齢化、家庭機能の変化、低成長経済への移行や社会福祉に対する国民の意識の変化があり、国民全体の生活の安定を支える社会福祉制度への期待と、それに対応する必要が生じていた。

ここで、日本の社会福祉政策の基本的な方向性が確立されたといえる。それは、国民が自らの責任で自らの生活を営む「自助努力」が基本であるが、それだけでは自立した生活を維持できない場合、社会連帯の考え方に立った支援、すなわち福祉サービス提供が補完的に行われることを意味する。

現在に至るまで、この考え方が根本的に地域福祉実践を規定している。つまり、地域福祉政策の推進に当たって、要援護者の福祉は自助努力が基本であり、社会連帯を補完的機能として位置づけるようになったのである。たとえば、現在の地域包括ケアの考え方は「自助・互助・共助・公助」の順番で取り組むとされており、順位が後になるほどその援助が補完的な位置づけになるのは、この考え方の反映である。

(3)社会福祉法の改正

社会福祉基礎構造改革の方向性に沿って、二〇〇〇年に社会福祉事業法が社会福祉法へと改正・改称された。厚生労働省によれば、改正社会福祉法の内容の骨子は次の通りである。

「地域福祉」の誕生：法律上初めて「地域福祉」という言葉が用いられた。地域における社会福祉と定義されている。

社会福祉の定義：定義は定められていないが、中央社会福祉審議会社会福祉構造改革分科会の「社会福祉基礎構造改革について（中間まとめ）」（平成一〇年六月一七日）において、当時の時代背景とともに目的が下記の通り示された。

今後の社会福祉のあり方：これからの社会福祉の目的は、従来のような限られた者の保護・救済にとどまらず、国民全体を対象として、このような問題が発生した場合に社会連帯の考えに立った支援を行い、個人が人としての尊厳をもって、家庭や地域の中で、障害の有無や年齢にかかわらず、その人らしい安心のある生活が送れるよう自立を支援することにある。

社会福祉の基礎：社会福祉の基礎となるのは、他人を思いやり、お互いを支え、助け合おうとする精神である。その意味で、社会福祉を作り上げ、支えていくのはすべての国民であるということができる。

ここまでの日本の社会福祉政策の歴史的な傾向を、エスピン＝アンデルセンの視角を参照しながら他国の政策との比較において位置づけてみよう。筒井孝子によれば、エスピン＝アンデルセンが分析した自由主義レジーム、社会民主主義レジーム、保守主義レジームの三つのレジームのうち、保守主義レジームをさらに二分割すると、各国の社会福祉政策は次のように四つに分類される。

1　自助システムを基礎とする社会保障：自由主義レジーム　アメリカなど
2　自助、互助を中心とする社会保障：保守主義レジームⅠ　フランス、イタリア、イギリスなど
3　自助、互助を中心としながらも共助システムを整えている社会保障：保守主義レジームⅡ　ドイツなど
4　自助、互助・共助に加えて公的システムを整備する社会保障：社会民主主義レジーム　北欧など（高負担、高福祉）（筒井 2012: 第3章。傍線は筆者）

日本の位置づけを考えてみると、これまで自助、互助による福祉を中心として、補完的に共助システムを位置づける3の考え方に近い政策構想であったとされる（筒井 2012）。そのうえで筒井は、日本が今後、2、4のいずれの方向に舵を切るのか、検討すべき時期に来ていると指摘する。

日本の社会福祉政策は、概括的にこのような理解になるであろう。しかし、現在の地域福祉実践のなかには、後に触れる駒ヶ根、福山の事例のように、政策の基本的な考え方を超克する萌芽というべき実践が見られることを、第2章で詳細に提示する。そこでは社会連帯は補完的ではなく、地域あるいは友人知人同士で支え合って生

きることが地域生活の原則であるとの認識に基づき、地域福祉実践を組み立てている。

これに対して、あくまで自助を基本とする考え方を重視した政策を推進すると、それは順位が低いとされている互助等を本来は利用すべきではない恥ずかしいこととする、好ましくない意識が生まれてしまう。そのような意識の生成は、要援護者のなかに自助のみで自足しようとする傾向を生む一方、住民側あるいは政策側に対して、福祉を要援護者の自助の範囲内に無理やり押し込めようとする圧力を正当化する根拠を与えてしまう。

(4)今後の方向性～社会福祉協議会の責務と地域福祉の役割特化

社会福祉基礎構造改革以後、課題別に拡張されてきた国の福祉政策は、社会保障財政の逼迫により、税収由来の財源による福祉サービスの拡大が困難になる事態に直面してきた。それに代わって登場したのが保険方式の手法や、地域包括ケアシステムの理念と地域福祉実践への着目であった。

保険方式の手法とは、介護保険制度に代表されるように、福祉サービスの財源を税収から被保険者からの保険料収入に置き換えることにより、福祉サービス利用に係る費用負担を保険者間でリスク分散する手法のことである。

地域包括ケアシステムの理念とは、①医療との連携、②介護サービスの強化、③予防の推進、④生活支援サービスの確保や権利擁護、⑤バリアフリーの住まいの整備の五つの取組を包括的、継続的に行うことである。具体的には約30分で駆けつけられる「日常生活圏域」にこれらの機能を整備し、ニーズに応じた適切な組み合わせによるサービス提供を行うことをめざしている。厚生労働省では二〇二五年度を目途に、地域包括ケアシステムの構築を推進している。

これらは大きな変化の潮流である。たとえば二〇〇八年厚生労働省研究会（社会・援護局長の私的研究会）の報告書『地域における「新たな支え合い」を求めて』に顕著に表れているような考え方が、一つの典型である。それは次のようなものである。

従来、地域福祉は、地域の要支援者に対する少数の有志によるボランティア活動を中心に考えられていた。これに対して同報告は、要支援者を支えるのは特定のボランティアではなく、地域住民全体のネットワークであるべきという考え方に転換した。地域福祉の担い手の拡張に伴い、新たな地域内のつながりを結ぶのが「新たな支え合い」である。「新たな支え合い」のシステムとは、たとえば互酬制の思想であり、有償制や共助に基づく小地域福祉活動を推奨する等の制度上の新しい手法の採用である(1)。

2・2 〈社会関係の社会福祉〉としての地域福祉文脈

これまで見てきたように、主として国家による福祉サービスの提供の代替手段として地域福祉を理解する、厚生労働省や埼玉県などの立場がある一方、そのような理解ではない新たな観点も存在する。それは、社会関係を新たに形成あるいは再構築することで結果的に地域福祉の政策を実現しようとする立場である。

この立場はさらに二つに分かれる。ひとつは、社会関係の形成あるいは再構築を手段として、最終的に公的制度の手の届かない広範な対象者に、きめ細かく福祉資源を投下することを目的とする立場である（岡村重夫のコミュニティ理論や大橋謙策の住民の主体形成論）。もうひとつは、社会関係の形成あるいは再構築そのものを目的としており、住民の福祉の向上はその結果であり、果実にあたると考える立場である。

すなわち、現代日本の地域福祉政策は、本書第2章の事例によって次の三つに分類して理解することができる。

①国家福祉の代替手段としての地域福祉：前橋市・京都市A地区

② 社会関係構築を手段、福祉サービスの提供を目的とする地域福祉：豊中市B校区

③ 社会関係構築を目的として、その結果住民福祉が向上する地域福祉：駒ヶ根市・福山市C事業所

②と③の理解は、住民間の社会関係を重視する点で共通する一方、当該社会関係を福祉資源提供のための手段と考えるか（②）、目的と考えるか（③）の相違がある。②は日常の近隣関係など従来の社会関係の再構築はあまり重視せず、福祉的な色彩の強い新たな社会関係を構築することに主眼がある。これに対して、③は従来の近隣関係やそれと同質の社会関係を（再）構築すること自体を重視するところに、相違が存在する。

こうした根本的な相違があるにもかかわらず、現実の実践にはそれほどの違いは表れていない。両者とも社会関係の構築を重要な目標としており、その結果としての効果も同じように存在している。つまり、②の実践と③の実践は、実践家の地域福祉の理解には質的に大きな差異があるにもかかわらず、実践内容を観察する限り、表面的には相互によく似ているのである。

しかし、この二つの立場、すなわち社会関係を手段と考えるか、目的と考えるかは、社会認識の根本的な相違である。そしてこの立場の相違は、地域福祉実践と政策の将来の方向性に大きく影響する。

まず地域社会にアプローチする前者の方法論は、福祉コミュニティを新たに形成するよう住民個人を「説得」することにより、政策の実現を図ることを重視する。つまり上から新たなコミュニティを形成することをためらわない。このようなコミュニティ形成の立場は、社会学的には方法論的個人主義的である。なぜなら、個人の意識を変えていけば、結果的に社会全体を変えることが可能であるとの考え方に立脚するからである。

これに対して後者の方法論は、既存のコミュニティをはじめとする従来の社会関係を基盤として福祉的要素を取り込み、できるだけコミュニティを変化させないことを重視する。つまり、上から新たなコミュニティを形成

することにためらいがある。この立場は、社会学的には方法論的集合主義的である。なぜなら、社会関係は自然発生的で、個人を説得するだけでは社会を形成できないとの考え方に立脚するからである。

このように②と③の間には、社会認識あるいは社会学的方法論において根本的な相違が存在する。現代日本の地域福祉実践と政策には、方法論的個人主義あるいは方法論的集合主義の二つの立場が併存しているのである。

3　地域福祉理論の潮流

3・1　地域福祉援助技術の視点

前節で述べた二つの地域福祉理解のいずれも、現代日本は地域福祉の主流化傾向にあるという社会認識で一致している。この節では先の相違はひとまず措き、現在の地域福祉の理論を概観する。

地域福祉実践の歴史への理論的アプローチとして、地域福祉援助技術を検討したい。市区町村社会福祉協議会職員のコミュニティへの関わり方の技術はどのように変遷してきたか。この技術には、たとえばケースワーク（CW）・グループワーク（GW）・コミュニティ・オーガニゼーション（CO）とその統合形として理解されているコミュニティ・ソーシャルワーク（CSW）などが存在する。

CWは個別援助技術と訳されるが、生活上の問題を抱えている個人や家族に個別に接し、問題解決をはかる援助である。GWは集団援助技術と訳されるが、個人がグループ単位の活動に参加することで相互に影響を受けて変化するよう働きかける援助である。COは地域福祉組織活動と訳されるが、住民自身に問題意識を持たせ、議論し、解決のために組織化する活動である。CSWは和製英語であり、第2章で詳述するように、社会福祉に取り組む日本独自の援助活動、地域福祉実践である。CSWとは社会福祉協議会の職員やボランティア団体メンバーが、要援護者の個別支援や集団支援をしながら地域の課題を見出し、住民や専門職の組織化を図る技術であり、現在、日本の地域福祉活動のおもな手法になってきた。厚生労働省もこのような活動を行うコミュニティ・ソーシャルワーカー（地域福祉コーディネーター）を地域に配置する補助事業（地域福祉等推進特別支援事業）を設け、組織化を支援している。

地域福祉コーディネーターの役割は、地域において要援護者を早期に発見し、解決に取り組むこととされている。たとえば制度の狭間で複数の福祉課題を抱えるなど、既存の福祉サービスでは対応困難な事案に必要なサービスをつなぐ役割がある（野村総研 2012）。

コミュニティ・ソーシャルワーカーは、フォーマル、インフォーマルサービス調整とサービス提供体制の組織化がおもな業務とされており、「サービス提供」以外の調整は副次的な位置づけである。ところが現実に地域福祉実践の中には、このようなサービス調整機能にとどまらない活動が存在している。本書ではコミュニティ・ソーシャルワーカーの設置とその活動だけでなく、第２章で取り上げる豊中市Ｂ校区の事例のような新しい地域福祉実践にも着目したい。

３・２　地域福祉の指向軸

本章の最後に、地域福祉理論に対して筆者が提起する新たな視点、すなわち地域福祉をとらえる枠組みの拡張可能性について検討する。

中野いく子によれば「地域福祉」という用語は欧米にはなく、日本固有のものである。地域福祉理論は、日本固有の福祉土壌に、欧米の施設ケアからコミュニティケアへの動きが導入されて生成・発展してきた。そして、日本の社会福祉協議会の活動に理論的根拠を提供していたコミュニティ・オーガニゼーション理論とイギリスのコミュニティケア政策が結びついて地域福祉が生まれたという（中野 1996: 1）。中野は、この歴史的経緯が日本の地域福祉理論に理論的混乱をもたらしたことを論じている。

岡本栄一によれば、現在の地域福祉理論は、地域福祉のなかで重視する要素によっておおむね次の四つの志向軸に分類される（図1・1）。すなわち、①福祉コミュニティ・地域主体（岡村）、②政策・制度（右田）、③在宅福祉（三浦）、④住民の主体形成と参加（大橋）である（岡本 2002: 11）。

この分類は、地域福祉を推進する段階（場＝どの社会関係）と推進する主体（機関＝誰が）の二軸を設定したマトリックス上に現在の主要な地域福祉理論をプロットすることによって、各福祉理論の理解を深めようとしている。たとえば、①コミュニティ重視指向軸は、マトリックス上の位置によって、推進段階はコミュニティ中心であり、推進主体は社会福祉協議会中心である。

しかし、筆者はこの分類だけでは不十分ではないかと考える。すなわち二軸で構成されるマトリックスに、本書が着眼する「提供するモノ／提供する方法」（贈与物・贈与方法（を重視して分析する）指向軸）を第三軸として追加したい。この軸に対応する地域福祉理論は、管見によればまだ存在していないが、本書で詳しく検討するように、地域福祉実践の現場では、すでにこのような指向軸に基づく実践が行われているからである（図1・2参照）。第三軸を追加する趣旨は、次の通りである。

従来の地域福祉理論の分類は場と主体の二軸に着目し、地域福祉を構成する段階やステークホルダーなどのいわば「外形規準」と地域福祉で提供されるモノや提供方法等のいわば「内的規準」「（代替可能な）福祉サービス」によって統一的に理解される。したがって、この四つの指向軸による分類は、地域福祉の提供物は「福祉サービス」、提供方法は「一方的贈与」に抽象化して理解することが可能であり、この点ではどの理論も選択の余地がないといえる。従来の地域福祉理論においては「何を、どのように」提供するのかという分類軸は必要とさ

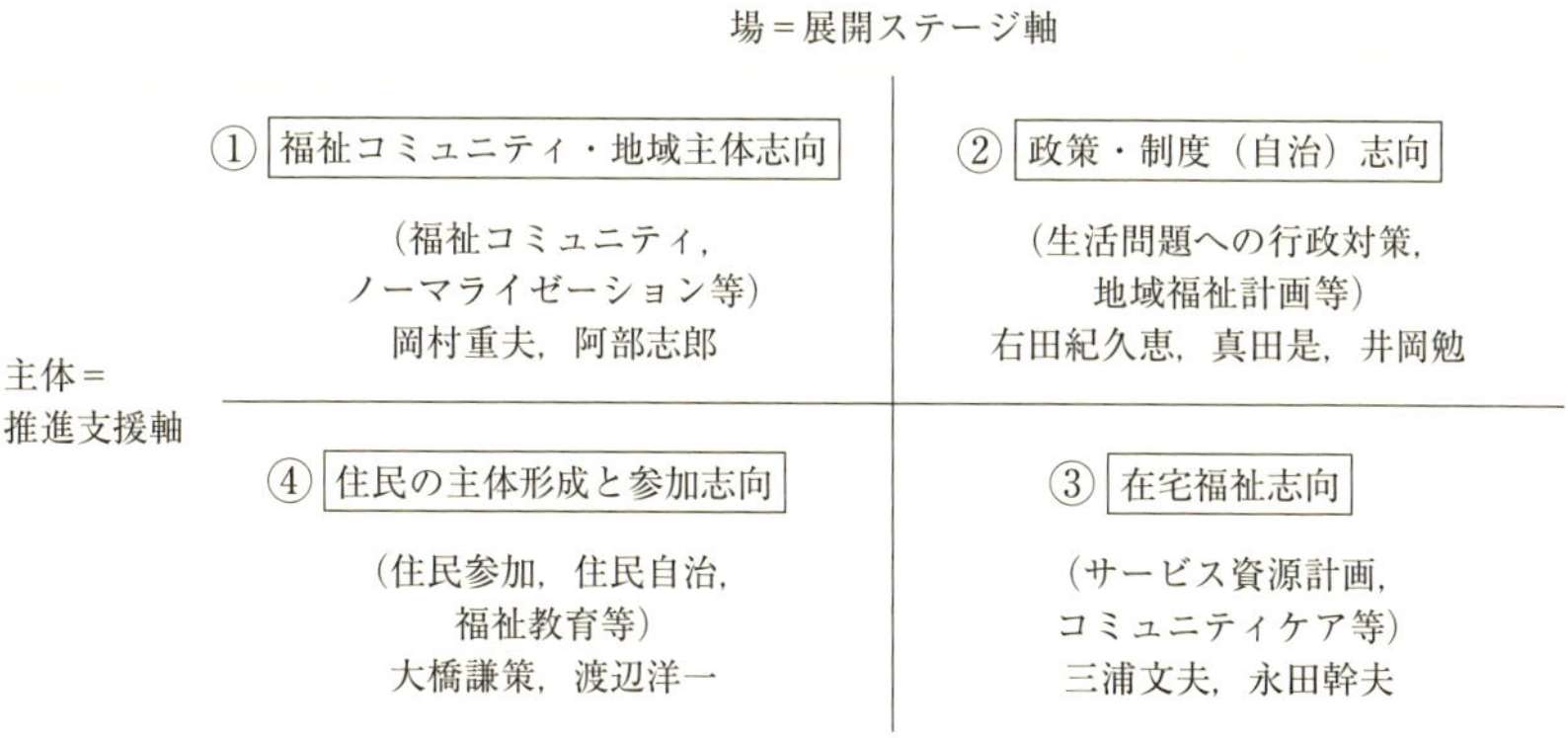

図 1．1　岡本栄一の地域福祉の思考軸分類
（出典）岡本（2002：11）の図を編集

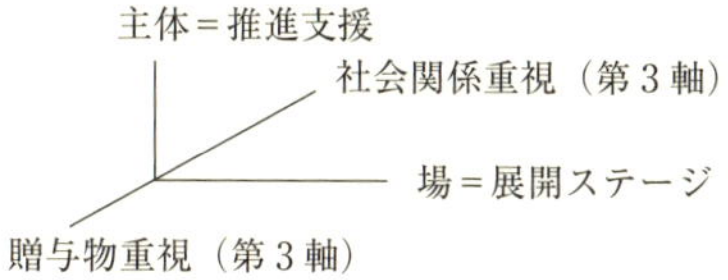

図 1．2　地域福祉理論の第 3 軸

れないのである。

　これに対して第三軸は、地域福祉実践／政策の現場の姿を考慮して、提供物や提供方法の多様性という「内的規準」の内実に着目した分析をめざす。ここでいう提供物の多様性とは、福祉サービスに限らない、社会関係の構築によって生じる安心感等、さまざまな提供を指す。また、提供方法の多様性とは、一方的贈与に限らないさまざまな社会関係に基づく提供方法を指す。言い換えれば、第三軸が重視する多様性とは、提供物や提供方法に不足しているのは社会資源か、それとも提供物や提供方法を社会資源に限定せず、要援護者との社会関係の構築そのものか、を問うことである。ここでいう「不足している社会資源」とは、代替可能な一般的な社会資源との接続つまり福祉サービスを、「提供物を社会資源に限定しない」とは、要援護者との社会関係の構築そのものを重視することを指す。たとえば、要援護者の個別性を重視し、全人格的に必要なコト・モノ・ヒトを考え、贈与方法にも工夫を凝らすという意味である。

つまり、筆者は図1・1の二軸に垂直に交わる第三軸（社会関係重視／贈与物重視）を追加した図1・2を提起したい。現在の地域福祉や政策の理論は、第三軸の贈与物象限の議論がほとんどであるが、本書では社会関係重視の地域福祉理論を創出したいのである。

3・3　まとめ

現代日本の福祉活動は、先に述べた自治体の政策指針が想定するような地域／社会福祉として、次のような考え方に基づいて行われている。介護保険は福祉サービスの提供しかできないし、近隣団体の福祉活動も、社会関係を重視するものの、やはり介護保険サービスと同様に代替可能サービスを提供することに主眼がある。

しかし、そもそも人間らしい生活を営むためには、不足している社会資源を提供すれば十分とはいえない。むしろ、非代替的で個別的な社会関係を他者と結ぶことの中に要援護者一人一人の人間らしい生活が存在するのであり、それも地域／社会福祉の対象となりうる。地域福祉実践の現場に視野を転じると、従来の理解を超える、より豊饒な実践枠組みが共有されてきたことを筆者は観察してきた。

本書ではこのような考え方に基づいて「非代替的な社会関係」を重視する社会福祉実践に着目し、社会科学理論で読み解くことでいったん類型化して抽象化し、その上で統合的理解をめざしたい。

注

（1）小地域福祉活動とは、おおむね小・中学校区を単位とする地域内で当該地域のボランティアが要援護者の面倒を見るという、福祉資源の需要と供給が地域内で完結することをめざす活動である。

この地域福祉の流れは、後で述べる贈与論に基づく社会関係の理解によれば、次のように考えられる。厚生労働省の「新たな支え合い」の転換以前のボランティア実践のパラダイムは、純粋贈与を規範としている。これに対して、転換以後の実践のパラダイムは、あるものは循環贈与へ、別のものは双方向贈与へとそれぞれ舵を切ったのである。この規範の分かれる政策実践については第4章で詳しく検討する。

第2章　地域福祉実践の多様化——地域福祉実践の現場で何が起こっているのか

1　地域福祉理論に基づく分類

本書は、現代日本の地域福祉実践の豊饒さ、すなわち質的多様性を、社会科学理論を援用して描き、地域福祉／政策の将来像を構想することを目的とする。現実の地域福祉実践は、どのような実態であり、前章で述べた二軸あるいは三軸で構成される地域福祉理論に照らして、どのように理解できるであろうか。本章では、五地域の事例を地域福祉理論の三つの分類軸によって整理し、最後にこの分類を社会科学の贈与論の分析視角から位置づけ直し、再構成を試みたい。

地域福祉理論によると、地域福祉実践は①ボランティア活動、②小地域福祉活動、③社会関係重視の活動に分類される。

①　ボランティア活動

地域福祉の出発期から存在し、現在も継続中の活動。特定の福祉サービス提供（送迎、配食、傾聴など）を目的とするボランティア団体を設立して活動する（前橋市、京都市A地区の事例）。

② 小地域福祉活動

小学校区程度の規模の地域内で近年増加してきた活動。有志ボランティア団体が要援護者に対して、福祉制度に欠けているサービスを提供する。コミュニティ・ソーシャルワーカーがコーディネートすることも多い。福祉サービス提供を目的とするが、有志ボランティアが活動を検討、企画、実施する点が①と大きく異なる。要援護者との親密なつきあいへの移行は意識的に避ける（豊中市B校区の事例）。

③ 社会関係重視の活動

福祉資源の提供は二次的であり、社会関係構築をおもな目的とする新たな近隣関係（ご近所づくり）を進める地域福祉実践。たとえば新住民と旧住民を引き合わせ、親密な近所づきあいを促す（駒ヶ根市の事例）。あるいは以前から要援護者と親密なつきあいをもつ「近所の知り合い」に福祉的な配慮を勧める（福山市C事業所の事例）。

この三分類に基づいて、前橋市および京都市A地区、豊中市B校区、駒ヶ根市および福山市C事業所の地域福祉実践の事例を紹介する。表1の通り文献調査、各地の関係者へのインタビュー調査を実施した。

2　ボランティア活動の先進事例

2・1　前橋市社会福祉協議会

群馬県前橋市は人口約30万人の県庁所在地である。前橋市全域を活動範囲とする前橋市社会福祉協議会のおもな地域福祉活動は、有志ボランティアが行う種々の活動を支援し、またボランティア活動を行う団体を組織することである（ただし、近年では第3章で紹介する小地域福祉活動も行っている）。高齢者、障害者等の対象者に

表１　調査概要

調査対象	調査年月	調査の方法
前橋市社会福祉協議会	2006年4月～2008年3月	援護者，要援護者へのインタビュー，文献調査
京都市A地区住民福祉協議会	2007年9月	援護者，要援護者へのインタビュー，文献調査
豊中市B校区福祉委員会	2006年4月～2010年11月	文献調査，研究発表の聴講
駒ヶ根市社会福祉協議会	2006年4月～2010年9月	援護者，要援護者へのインタビュー，文献調査
福山市鞆の浦地区C事業所	2009年5月～2013年2月	援護者，要援護者へのインタビュー，文献調査

種々のボランティアサービスを提供するとき、たとえば在宅福祉では食事、送迎等の内容別に住民がボランティア団体を組織し、社会福祉協議会のボランティアセンターがサービスの需要と供給の仲介を行う。ボランティア団体の総数は約60、ボランティア総数は延べ約４３００名である。活動範囲は、市内の特定地域あるいは特定の社会福祉施設に限定する団体から、市域全体で活動する団体まで存在する。

前橋市を事例とするボランティア活動には、次のような歴史的源流をみることができる。一九七〇～八〇年代の高齢化の進展によって、一方で在宅福祉のボランティアニーズが顕在化し、他方でボランティア活動への参加希望者が増加してきた。この状況に対応するため、全国の社会福祉協議会（以下、社協）でボランティアセンターが整備され、ボランティア登録と福祉ニーズの把握、両者の仲介が行われた（桜井2007: 88-89）。この手法の特徴は一種の慈悲的な発想に基づく救済にあり、高齢や障害等を抱えた要援護者に対して、有志のボランティアが一方向的なサービスを提供することに淵源がある。

この活動は「特定の階層、不特定の対象者、特定の困りごと」の解決を目的として、給配食や財やモノなど代替可能物の贈与を、代替可能な援護者が無償で行うことを原則とする、と抽象化できる(1)。この活動の鍵は、①援護者、要援護者ともに特定されず代替可能（行為者も対象者も個別性を有しない）、②提供物も代替可能な福祉サービスに限定される、③サービス提供はボランティアから要援護者への一方向、の三点である。

一方向的なサービスに留意するのは、ボランティア活動は原則として返礼を謝絶する規範を有することにある。少なくとも建前上はボランティアの「温かい心に基づくサービス給付」という規範を活動の前提にしているからである。すなわち、当該活動の望ましい「共助」とは、地域の困窮者に対して援護者が可能な範囲でサービスや財の給付を行う、という援護者側の善意のメンタリティに発すること、援護者は原則として返礼を期待したり要請することはできず、感謝のみを受け取る「一方向的な」関係が、その帰結であると考えられる。

それは「余裕ある人が余裕のない人を助ける」社会を理想とした活動であり、行政もそれを「望ましい助け合いの地域社会」と想定していると理解できる。これは一九七〇年代以前から存在し、現在も高く支持されている地域福祉実践の典型事例である。

現場の地域福祉実践家は要援護者に提供されるサービスをどう考えるか、という視点からこの事例を考察してみよう。提供物については、要援護者に不足しているのは福祉サービスであり、原則として金銭や食事や送迎サービス等の代替可能物と一義的に理解されている。したがって、それらの提供がある程度の地域福祉の目的達成になるとみなされる。また、提供方法については、原則的に無償贈与のみを福祉的価値があるとみなし(2)、有償ボランティアには投下資源と対価が等価値とならないよう厳しく制限している(3)。つまり、前橋市の実践を典型例とする地域福祉では、たとえば神の恩寵のような無償の贈与関係を人間同士に演繹するという意味で、一種のフィクションに基づく実践である。

しかし、昨今のボランティア活動の隆盛、たとえば災害後に大勢の人がボランティアに参加するのは、個々の人の無償の善意が社会をよりよい方向に向かわせるはずだ、とのシンプルな動機が大きいであろう。たとえフィクションにせよ、このような制度上の政策的工夫は、善意に発するボランティア活動によって世の中を善くしよ

う と願う人々を強烈に誘引する魅力がある。ボランティア活動を援護者の善意を実現する場と位置づけ、無償あるいは少額の有償による福祉資源の投下に、地域福祉の理想の姿を見るボランティアは現在でも多い。

このようにボランティアと要援護者間の関係は、原則的に返礼を受け取らない一方向的な関係を前提としており、これをボランティア・モデルと呼ぶことができる。

2・2　京都市A地区・住民福祉協議会　一方向的な福祉資源の投下

京都市A地区は、京都御所と鴨川に挟まれた南北に長い地域である。A地区は、京都市上京区の人口約8万人のうちの約2500人、約1200世帯が居住する自治会区域を範囲とする。マンションもあるが、旧住民の親族の入居が多く、新住民の転入はあまりない。自治会福祉部である住民福祉協議会（以下、協議会）主導のまちづくり先進地域として全国的にその名を知られている。活動は多岐にわたるが、高齢者福祉では、福祉・防災マップ作成、見守り訪問、配食サービス、会食会、高齢者ふれあいサロン等の活動を協議会が主導している。具体的には、協議会の構成員が、地域内の「気になる人＝要援護者」に対して上記のような福祉サービスの提供やイベント開催を行い、要援護者の生活レベルの向上に努めている。

協議会会長への聞き取りによると、これらの実践が当該自治会において発展してきた理由と活動範囲について、地区は京都御所の東側に位置するが、昔も今も、区役所、福祉事務所、保健所、警察署、消防署、区社会福祉協議会などの行政組織はすべて西側にあり、A地区は必然的に「自治」「福祉」「防災」の住民自治組織が発達してきた。そのため、自分たちの町は自分たちで守るという自律の気概がある。そして地区のことは地区の人が考えることで、他地区と共同活動をしようとはあまり思わない。

福祉実践立案者でもある会長の地域への想いは、このようなものである。つまり、会長にとってA地区は行政区域である以上に、他地域とは混じり合わない独特の地理的・文化的条件を備えた領域であり、この地域住民全体の生活を守ることが自分の責任である。したがって、会長にとって当初自治会は所与のものであったが、活動を続けるなかで、地域内の住民約２５００人は他地区とは峻別して守るべき対象であり、縮小も拡大もできない独立した存在となっている。

京都市Ａ地区の地域福祉手法は、原則的に見返りを求めない一方向的なサービス投下であり、それを政策設計の前提としている。なぜなら、Ａ地区の地域福祉実践は前橋市と同様のボランティア・モデルに基づくからである。また、参加者の意識も当該政策設計に規定され、配食や見守り活動において自治会福祉部構成員という立場で接していることが、ボランティアは要援護者からの返礼を受け取れない、無私の立場で行動しているという自覚を育んでいる。

3　小地域福祉活動の先進事例

3・1　豊中市Ｂ校区の小地域福祉活動

豊中市Ｂ校区は、大阪府豊中市人口約38万人のうちの約1万人が居住する小学校区である。Ｂ校区は隣接大都市のベッドタウンとして、転入した新住民と旧住民が混住する地域である。Ｂ校区福祉委員会（以下、委員会）はこの校区を活動範囲とするボランティア団体であり、住民の自主組織である校区福祉委員会として全国的に有名である。

Ｂ校区では、従来のボランティア活動とは異なる、次のような新たな先進的実践が行われている。社会福祉協議会に所属するコミュニティ・ソーシャルワーカーの指導により、地域ごとのボランティア団体が課題を把握し、その解決策を考え出して実践する。たとえば、当該のボランティア団体が週一日程度、公民館や民家を借りて近隣住民に参集してもらい、50～60歳代の主婦を中心とするボランティア団体メンバーが、同地域に居住するおおむね70歳代以上の独り住まい高齢者に昼食を出したり、レクリエーションを実施するなど、さまざまなサービスを提供する。高齢者は実費程度の安価な料金を支払う。

この活動は一般住民（ボランティア団体メンバー）が自主的に一般住民の面倒を見るという新しい思想に基づくものであり、従前の福祉資源を一方向的に提供するボランティア活動とは一線を画する。コミュニティ・ソーシャルワーカーの指導下で自主的な住民の発案、計画、実践により、同一地域内で福祉サービスの需給が完結する。この意味でボランティア活動の最先進例とされる。

このような地域福祉実践の手法、すなわち、コミュニティ・ソーシャルワーカーが住民の自主的なボランティア活動を促すことによって、福祉啓発の進展と福祉課題の解決を共に図ろうとする手法（個別課題の解決と、課題の一般化による方法論の模索）が前述の「コミュニティ・ソーシャルワーク」（ＣＳＷ）である。

この実践の具体的手法は、次の通りである。まず委員会は、コミュニティ・ソーシャルワーカーのマネジメント業務の一環として、地域に根ざすボランティア団体(4)間のネットワークを作り、当該地域の要援護者のニーズをこれらの団体が協働して満たすシステムを構築する。それぞれのボランティア団体は「互助・共助的ボランティア」を目的として自律性をもち、地域内の住民であれば誰でも参加することができる。「近隣住民のインフォーマルケアを育成し、組織化し、制度的サービスと有機化して、統合的にサービスを提供して自立生活を支援することがＣＳＷの機能」（中島・菱沼編 2005: 7）とされる。そのように組織されたボランティア団体は、ＣＳＷの指導を通じて、自分が居住している地域で「困りごと」を抱えている住民を探り出し、彼らに近隣住民として、どのような支援ができるかを話し合い、支援計画を立案し、団体自ら実行に移すのである。コミュニティ・

ソーシャルワーカーの使命は、市民のボランティア参加を促進し、市民としての成熟を支援することである。

この活動の特徴は、地域住民であれば誰でもボランティアになれるし、要援護になると今度は自分が地域から支えてもらえるという、自主的な企画であることだ。つまり、「互助・共助的ボランティア」による地域福祉実践の構想である。同じ人が生涯を通じて援護者と要援護者の二つの立場を経験する可能性を有する、コミュニティ型、ネットワーク型のボランティアを指向しているのである。

ボランティアは「いまは目の前の要援護者からお返しがなくても、このようなシステムをつくっておけば、いずれ自分がお世話になるかもしれない」という動機でこの活動を行っている。一方、要援護者は「困ったときはお互い様」として同じ町内の人に面倒を見てもらい、低額ながら料金を支払うために心理的負担感も小さい。つまりこの福祉実践のシステム設計全体は、援護者が順次後の世代に送られ、前の世代に与えた贈与を後の世代から返してもらう循環贈与であると考えることもできる。そこでは福祉サービス提供も行われるが、ボランティア活動を通じて、同時にご近所づきあいの近隣関係も継続する。地域福祉が次世代に移行する、従来の福祉政策設計にはなかった新たな着想である。

3・2　循環型の公的な共助関係

委員会の「互助・共助的ボランティア」とは、「情けは人のためならず」の延長線上にあり、ここでいう互助とは、当該地域全体で行われるやや抽象的な交換を指し、目の前の要援護者からお礼を受け取ったり、私的関係を築くことは想定していない。ここでの社会関係は、特定の誰かではなく、不特定の人たちとの関係である。もし自分が要援護になる場合の備えとして、自分のまちに助け合いの精神を根づかせるという意味での互助であり、地域外からの福祉資源投下ではなく、福祉資源が同一地域内で完結する循環型の共助(5)なのである。

つまり、豊中市B校区の実践は、個人間の私的関係ではなく、むしろ公的関係であり、援護者、要援護者ともに代替可能、すなわちどちらかが欠けたときは他の人がそれを補うことが可能な関係なのである。

次に、これまでに挙げた地域福祉実践とは大きく異なる事例を二つ取り上げたい。

4 社会関係重視の活動の先進事例

4・1 駒ヶ根市社会福祉協議会

長野県駒ヶ根市は、中部地方に位置する人口約3万人の地方都市であり、駒ヶ根市社会福祉協議会（以下、協議会）はその全域を活動範囲とする。この地域は農村部に他市の住民が転入し、旧住民と混住して発展してきた。協議会は新旧住民の交流を図り、新しい「ご近所づくり」を目的に、次のような「駒ヶ根市宅福便」事業に取り組んでいる。

助け合いの入門編として、まず有償ボランティアが近隣づきあいのない住民、あるいは新住民と関係を築き、徐々に協議会を介さない通常の近隣関係に移行する手法である。最終的には何からもコントロールされない複線的な近隣づきあいをめざす。複線的な近隣づきあいとは、特定のボランティア活動に規定されたその時だけのつきあいではなく、多様な近隣づきあいを常に行うという意味である。

たとえば蛍光灯を取り替えたい、庭木の剪定をしたいが足が不自由で困難、などの（介護保険や保健福祉事業適用外の）「日常生活のちょっとした困りごと」を近所の人が有償で手伝うもので、カテゴリーでいえば一種の有償ボランティア派遣事業(6)である。

しかし、要援護者が相性のよい近隣の人を「指名」できる点が、従来のボランティア制度とは大きく異なる。

協議会担当者が要援護者への支援を交渉し、被指名人が支援者となることを了解した時点で当事者同士を引き合わせ、これによって日常生活を助け合う近隣関係が新たに成立する．しかし「日常生活のちょっとした困りごとを手伝う」というのは、単なる名目である。実は個人が孤立・原子化し日常的に助け合う近隣関係が消滅した地域や、近隣とのつながりがない新住民を対象とする、このような新たな関係の構築に、この事業の独自性がある。

この活動は、要援護者が「空気」を推し量り、支援者、要援護者双方がそれぞれの好みに応じて相手を選択することにより、近隣関係を創出するものである。そして両者を引き合わせる時以外、協議会が関わることは全くない。だからこそ、実質的にボランティアに名を借りた「気の合う人との新たなご近所づくり」といえるのである。

つまりこの事業は、代替不可能な特定の感情で結びついた要援護者と援護者が、代替可能性を前提とした福祉サービスのカテゴリーに包摂されない日常生活上の「互助的な近隣関係」を築くことを目的とする。前橋市、京都市A地区、豊中市B校区の事業が『代替可能な関係による代替可能な福祉サービス提供』という発想によるのとは大きく異なる。

福祉事業の通常の目標は、ボランティアによる地域の課題解決であるのに対して、駒ヶ根市の地域福祉実践は次に述べるような種々の工夫に裏打ちされて、近隣関係の再構築という最終目標を実現する手段になっている。元々、通常の近隣関係には複線的な社会関係が存在していることが前提であり、それを大切に考える価値観こそが、この実践を支える核心といえる。協議会は、当事者同士が気の合う相手と通常の近隣関係を築くことや、当事者間のやりとりを積極的に勧め、自らは徐々に退き、最終的には無関係になる。活動当初は有償制を採用しているものの、援護者にサービス実績報告などは求めない。個人的な社会関係を築くように当事者に勧める、このような制度的な工夫が、互酬のしくみを担保する。

駒ヶ根市の地域福祉実践の特色は、次の通りである。前出の前橋市、京都市A地区、豊中市B校区の事例では当事者間に直接的な互酬関係が見られないのに対して、駒ヶ根市では、対等な近隣関係において、直接的・双方向的な贈与関係の構築を福祉政策設計上も特に意識している(7)。

協議会の担当者は、要援護者に対してまず「あなたと私は今日から友達になったんだよ、だから何でも話して」と語りかける。そして、実際に要援護者と友達の関係になる。その後に紹介する近隣の援護者とも互酬関係を築くように勧める、という方法論を採用している。この実践／政策は、福祉資源を必要とする者に過不足なく届けるという従来の地域福祉から、友人関係あるいは近隣関係という顔の見える社会関係構築を重視する実践へと、意識して舵を切ったと理解できる。ここでの互酬関係とは、おすそ分け・相互訪問・井戸端会議などの特定の親密な双方向のつきあいを通して、対等な友人関係とその継続という新たな財産を共有することである。

事実、この事業によって新しい「ご近所さん関係」を築いたある要援護者は、協議会に紹介された近隣の人と仲良くなり、日常的な友人関係を継続し、それが社会関係の大部分を占める。地域では全部で7人くらいしかつきあいがない、と述べている。協議会の立案者も、要援護者のつきあいの範囲は1人から多い人でも20人程度と認識している。それ以上範囲を広げると、個人として親密な仲のよいつきあいが可能な人数を超えるため、それで十分と考えられている。次章以降で詳しく述べるが、地域福祉実践の規模は、直接対応する近隣関係としてこの程度の人数が妥当である。

4・2　双方向的・互酬的・私的な共助関係

前述した豊中市B校区委員会との違いとして留意すべきことは、豊中市B校区の委員会は「互助・共助的ボランティア」、駒ヶ根市の協議会は「互助的な近隣関係」と、ほぼ同じ言葉で表現したが、互助の意味が明らかに異なる点である。これは、非代替的／代替的、サービスの受け手／担い手というキーワードによって峻別可能である。たとえば、協議会における「互助的関係」とは、特定の援護者と指名した要援護者の関係である。それは、要援護者側が必ず援護者に直接的な返礼をすることを意味する。むしろお返しをすることを協議会も積極的に推奨しており、そこにはボランティアがそれを受け取ってはならないという心理的抑制は存在しない。つまり、特定の関係のなかで対等な立場で交換を行い、複線的で双方向的・互酬的な共助関係をめざす、つまり、あえて私的関係を築こうとしているのである。

厚生労働省「市町村地域福祉計画及び都道府県地域福祉支援計画策定指針の在り方について」（社会保障審議会福祉部会2001．以下指針）では、「人々の多様な生活課題に地域全体で取り組む仕組みとして社会福祉を捉えなおすべき」と述べられている。一般的にこのしくみは、ＮＰＯや組織されたボランティア等を指すことが多いと思われる（三本松・朝倉2007）。指針のいう「地域全体で取り組む」の意味はこれまで明確に考えられていないが、実は二つの関係、すなわち豊中市Ｂ校区委員会の公的関係と、駒ヶ根市協議会が勧める私的関係のどちらにも解釈可能である。

今後は、この指針の解釈について、駒ヶ根市のように、要援護者との私的で複線的な関係を重視する地域福祉の方向性も踏まえて、二つの意味を明確に区分して理解する必要があるのではないか。すなわち「地域全体での取り組み」の中に公的関係、私的関係の両方の意味の取り組みがあることを考慮する必要がある。なぜならば、この両者の近隣関係における「互酬」がそれぞれ担当すべき別個の分野が存在するからである。この点についても、次章以降で詳しく述べる。

4・3　福山市鞆の浦地区　C小規模多機能事業所

最後に、福山市鞆の浦地区に所在する小規模多機能事業所を取り上げる。広島県福山市において民間の介護保険事業者が経営する事業所の一つがC小規模多機能事業所である。これまで取り上げた事例は市町村の社会福祉協議会であり、地域福祉の推進を図ることを業務とする法律（社会福祉法）に基づくのに対して、C事業所はそのような法的立場にない。また、地域全域を守備範囲とする活動もしていない。しかし以下に述べるように、ケアマネージャーがC事業所の居宅介護事業の一環として行う活動は「地域住民を主体とした地域における社会福祉」の推進であり、まさに地域福祉の定義に沿うものであった。したがって、この事例を地域福祉実践と位置づけて調査を行った。

(1)C事業所開設の経緯

鞆の浦の地域特性と助け合いの文化

福山市鞆の浦は、瀬戸内海のほぼ中央の潮の流れが変わる地点に位置していることから、古くから瀬戸内海海運の中心地として栄えてきた。江戸時代には朝鮮通信使の立寄所であり、通信使から「日東第一景勝（朝鮮、日本を通じて最も景色のすぐれている場所）」と称賛されたことは、現在でも地元住民の誇りとなっている。観光地としての鞆の浦地区は、幕末のいろは丸事件（海援隊が航行していた蒸気船いろは丸が紀州藩の船と衝突し沈没）をめぐって坂本龍馬が紀州藩と交渉を行った場所として、最近では宮崎駿の長編アニメ映画「崖の上のポニョ」の舞台となった場所として、あるいは、お手火神事、町並ひな祭りや鯛網など、一年を通じて必ず何らかの祭りを催している。結束力が強く日本古来の風俗が残る町として有名であり、これらが観光資源となり多くの観光客を魅きつけている。

一方、地域での暮らしぶりは次の通りである。急峻な山と港に挟まれた狭い土地に、軒を連ねるように古い家々が建ち並び、車が進入困難な細い路地も多い。駐車場が少ないこともあり、若い人はほとんど居住しなくなっている。人口約４５００人、高齢化率43％である。街中にコンビニエンスストア、スーパーマーケットはともに一軒だけである。

筆者の調査から、介護保険の給付対象である高齢者の日常生活を描写してみよう。D家は夫（76歳）と要介護認定を受けた妻（74歳）の高齢世帯である。夫は夜明け前に小舟で近海に漁に出て、朝4時頃漁港に戻る。待っていた妻が魚を捌き、路地や介護保険事業所でそれを売る。現金収入は少ないが、生活上それほど多くの現金を必要としていない。

しかし、このような高齢者の質素な生活を表面的に観察して、豊かではないとみなすのは適切ではない。むしろ、経済的弱者であるからこそ、精神的な豊かさのなかで助け合って生活していると考える方が正しい。住民間で「アンテナが張り巡らされていて」プライバシーがない反面、食料品等の日用品で足りない物があれば何でも近所の人が持ってきてくれる土地柄である。お互いに監視されているようで精神的に窮屈な反面、近隣関係は双方向的で、支え合いの豊かな文化がまだ存在すると考えるべきである。

しかし、助け合いの文化が幸いにしてあるとはいえ、それは認知症高齢者を温かく地元で受け入れ、見守ることができることを、必ずしも意味しない。地域で介護を受け入れるための土壌として、そのような文化があることとははるかによい条件であるが、そこでさえ認知症高齢者は地域共同体内部の「仲間」とは認識されず、むしろ異邦人ととらえられるのである。

認知症の介護

福山市のC事業所の施設長Eさんの苦労は、鞆地区のように強固な共同体が残る地域でさえ、認知症高齢者を受け入れがたいという事実を認識した時点に始まる。Eさんはもともと介護保険施設に勤める理学療法士であった。施設に入所している利用者のリハビリテーションを担当するなかで、利用者がいったん入所するとそれまでの友人関係や近所づきあいが途切れてしまい、それが病状の回復を遅らせ、あるいは地域に戻りにくくなることに理不尽さを感じていた。そのことがC小規模多機能事業所を立ち上げるきっかけとなった。しかし「あの人はもう人が変わり、別の人になってしまった。相手にできない」という言葉に象徴されるように、認知症高齢者に対する地域住民の無理解は、根強いものがあったという。施設を地域に根づかせるまでのEさんの十年間は「人が変わったように見えるのは、病気がさせているのであって、あの人は不安でいっぱいなのですよ。だから今まで通り、普通につきあって一緒に支えてほしい」というメッセージを地域住民に理解してもらうために費やされた年数であったという。

C事業所は、高齢者が地域の人々の力を借りながら、住み慣れた地域で、親しんだ人々に囲まれた環境の中で生活することによって、自分らしさや活力を取り戻すことを事業所全体の目標としている。つまり、可能な限り施設入所はせず、本人が望む限り自宅や自宅近くのグループホーム等において地域のつながりの中で暮らすことをめざす。C事業所は事業所の介護保険事業と利用者の近隣の友人の手助けだけで、すなわち介護保険収入以外の公的援助や地域ボランティア団体の支援等は一切借りずに機能している。地域の高齢者を「本人がご希望になる限り」たとえ独り暮らしであっても、文字通り「亡くなるときの看取りまで」病院や介護保険施設に長期入所させることなく地域で見守り、わが家での暮らしを支え続けようとしてきたのである。

しかも次に述べるように、病院や介護保険施設入所時に比べて利用者の日常生活動作は向上し、精神状態も良好で、さらにいえば霊的にも幸せそうに地域での生活を楽しんでいる(8)。そこではどのようなケアや介護支援が行われているのだろうか。筆者の調査からC事業所での具体的な事例を見てみよう。

(2) 生きがいとしてのお寺　要介護者の心の平安に向き合うケア

要介護者本人の状況

HTさんは90歳。寝たきりながら元気であり、独り暮らしを継続している。認知症はない。要介護度は病院に入院時4、調査時には3に改善していた。以前は家族や親戚もいたが、調査時は親類が一人だけである。職にはお寺が非常に多いが、そのひとつの門前の小さな家に住んでいる。心臓ペースメーカーの手術を受けるために病院に入院したが、HTさんが今まで通り自宅で暮らすことを強く希望したところ、病院側は寝たきりなのに一人暮らしに戻るのは無謀とした。しかし、C事業所所属のFケアマネージャーが、本人の意を汲んで辛抱強く寺と交渉し、退院させた。介護保険事業所が提供したのは、一日約5回の自宅訪問と、通いサービスである。

担当のFケアマネージャーの語り

入院中のHTさんご本人のご希望は、本当のところどこにあるのか、ということを中心に考えました。それは病院で手厚い医療を受けることではない。一刻も早くお寺の門前にある自宅に帰り、思い出が詰まったお寺がある環境の中で生活したい。たとえ死んでもよいからそうしたい、というのがご本人の本当の希望であることがわかりました。本人のご希望がそうである以上、全力でそれを支えるのがケアマネージャーの、あるいは事業所の役目だと思いました。ご本人はお寺に頼りたいとの思いが強かったため、まず、お寺にご本人の思いをお伝えしました。お寺側からは、そうは言われても、お寺としてはご本人の面倒を見ることはできない、とよい顔はしてもらえませんでした。でも、ご本人の健康や安全については、事業所で責任をもつから、と言って理解して下さるようお願いしご自宅に戻っていただきました。ご自宅に戻られた後には、お寺は、住職のお孫さんを通じるなどして、日常生活や安全に何かと気にかけてくれています。

Fケアマネージャーが、利用者の安全は事業所で責任をもつとして本人を自宅に連れ帰った理由は、寺の近くで暮らすことに本人のアイデンティティがあり、多少のリスクを考慮しても、自宅に戻ることが本人の幸福であるとの確信があったからである。それを証明するかのように、寺の住職の孫である小学六年の男子と中学二年の女子が、朝の登校前と下校時の二回、自主的に顔を出して必ずHTさんの様子を確認し、具合が悪いときは寺の家族に伝えた。HTさんがベッドから落ちて動けなくなったことがあったが、子どもたちが早期に発見したため、大事には至らなかった「手柄」もある。

HTさんの語り

これまで一心に仏様に仕え、台所や掃除などお寺のお世話をしてきました。今まで近所づきあいもしてきたが、みんな死んでしまったので、つきあう人がいなくなった。私を見てくれるのはお寺さんくらい。住職さんが私を最期まで見てくれる。お寺の二人の孫が自分のことを「ばあちゃん」と言ってなついてくれている。「今から学校に行って来ます」と毎日言いに来てくれる。「ただいま」も家に行くより先に言いに来てくれる。一日二回顔を見て安心してくれているのが、私にとっても最高の楽しみ。この二人のためにも頑張って長生きしたい。

介護保険の高齢者ケアの現場では、このような帰宅意思は、本人の日常生活動作の状態や安全性、あるいはケアのしやすさ等の観点からかなえられることが少なく、特に一人暮らし高齢者は、病院への入院や入所継続になる場合が多い。本人の気持ちを汲み取り、半ば強引に自宅に戻ることを可能にしたのは、Ｆケアマネージャーのケアに対する着眼が通常とは大きく異なるからにほかならない。

その理由を、次のように考えることもできるのではないだろうか。通常のケアマネージャーは、要介護者の状況から社会的対応を要する福祉ニーズを抽出し、抽象化・類型化された複数の選択肢の中から適切なサービスを提供する、という手法でケアプランを作成する。要援護者のニーズに接続可能な福祉サービスを探し出す文脈でケアを考える場合、たとえば独り暮らしであればベッドから落下したらどうするのか、といった安全を最優先のニーズと想定し、そのようなリスクが最も低い選択肢として、終日ケアの目が行き届く施設入所が考えられる。このように、ケアマネージャーの発想であれば、要援護者の身体への配慮や安全管理を優先課題として、施設入所を勧めるであろう。

これに対して、Ｆケアマネージャーはこのような理路を採らず「本人のご希望」あるいは「本人の霊的な安定」という個別事情に向き合ったのである。Ｆケアマネージャーは、通常の社会福祉制度の枠内では発想さえ困難な福祉実践を行った。この大きな違いは何ゆえであろうか。それは、社会福祉とはあくまでも制度に則って要援護者を処遇することを本質とするものではない、との明晰な認識である。制度の範囲内ですくい取ることが困難な「たとえ死んでもよいから寺の前の自宅に帰りたい」という要援護者の希望をかなえたのである。

Ｆケアマネージャーは、要援護者への認識の深さにおいて際立っている。要援護者の個別事情に深く立ち入り、特有の精神的、霊的な価値に重きをおいてオーダーメイドの社会福祉のあり方を実践してみせた。次節では、この着眼に的を絞って検討を深めたい。

(3)「鞆の奇跡」　地域に戻すケアと病状のめざましい回復

ＯＴさん（90歳）は、Ｃ事業所が経営するグループホームで暮らす要介護度５（最重度）の高齢者である。持病も多く認知症もある。ホームに入居する前の介護保険施設の処遇は、全介助状態であり、常時おむつで、ずっと寝かせておくことが大事とされていた。胃ろうによる栄養摂取がおもであり、経口ではヨーグルトしか食べられず、うつ傾向でおとなしく、ほとんど発話することもなかったとのことであった。

要介護者本人の状況

筆者が面接したときのＯＴさんは、ふだんはグループホームで暮らし、昼間は自宅近くの小規模多機能型居宅介護の通い施設（グループホーム入所中の利用者の自宅を利用した施設）に少なくとも週二回訪問していた。通い施設には息子の嫁や昔からの近所の友達がいつも訪ねてきて、本人の隣に座って楽しそうに笑い合っていた。食事を口から摂ることが可能になり、胃ろうで水分を補充すれば足りる。おむつがはずれ、生きる意欲がわき、以前と比べて若返って見えるとのことである。何でも自分でする気になっているし、彼女が施設に来ていること自体が利用者や職員の癒しにもなっている。要介護度は５であることに変わりはないし、筆者との直接会話は挨拶程度しかできなかったものの、日常生活は明らかに改善しているとのことである。

事業所の介護職員は、ＯＴさんのようなほとんど動けない最重度の要介護者であっても、「ご本人がそう望む限り」近隣とのつきあいを続けながら、看取りまでのケアをグループホームで行うことが可能である、と自信を見せている。ＯＴさんの日々の処遇を見る限り、介護側には福祉資源に接続するために福祉ニーズを抽出しようとする意思がなくなっているように感じられる。そこには利用者が希望する個別事情に対応しようとする意識と、必要な具体的ケアを提供するために利用者の生活全般を見通そうとする意識が存在しているように見える。

Ｃ事業所では、これらの事例と同様の考え方で全利用者のケアを実践している。それは、次のような発想によるケアプラン策定である。①自宅に帰ることが本人の意思である場合には、その希望に応じて事業所で技術的に対応可能な限り施設から自宅に連れ帰る。②自宅では、基本的な日常生活のケアを事業所が行う。③それに留まらず、本人がどのような生活を望んでいるか、きめ細やかなアセスメントを行い、それをかなえる方法を考え、友人や近所とケアマネージャーが交渉して可能な限り実現する。

つまり、要介護者には事業所の介護保険サービス利用してもらうが、それで十分であるとは考えず、本人の希望が今まで通り近隣関係や地域の友人とのつきあいの継続である場合には(9)、介護保険サービスで基本的な生活を支え、その希望をかなえるために、すなわち本人が望む、より豊かで楽しい生活を実現するために、全力を尽くすというものである(10)。

このようなＣ事業所のケアのあり方は、福山市内の介護保険事業所のケアマネージャーの間では有名になっている。しかし、この手法を踏襲しようとする事業所はほとんど現れないのである。それはなぜであろうか。このケアの考え方を取り上げて筆者が企画し、二〇一二年九月に鞆地区で実施した「全国福祉シンポジウム～鞆の浦地区・地域介護の奇跡」に参加した他の事業所のケアマネージャーは次のように話した。

他の事業所のケアマネージャーの語り

たしかに福山市のＣ事業所でやっているケアプランや実践はすばらしいと思うけれども、自分がそれをできるかというと、そうは思えない。事業所の考え方も違うし、勤務時間も決まっているし自分には家庭もあるので。一日中担当している人のことを考えるわけにもいかないし。福山市のＣ事業所では理想的なケアをやっているとは思うけれど。

この発言は、C事業所と同様のマネジメントをするにはケアマネージャーの負担、あるいは利用者一人あたりのケアに必要な労力が大きすぎて、対応する時間がないとの意味であろう。この問題は時間や労力、ケアマネージャーの意欲、いわゆる介護保険体系とのマッチング(11)も関連するであろうが、筆者には、介護福祉実践／政策をどのように立案するかという福祉政策の設計可能性に関わるように思える。政策枠組み（スキーム）の相違がマネジメントの発想の相違を生み、それが結果的に利用者の要介護度や身体状況や精神的な幸福に影響を与えるのではなかろうか。

このスキームは、医療分野における「病気を診るな、患者そのものを診よ」という言葉に近接するケアの考え方に基づくともいえる。この問題は、他者認識論（他者をどのような枠組みで認識するか）と親和性が高い。

5　贈与からみる実践グループの比較

5・1　贈与からみる実践グループ

これまでの五つの事例は、さしあたり地域福祉論の三分類（ボランティア活動、小地域福祉活動、社会関係重視の活動）に従って取り上げてきたが、第3章で述べるように、社会理論を援用して理解することも可能ではないだろうか。すなわち、各実践に含まれる「贈与物」や「贈与方法」等に着目することによって、地域福祉論と同様に「前橋、京都」「豊中」「駒ヶ根、福山」の三グループに類型化できるのではないか。この着想については、第Ⅱ部の分析編において、贈与論、認識論、規模論から詳しく述べるが、おおむね次のようなものである。

【グループ1】「前橋市、京都市A地区」の実践グループは、贈与論の分析視角から「代替可能な物やサービスを（代替可能な）援護者から要援護者へ一方向的に提供する不特定の関係」であり、援護者―要援護者の固定的役割が企図された実践形態と理解することができる。

【グループ2】「豊中市B校区」の実践グループは、「前橋市、京都市A地区の実践と同様、代替可能なモノやサービスを提供するが、援護者―要援護者は地域内の顔見知りである特定の関係」であり、役割分担は固定的ではなく、世代を通じて立場が循環する。すなわち、援護者はいずれ要援護者になる社会関係の世代間循環があらかじめ企図された実践形態と理解することができる。

【グループ3】「駒ヶ根市、福山市C事業所」の実践グループは、おもに「非代替的なモノ・サービスだけでなく、援護者―要援護者間で深い精神的つながりをもち社会関係そのものを相互交換」する関係が企図された実践形態と理解することができる。

5・2 【グループ1】と【グループ2】の比較

以上のようなグループ化に基づき、それぞれの特色や差異を検討してみたい。

まず、前節でも述べたが、【グループ1】と【グループ2】の実践の相違は次の点にある。三つの事例は、代替可能物や代替可能サービス、すなわち「他の人が代わりに提供しても、特に差し支えないもの」を提供する点で共通である。

しかし、【グループ2】の実践は、小地域内部の顔見知りの間で行われる点に特色がある。すなわち、当該福祉資源は、たとえば事業者や匿名ボランティア等が誰でも提供しさえすればよいわけではない。要援護者が地域社会内部におり、社会関係や心の交流も重要と考える点で、前橋、京都の類型とは異なる。

実際には【グループ1】と【グループ2】の実践が、同一地域で同時並行して確認される場合もある。たとえば豊中では前橋と同様の実践が同時に行われている。しかし、いずれも社会福祉協議会が実施主体であることが多いものの、双方に特段のつながりはなく、社会福祉協議会内部の担当課も参加者も重ならないことが多い。つまり、社会福祉協議会内部でも前橋、京都の実践はボランティア事業、豊中の実践はコミュニティワークと、相互にほとんど関連性のない別の事業としてとらえられている。

つまり、【グループ1】では自分たちの実践を、特定の福祉資源の提供を希望する有志ボランティア活動であり、ボランティア団体を組織化する活動、すなわちCOと認識する。援護者を必ずしも居住地と関連性をもたない匿名の個人と理解することが一般的である。これに対して【グループ2】では自分たちの実践を、同一圏域の町内会のボランティア部会の活動であり、地域社会の構成員全員を潜在的な援護者とする地域づくり活動の一環、すなわちCSWと認識する。これが両者を別の事業ととらえる理由である。

しかし、地域福祉実践の現場では、【グループ1】と【グループ2】は両方の間に関連性がある。すなわち、守備範囲や対象者あるいは考え方を異にするが、後で述べるように、全体として地域福祉を構成する両立可能な実践として関連づけて理解する方が、よりよい実践になると考えられる。

5・3 【グループ1】【グループ2】と【グループ3】の比較

【1グループ】のようなボランティア団体が、【グループ2】のような実践に移行することは、理論的には不自然ではない。実際にそのような例は少数ながら、増加傾向にある。

たしかに【グループ1】に比べて【グループ2】の実践は、活動趣旨の理解や活動の環境、人員、職員の技術的水準の確保においてハードルが高い。少なくともある程度の地域力が潜在していることが必要であり、実施は必ずしも容易ではない。しかし、ステークホルダーの設定や提供物の代替性という地域福祉政策設計の観点からは、あまり選ぶところがなく、その意味で福祉政策設計の構想転換は必要とされない。政策設計が類似することから、理念上この移行は特に不自然ではなく、【グループ1】【グループ2】の実践は、移行や両立が容易であり、親和性がある。

一方、【グループ1】【グループ2】の実践を行う地域や団体が、【グループ3】の実践に移行した例は、管見の及ぶ限り存在しない。たとえば、【グループ3】駒ヶ根の経緯として、ふれあいのまちづくり事業という新たな事業が新規に発案され、それまで地域内で実施されていた前橋、京都と同様のボランティア活動との連続性はない。つまり、駒ヶ根では【グループ1】からの移行に当たって【グループ2】の実践を意図的に選択せず、【グループ3】へ大胆に跳躍したといえるのである。そうした政策実践決定を行った理由も次章で詳しく検討するが、おおむね次のようなものではなかろうか。

【グループ1】【グループ2】と【グループ3】を比較すると、政策設計枠組みの質的差異において【グループ1】【グループ2】間の差異より大きい。たとえば、【グループ1】【グループ2】はたとえ当該活動をきっかけとして要援護者と援護者が親密になっても、それ以上の関係は活動の範囲外と考えている。社会福祉協議会は私的関係づくりに関知せず、むしろそのような関係を築くことを全く歓迎しない。社会福祉協議会としては、要援護者と援護者が深い関係になることは、特定の人に多くの福祉を提供することにつながり、公平性の観点から望ましくないと考えるからである。そして実際にそうした事例はほとんど存在しない。

つまり、【グループ1】【グループ2】の支援側において、要援護者個人との関係構築は地域福祉実践の対象外と考える傾向が存在しているのである。要援護者は援護者個人の社会関係に取り込む対象ではなく、あくまでも援助対象であるとの認識がある。その意味で援護者―要援護者は友人関係から区別され、援護者にとって要援護者は対等の仲間からは遠い存在と意識される一種の「隔意」が存在している。

それでは、【グループ1】【グループ2】と【グループ3】の間の大きな質的差異とは何だろうか。詳しくは次章で検討するが、おおむね次のような理解が可能である。

ひとつは先ほど述べたような、援護者―要援護者間の「隔意」について、【グループ1】【グループ2】の実践は、多少なりとも両者に隔意が存在することを、福祉政策設計の前提とする。これに対して【グループ3】の実践は、後章で詳しく検討するように、隔意を存在させないことを前提とする。もう一つは、両者の社会関係構築についてのマニュアルの有無である。すなわち、【グループ1】【グループ2】のように両者の社会関係を規定するマニュアルを定め、それに沿うよう要請するのか、【グループ3】のように事前にマニュアルは定めず、援護者―要援護者の発意と責任で自由に行うのか、という相違である。

この相違は、社会関係や「モノやサービス」の福祉資源の代替可能性の有無という観点から理解できる。取引される資源が代替可能であればあるほど、援護者―要援護者の関係が疎遠になり、マニュアル化になじみやすい(12)。具体的には【グループ1】の要援護者は、援護者にとって救済対象である「気の毒な人」であり「対等の仲間」という感覚はほとんどない。たとえば京都市A地区住民福祉協議会の会長は「この地域全体の住民の生活を守ることが自分の責任である」と住民保護の心で活動していることがその例である。これに対して【グループ2】の要援護者は近所の顔見知りであり、多少なりとも親近感はあるが、少なくとも自宅に招いて共に遊ぶ「対等の仲間」からはやはり少し遠い関係である。

これに対して、【グループ3】の要援護者は、援護者にとって、①それまでの仲間（福山市C事業所）あるいは②今後近隣関係をもつ（駒ヶ根）ことが、福祉政策設計において想定されている。そこでは、両者は私的つながりをもち、対等につきあう仲間であって、隔意がない、あるいは隔意の存在を前提としない政策設計である点で異なるのである。

【グループ1】【グループ2】の実践では程度に差があるものの、要援護者はいずれも援護者の「対等の仲間」ではない。つまり、大なり小なり要援護者との間に「隔意」がある。その存在は、どのように判断できるのだろうか。このことは、前に検討したように、援護者は要援護者本人から返礼を受け取らないことを前提とする政策設計も同様である。一方向的な資源投下を想定した政策設計は、両当事者間のある種の「隔意」の存在なしには成立しないからである。

もうひとつの質的差異にも留意する必要がある。【グループ1】【グループ2】の実践は、社会の原子化傾向に歯止めをかけることは、実は困難である。これらの政策設計が想定するのは、個人が識別できる社会関係、あるいは地域共同体における社会的紐帯ではないことと関係する。【グループ1】【グループ2】の実践では、援護者も要援護者も各役割の中で行動しており、個性を識別する必要がない、あるいは識別してはならない規範が存在する。つまり、【グループ1】【グループ2】では援護者／要援護者が誰であれ、あるいは誰が欠けても安定して同じ福祉実践が可能であることが重要と判断される。

そのような代替可能な福祉政策設計は、社会保障などの国家福祉制度に類似しており、普遍的な社会福祉レベルの向上に役立つ。その反面、【グループ1】【グループ2】の匿名性、あるいは抽象性が高い実践は、個人の孤立と原子化を解消する機能、すなわち個別的で個人が識別可能な社会関係を回復する働きは有していないのである。

注

（1）たとえば配食ボランティアでは、食事の原材料費相当分の費用負担だけはしてもらうが、調理や配達の人件費等は受け取らない。つまり、ボランティアの労力は反対給付に積算しないという意味で、やはり一方向的ボランティアに位置づけられる。また、前橋市では、二〇一七年度以降は介護保険の総合事業の開始に伴って、ボランティア活用の方法が広がり、一方向的なサービス投下に限らない提供方法の検討も始まっている。

（2）最近は、要援護者の心理的負担（「申し訳なさ」）の緩和を目的とした有償ボランティア活動も一般的になってきた。

（3）前出の配食ボランティアでは、要援護者から徴収する料金は300円程度の食材費相当額だけであり、調理や配達の人件費あるいは備品費などの初度調弁費等の他の経費は積算しないことが多い。このことからも、原則として総経費より投下する福祉資源が過剰になることを前提とするため、やはり地域福祉実践は対価性を有してはならないという規範があると判断される。

（4）任意のボランティア団体やＮＰＯなどが含まれる。

（5）「お返し」＝返礼を想定しないことから生じる要援護者の心理的負担感は、「お互い様ですから」という言葉によって若干和らげられるが、根本的には解消されない。

（6）原則として1時間800円で、支援者／要援護者ともに、高齢者・障害者等の制限はなく誰でも利用できる上、援助事項にも制限がない。

（7）近隣と親密な関係をもつ重要性は、高齢者の社会関係は主に近隣関係である実態に加えて、選択縁（上野2008）による親密な関係との相違を比較することによって明らかになる。趣味サークル等の選択縁では、体調不良等で共通の目的遂行が不可能になると、脱退せざるを得なくなる傾向があるのに対し、近隣の親密な関係ではそのような状態になった後も受け入れる傾向がある上、特に身体援助は近隣の居住者の助けが有効である。

（8）「霊的」は、一九九八年に世界保健機構（ＷＨＯ）執行理事会が、健康憲章の健康の定義に「霊的な（spiritual）

健康」を追加することを議決し、生きている意味、生きがいなどの重要性を提起したことと関連している。ここでは利用者の（宗教的な）心の平安までケアに包含して取り組むことを指す（世界保健機構 1999）。

（9）今までの生活史から、このような近所とのつながりを望まない利用者もいる。そのような利用者は、あえて住居地から離れたデイサービスやグループホームでケアすることもある。

（10）本人の個別事情に正面から向き合ったケアを提供することと、代替可能なサービスの提供だけでは十分なケアにならないことは、相互に影響し合ったわけではないが、イギリスのブラッドフォード大学のトム・キッドウッドが提唱したパーソン・センタード・ケアの考え方との共通性が見られる（Kitwood 1997=2005）。

（11）いわゆるケアマネージメントにおけるマッチング問題との関係は、次の通りである。マッチングは介護保険の枠外のインフォーマル・サービス適用も考慮したケアプランを立てるべきことを主な論点としている。これに対して本書の論考は、後で述べるように、ケアマネージメントをインフォーマルも含めたサービス利用（あるいは社会資源活用）を検討するという思考枠でとらえること自体を論点としている。すなわちこの問題は、サービス利用に限定して考えるマッチングの問題とは異なり、利用者の生活全般を見ようとする新たなベクトルを指向している。

（12）この点は認識論の分析視角からも理解可能である。援護者―要援護者の関係において、【グループ1】∧【グループ2】∧【グループ3】の順で認識が具象化、その逆に抽象化・定型化していく。そして、援護者から見て要援護者との「隔意」あるいは、代替可能性がどの程度あるか、という問題に置き換えられる。つまり、抽象化・定型化するほど代替可能性は高くなる（第5章）。

第3章　分析視角としての贈与論・認識論・規模論

本章のテーマは次の通りである。前章までに述べてきた地域福祉実践の豊饒さと、それに留まらない実践／政策枠組み間に存在する質的差異を説明する、学術的な方法論とは何だろうか。本章では、第2章で取り上げた地域福祉実践の五つの事例による三グループを分析する方法論を検討する。それは、米国の社会学者ニール・スメルサーによる比較社会学の手法を演繹し、次の三つの社会科学理論を分析視角とすることである。その手続きの概要は次の通りである。

社会学者・文化人類学者マルセル・モースの贈与論によって調査事例を類型化し、現象学的社会学のアルフレッド・シュッツの認識論、そして政治学者ロバート・ダールの規模論によって各類型を比較分析する。こうした方法論を採用することによって各類型の特徴をつかみ、かつ類型間の関係を探る。

なぜこれらの社会科学理論が、地域福祉実践の分析視角としてふさわしいのか。本章では、現場の実践を理解するために他の社会学理論も検討したうえで、これらを採用した理由を述べる。本書第Ⅱ部では贈与論・認識論・規模論を個別に論じるが(1)、このような手続きを経ることによって、最終的に三類型を統合し、福祉政策の将来像と将来展望を描くことをめざしたい。

1　比較分析の手法

1・1　「理解」のための「比較」手法の採用

前章で述べたように、前橋市、京都市A地区、豊中市B校区、駒ヶ根市、福山市C事業所の実践は、表面的にそれほど違っているようには見えない。住民が住民に対して何らかの地域福祉活動を行う点で類似しているのである。

しかし、援護者の属性、内面、規範、行為から、福祉実践の意味と効果をよく観察すると、実は全く枠組みの異なる異質のものを大雑把にひとくくりにして、地域福祉実践と呼んでいることがわかる。その質的差異は、前章において五つの事例を三つの実践グループに区分して、概要を記した通りである。

このような内面・規範や表出した行為・効果の相違は、その実践計画の前提となる地域福祉政策設計の着想の相違に深く関連する可能性がある。すなわち、スメルサーのいうように「結果の相違は原因の相違に関連している」(Smelser 1988=1996: 36) のではないか。本書は、このスメルサーの考え方を演繹して、一見同じような地域福祉実践の実際の相違を説明することによって、各実践の原因、すなわち規定要因にさかのぼって比較分析しようとするものである。比較社会学の手法を採用する意味は、この点に存在する。結果の相違を原因の相違に求めるこのような研究態度は、社会学者エミール・デュルケムの比較社会学の考え方に由来する。すなわち「比較社会学は社会学の特定の一部門ではない、ただ記述的であることを止めて事実を説明しようとする限り、それは社会学そのものなのである」(Durkheim 1895=1978: 258)。デュルケムにとって、比較社会学の方法論は、社会学を行うことそのものなのである。

デュルケムによれば、一つの社会的事実は、必ず一つの原因と対応している (Durkheim 1895=1978: 第2章)。

社会学者マックス・ウェーバーは、一つの事実は、複数の事象が原因として関わる可能性があるとしており、両者はその見解を異にしている（Weber 1904＝1998: 55-111）。

本書は、両者の方法論の相違を論じることを必ずしも目的としないが、どちらかといえばデュルケム寄りの方法論で進める。すなわち、ある地域福祉実践の事実は、特定の原因、すなわちその事実を導いた特定の認識枠組みと関連する可能性があることを結論として導く点で、デュルケム的といえるのである。

しかし、本書の手法は必ずしもウェーバーの方法論を否定しないことにも留意したい。すなわち、ある特徴をもつ実践の原因を特定することは、別の原因が複数存在する可能性を否定しない。本書では、ある原因と特徴をもつ事実との関連性を指摘するに留め、他の原因が関係する可能性の排除を目的としないからである。

1・2　比較社会学の方法論

本書の中で、スメルサーの議論を演繹したのは、次の部分である。たとえば、スメルサーは、思想家アレクシ・ド・トクヴィルがフランスとアメリカの民主主義を比較研究し、その質的差異を解明した例を引いて、比較社会学の方法論の有用性を主張している（Smelser 1988＝1996: 35-51）。

スメルサーによれば、トクヴィルは、平等や不平等、自由と独裁、政治的安定と不安定といった社会構造や社会変動への関心をパースペクティブとして、一八世紀フランスと一九世紀アメリカの民主主義を比較分析し、その相違を析出した。たとえば、トクヴィルは、『アメリカの民主政治』の序論において、「二つの国家の法律や慣習を生み出す原因は同じなのだから、我々が、その原因によってそれぞれの国に何が生まれたのかを知ることは非常に興味深いことである」と述べている（Smelser 1988＝1996: 序論）。歴史的に考えると、フランスとアメリカの政治はともに、自由主義と民主主義を指向する共通の基盤を持つ。したがって両者の現象的相違を比較分析することは、将来の民主主義社会の望ましい政体を構想する上で有用であるに違いないとの先験的な見通しに基づいている。

現象的相違とは、政府の中央集権化のレベルや英雄主義・崇拝のことである。比較分析の結果、フランスの民主主義は貴族制から民主制への途上にあり、諸制度が大きな社会革命へと至る傾向にあると判断される。これに対してアメリカの民主主義は、熱狂的な個人的活動に結びついた社会的安定性を生み出す傾向にある（Tocqueville 1835,1840=1987: 31）。

つまりスメルサーによれば、トクヴィルは比較社会学の方法論として、必ずしも比較の基準を明確にしていたわけではなかったものの、ある社会科学理論の概念を使って、二国間の政治体制の特徴を原因にさかのぼって分析し、説明することに成功している。スメルサーは、トクヴィルの採用した手法は比較社会学の代表的なそれであり、社会分析に有用であると評価しているのである。

つまり、社会分析において、ある社会を構成する根源的な枠組みにさかのぼって、その枠組み同士を比較しようとする手法の有用性は、それぞれの社会を構成する枠組みを相対化し、大きな設計図の中にそれぞれの社会を位置づけることができる点にある。たとえば野口雅弘は、ウェーバーを「比較の思想家」と呼び、その比較の性質を「複数の概念、類型、あるいは文化をあえて同等の地位に置き、相互にリフレクションを誘発せしめるような知の営み」であると評している（野口 2011: 4）。

厚東洋輔は、この比較の方法論を演繹的に応用して、ウェーバーが西欧にみた資本主義の発展（プロテスタンティズムの倫理と資本主義の精神）を現代のグローバリゼーションに接続している（厚東 2011: 9）。すなわち、外発的ではあれ資本主義を受容し、飛躍を遂げようとしている現代の新興国の発展を「近代化そして資本主義というものがまさしくウェーバーがいう通りに普遍的な意義と妥当性をもっていたことを百年かけて証明することになった」と提示している。これは初期の資本主義社会と現代の後期資本主義社会ともいえるグローバリゼーションを、ウェーバーが描いた壮大な設計図の中に位置づけようとする社会分析の仕方である。

「比較を通してそれぞれの社会にどのような要素があるのかを自覚的に確認する。そしてその上で両者にそもそもどのような相互関係がありうるのか。西洋と東洋を比較の俎上に載せようとしたウェーバーの問題提起は、グローバリゼーションの時代に至り、内発的発展と文化伝播を複眼的にとらえる視点として、方法の革新を促すものとなっている」（藤村 2014: 79）という藤村正之の主張は、次のように解釈できる。すなわち、さまざまな社会を設計図の中に適切に位置づけられることが、比較社会学の成果である。

本書は、同様の方法論を地域福祉分野に応用しようとするものである。これによってめざすのは、①表面的には類似して見える五つの地域福祉先進事例の根源的な質的差異を、三つの社会科学理論を援用してそれぞれの原因にさかのぼって明らかにする。②それぞれを類型化して相対的に位置づける、さらに③各実践の限界や要因を乗り越えるような新たな政策実践の展望を導くことである。

2　分析概念の有効性

2・1　贈与論・認識論・規模論の有効性

現代日本の地域福祉実践に見られる豊饒化は、福祉政策立案の思考や認識枠組みを超えて、現場の実践に複数の異なる類型が存在することが原因ではないか。本書はこの複数の類型の質的差異や相互関係について、社会科学理論の諸概念を用いて解明を試みる。

まず、地域福祉実践に質的差異が生じている原因について、次のような問いが立てられる。すなわち、援護者

―要援護者間で行われる社会的援助などの相互行為と、実践家や福祉政策立案／設計側が想定する社会関係が、類型ごとにそれぞれ異なるのではないか。地域福祉で実践される援助行為等はどのような性格の社会関係であるのか。ボランティアや福祉専門職などの「実践家・当事者が活動の基礎として着眼する社会関係」が類型ごとに質的に異なるのではないか。このような質的差異を解明可能な社会科学理論の諸概念は何か、について踏み込んで検討する。地域福祉実践の社会関係を読み解く分析視角として筆者が採用するのは、おもに贈与論、認識論、規模論の三つの社会科学理論である。

①相互行為による提供物とその移動方向　モースの贈与論
②相互行為を成立させる当事者の認識　シュッツの認識論
③相互行為が可能となる社会的条件　ダールの規模論

なぜこれらを分析視角としてそれぞれ適切と考えて採用するのか、そして、相互行為の社会学理論を採用しなかった理由は、次節において説明を試みたい。

また、本書の分析手法として、コミュニティ理論、コミュニティ・オーガニゼーション理論、ソーシャル・キャピタル理論を採用しなかった。その理由は、概してこれらの理論は、コミュニティを何らかの他の目的を実現する手段と位置づけ、そのための効率的な手法を構築する議論がなされたり、あるいは、目的達成にとって理想的なコミュニティが想定されがちであると判断されるからである。また、当該コミュニティが成立する規模についても、あまり深い議論がなされていないように見受けられる。

後で触れるが、コミュニティ・オーガニゼーション理論は、ある社会的状況の改善を目的としてそれを達成する社会集団を形成する理論であり、パットナムらのソーシャル・キャピタル理論は、社会的効率を重視して社会的紐帯を強化しようとする理論である。したがって本書が着目した、地域福祉実践の現場における社会関係構築そのものを解明したり、新たな地域福祉の萌芽を位置づけて理解することは、これらの理論からは困難である。以上の通り、援護者—要援護者の社会関係が成立する社会環境や社会的条件に焦点を当てる上で、先の三つの社会科学理論が本書の分析において有用と考えられる。

2・2　分析視角としての〈相互行為論〉の限界

当事者間の社会関係を読み解く社会学理論には、ジンメルの「相互行為論」やジンメルを祖型とするミード、ブルーマー、ゴフマンの「シンボリック相互行為論」がある。これらの理論はおもに当事者同士の関係に焦点化している。

ゲオルグ・ジンメルの相互行為論は、人間相互の社会化の形式自体に着目し、そこに共通のメカニズムを発見することを目的としている。たとえば、上下関係、敵対関係、親密な関係など、人間がある意図を持って他者と関わる行為のあり方には共通点があることに注目し、人間の社会化の過程を理解する考え方である。それは、当事者間の社会関係の類型に焦点化した議論である（Simmel 1917=2004）。

なお、ジンメルの『社会学の根本問題』第3章では、「社交」が相互行為の典型例として取り上げられている。政治・経済や職業活動に関わる人々の相互行為が何らかの目的をもつのに対して、友人づきあいやパーティーなどの社交は他に目的があるわけではなく、楽しむことだけが目的とされるのである。このことは、ジンメルによれば「社交」には相互行為を通じて社会化という形式社会学のテーマが、目に見える形で表れている（Simmel 1900=1999: 58）。

本書で取り上げた地域福祉実践の中には、ジンメルが「社交」の特異な機能としたものと同様に、他の目的ではなく「社会関係（相互行為）を行うこと自体を目的とした社会関係」が存在する。

第2章の最後で比較したように、地域福祉実践の現場の中に生じている新たな萌芽こそが、社会政策を考える上で重要であると筆者は考える(2)。従来、地域福祉は何か他の目的、たとえば福祉資源を効率的に、あるいはきめ細かく要援護者に提供する行政目的を達成する、有効な手段ととらえられることが多かった。しかし、そうではなく、援護者―要援護者間の社会関係の構築それ自体を目的とする新たな類型が見出されたのである。この点で、ジンメルの「社交」は、相互行為としての地域福祉実践を先駆的に示していると読解可能なのである。

一方、ブルーマーやゴフマンのシンボリック相互行為論は、間主観性によって共有されたシンボルの世界に基づいて、どのような役割期待を身につけるのか（Vaitkus 1991=1996）、集合行動を行うのか（Blumer 1986=1991）、自己のアイデンティティを形成あるいは他者のアイデンティティに影響を及ぼすのか（Goffman 1959=1974）が議論されている。

これらの相互行為論は、行為当事者の意識や関係性に焦点化されており、その反面、相互行為を成立させる社会環境や社会的条件は十分考察されていない。当該地域で社会関係を成立させる社会環境も含む、相互行為を取り巻く社会関係全体に光が当たっていないのではないか。相互行為論には、行為を成立させる足下の社会関係への視点が欠けていると筆者が考える問題は、次の通りである。すなわち、①相互行為により何が移動するかという提供物、②相互行為を成立させる当事者の認識がどのようなものであるか、③その相互行為が可能となる社会的条件はどのようなものであるか、という諸問題である。

本書の関心は、地域福祉実践の現場における社会的条件等も含む社会関係の生成過程にある。したがって、当事者間の関係性に焦点化された相互行為論を分析概念とするのは、不十分であると判断した。

以下、コミュニティ論、コミュニティ・オーガニゼーション理論、ソーシャル・キャピタル理論を検討し、本書の関心からの位置づけを明確にしたい。

2・3　Sein/Sollenとしてのコミュニティ論

筆者の理解によれば、社会学のコミュニティ論は、①Sein（存在）としてコミュニティをとらえようとする理論と②Sollen（当為）としてコミュニティをとらえようとする理論の二つに大別可能である。このうちSollenとしてのコミュニティ論が、後に検討する地域福祉理論に影響を与えている。つまり、地域に未だ福祉コミュニティが存在していなければ、社会福祉専門職がそれを構築すべきであるとのコミュニティ・オーガニゼーション理論が、福祉コミュニティに理論的な根拠を与えていることを説明したい。

Seinとしてコミュニティをとらえる社会学理論について概観してみよう。コミュニティ概念を提唱し古典となった社会学者マッキーヴァーによれば、「関係や所属」と「地域性」の要素をあわせ持つ「共同生活圏」こそがコミュニティである（MacIver 1917=1975）。この概念は、実際に存在するコミュニティを分析して、共通要素を析出して定義したものであり、Seinとしてのコミュニティのとらえ方の典型である。同様の地域社会理解の立場に立つものとして、松本康の「地域コミュニティとは、歴史的、経済的、社会的、文化的条件に規定された一定の地域的範域において形成される共同生活圏である」（松本 2014: 68）とする定義も、Seinとしてのコミュニティ理解といえよう。現代の都市社会学者のクロード・フィッシャーも同様にSeinとしてコミュニティを理解するべきとの立場から議論を展開している（Fischer 1984=1996）。

これに対して、Sollenとしてのコミュニティ理解として、たとえばジグムント・バウマンの理論がある。バウマンは、不確実性や不安、つまりリキッドモダニティに対する防御として、安心感を得る場としてコミュニティが必要であるという。解体傾向にある伝統的なタイプのコミュニティに代わる、新たなコミュニティの可能性を提案している。それは「分かち合いと相互の配慮で織り上げられたコミュニティであり、人を人たらしめる平等な権利や、そのような権利の上で人々が平等に行動しうることについて、関心や責任を有するコミュニティ」であると定義される（Bauman 2001=2008）。

バウマンによると、ローカルなコミュニティから解放された人々はそれで自由になれるわけではなく、むしろ存在論的な不安を絶えず抱えることになる。しかし「安心」を確保する新たなコミュニティを追求しようとすると、それは既存のコミュニティとは異なるため、さらに存在論的な不安が増大するという。このような議論は、理想的なコミュニティの姿を提起する意味で、Sollenとしてのコミュニティ理解といえるのである。そしてそれは、次に述べるコミュニティ・オーガニゼーション論とも同様の視点に立つ。

2・4　日本におけるコミュニティ論争

このような理想的なコミュニティの姿を提示し、コミュニティ政策を通して実現しようとする指向性は、バウマン自身が参照する社会学者フェルディナント・テンニースのSeinとしてのコミュニティ理解と、原則的に対立する。Seinとしてのコミュニティ理解とは「本当のコミュニティならば人工的に生み出されるものではない」（Bauman 2001=2008: 21）「コミュニティ型の理解は、作り出したり勝ち得たりするのに骨を折る必要がない。既にできあがっていて使用できる状態にある」（Bauman 2001=2008: 18）というように、コミュニティへの人為的関与を否定するからである。

日本のコミュニティ理論においても同様に、新たなコミュニティを生成するという意味で人為的関与を認めるかどうかの論争はまだ決着を見ていない。この論争は、本書においても重要な論点となっている。

筆者の調査した豊中市B校区の地域福祉実践は、福祉コミュニティを地域に創出することを企図した政策の一環であり、コミュニティ創出への人為的関与を肯定しそれを前提とした実践である。すなわちSollenとしてのコミュニティ理解を基盤にしているといえる。これに対して、駒ヶ根市や福山市C事業所の実践は、理想的なコミュニティの創出という方法を採用せず、すでに成立している地域コミュニティに福祉的な色彩をもたせる点に特徴がある実践である。すなわちSeinとしてのコミュニティ理解の上に実践を行っている。

また「コミュニティは人工的に生み出されるものではない」とする見解は、バウマンによって同様に引用されたロバート・レッドフィールドによれば、Seinとしてのコミュニティが可能となる成立条件があるという。それは、他の集団と明確に区別でき、集団のサイズが小さく、自己充足的であることである（Bauman 2001＝2008: 21）。このコミュニティ規模は、後に述べるように、地域福祉実践の成立条件の考察に大いに参考になる。

日本におけるコミュニティ論に視野を転じると、典型的とされる奥田道大のモデルがあり、地域共同体の解体、個我モデルを経て、全く新しいコミュニティモデルが構想されている（奥田 1971）。また、玉野和志によれば、一九七〇年代の日本のコミュニティ政策も、このような規範的なコミュニティ概念に基づいて、町内会など既存のつながりの相対化を目的としていた（国民生活審議会調査部会コミュニティ問題小委員会 1969; 玉野 2011）。つまり、日本のコミュニティ論は、理想的なコミュニティモデルの構想と実現、そして既存のコミュニティの解体を主たる議論としてきた。なかでも理想的なコミュニティのあり方が議論の多くを占めてきた。

他方で、このような傾向に対する批判として、既存の地域共同体も注目されてきた。しかしそれらは端的に自治会や町内会を指すことがほとんどであった。たとえば、市区町村において「コミュニティ政策」といえば、端的に自治会や町内会のあり方や自治体との関係をどのようにすべきか、という議論がほとんどである（たとえば山崎 2014）。これは地域社会と自治会、町内会を同一視しがちな日本のコミュニティ論の表れである。

近年では、東日本大震災後の自発的な支援活動に着眼する議論もある（金子 2013）。しかし、これらは一定の目的を達成するために結成された、むしろアソシエーションというべき活動を対象としており、近隣関係に基づく活動とは異なる。本書では第2章で取り上げた事例のように、ごく狭い範囲の私的な近隣関係を対象とする地域福祉実践に焦点を当てたい。

2・5　分析視角としての〈コミュニティ・オーガニゼーション〉理論の限界

地域福祉理論の分野においては、本書で取り上げたような地域福祉実践の主体の取組・手法を牽引する理論枠組みとして、以前から福祉コミュニティ論が存在していた。そこではコミュニティ・オーガニゼーションの理論が展開されている。

コミュニティ・オーガニゼーション（CO）とは、理想的なコミュニティを想定し、現実社会を変革してその構築をめざす組織化活動である。具体的には、知識や経験を持ったリーダーを筆頭に、地域住民自身に問題意識を持たせ、議論し、解決のために住民を組織化して行動する。たとえば少数者の権利など、実現されていない社会的に不利な状況を改善する目的のもとで、住民活動の機能を有するコミュニティを築くことをめざす。

日本の地域福祉論においては、この考え方を演繹して「生活上の不利条件を持ち、日常生活上の困難を現にもち、又はもつ恐れのある個人や家族、さらにはこれらの人々の利益に同調し、代弁する個人や機関・団体が、共通の福祉（への）関心を中心（に結びつこう）とした特別なコミュニティ集団」（岡村 1974: 69. カッコ内は筆者）を、福祉コミュニティと定義している。そして、そのような個別的援助の場である福祉コミュニティを新規に創出すること、すなわち組織化活動を行うことが、コミュニティケアと並ぶ「地域福祉」の成立要件とする議論が多くなされてきた（岡村 1974; 牧 1996; 牧里 1990）。

たとえば豊中市B校区の実践は、このCOの理論の発展形であるコミュニティ・ソーシャルワーク（CSW）の考え方に基づいて、新たな助け合いのコミュニティを地域社会に生成することをめざした社会福祉協議会の実践である。すなわち、地域社会に助け合う組織を新たに出現させることを目的とするCSWの手法の成果が、豊中市B校区の実践である。

これに対して、たとえば、福山市のC事業所の福祉実践は新たに理想的なコミュニティを構築するという発想をもたず、すでに存在する地域共同体の社会関係を大切にして、そこに福祉の要素を取り込もうと指向する。

このような諸実践を比較分析するツールとして、COあるいはCSWは必ずしも適切ではない。なぜならば、COやCSWの考え方は、現実に存在するコミュニティを想定するのではなく、理想的で目的的なコミュニティを新たに出現させるための手法の議論が中心であるからである。

つまり、COやCSWの理論が福祉実践を読み解くのは、グループ2（豊中市B校区）には有効であるが、グループ3（駒ヶ根市や福山市C事業所）には困難である。これらの新たな地域福祉実践を読み解くためには、COやCSWではなく、先に述べた相互行為を、社会関係の成立条件にまで立ち入って深く理解することが必要である。それは贈与論、認識論、規模論を組み合わせて社会関係を読み解く試みを通して、初めて可能となるのである。

2・6　分析視角としての〈ソーシャル・キャピタル理論〉の限界

社会関係を理解するための理論として、ソーシャル・キャピタル理論が注目されている。パットナムらが主張するソーシャル・キャピタル理論は、社会に内在するソーシャル・キャピタル（社会関係資本）を計量することなどによって、社会の効率性を高める目的でこれを利用できるとする（Putnam 2000=2009）。

このため、パットナムらのソーシャル・キャピタル理論は、社会関係（資本）をそれ以外の何らかの目的を実現する手段として利用する分析に適している。たとえば、ある取引に必要な機会費用をソーシャル・キャピタルは低減することが可能である、というような場合に、ソーシャル・キャピタル理論は有用である。

しかし、本書で論じようとするのは、ソーシャル・キャピタルを他の目的の手段と位置づけ、手段としての効率性を計量することではなく、ソーシャル・キャピタルのような社会関係の構築それ自体を目的とする地域福祉実践の取組である。このため、ソーシャル・キャピタル理論の考え方を採用するのは必ずしも適切ではない。

したがって本書では、ソーシャル・キャピタル理論そのものではなく、ソーシャル・キャピタルが立脚する相互行為論の学説史をさかのぼり、さらに相互行為の足下の社会環境に視野を広げて議論することに焦点を置いた。そのために、社会関係の成立条件も視野に収めている贈与論、認識論、規模論を組み合わせて分析視角としたのである。

このようなパットナムらのアメリカのソーシャル・キャピタルと、ブルデューらのヨーロッパのソーシャル・キャピタルとは、方法論的個人主義と方法論的集合主義のいずれに親和的かという方法論に関連する大きな相違がある。このことが、ソーシャル・キャピタル理論が本書の依拠する理論としてふさわしいかどうかの判断に大きな影響を及ぼしている。

筆者の立場は、方法論的集合主義的なヨーロッパのソーシャル・キャピタル理論（Bourdieu 1986: 248）に近い。社会に存在する相互扶助等の特性は、個人の意識を基盤とするのではなく、それぞれの社会に存在する創発特性であると考えるからである。第2章ではそのような集合主義的な特性を持つ地域のソーシャル・キャピタルに着眼した地域福祉実践を取り上げた（駒ヶ根市、福山市C事業所）。

また、質的差異を重視するヨーロッパのソーシャル・キャピタルから計量的なアメリカのソーシャル・キャピタルへと、理論の指向性が変遷してきたのは、地域社会を何らかの目的達成の手段ととらえがちになってきた現代地域福祉の一般的指向と同時並行しているのではないか。たとえば、効果的な行政意思伝達の手段、あるいは福祉資源の提供の手段としてコミュニティをとらえようとする地域福祉政策の傾向がそれに該当する。ソーシャル・キャピタルの変遷は、補論で詳しく述べる。

2・7 まとめ

本書の試みは、社会学的に次のような意義がある。それは、当事者間の相互行為だけを切り取り、限定された環境のもとで議論することの多い相互行為論を、地に足のついた現代社会論として開かれたものにすることではないか、ということである。すなわち、相互行為を成立させている足下の社会関係を議論の俎上に載せ、現実社会で生起している地域福祉実践の質を理解することをめざす。

その工夫として、これまで述べたような分析手法と分析視角の検討を行った結果、相互行為を成立させている社会環境を議論するための方法論として、贈与論・認識論・規模論等の社会科学理論を組み合わせた分析視角を採用したのである。そしてコミュニティ・オーガニゼーション理論、ソーシャル・キャピタル理論、規範的なコミュニティ概念を基盤とする理論を採用しなかった。

3 贈与論・認識論・規模論の採用

3・1 贈与論

地域福祉においてやりとりされる目的物は何か。従来あまり議論されていなかったこの点にまず注意を促したい。その解答は、従来の地域福祉の政策論では議論の余地なく、福祉資源の提供であった。しかしこの見解は、他の社会福祉政策から連想された一種の固定観念ではないかと筆者は考えるのである。

たしかに要援護者に福祉資源を提供することは、社会福祉政策全般にとって共通の、そして長らく唯一の政策目的であった。たとえば、第1章で述べた「彩の国さいたまの地域福祉協働・創造指針」において、社会福祉の目的として掲げられているのは福祉資源の提供のみであり、現在に至るまで社会福祉の目的物とは何かについて議論する余地がなかったことを示している。

現在の地域福祉実践、たとえば昔ながらの募金やボランティア団体の活動を詳しく観察しても、要援護者一般に金銭や物品、サービス等の福祉資源を提供することが、活動の主眼であるといえる。

しかし、豊中市B校区のように近年注目されてきた小地域福祉活動では、たしかに福祉資源の提供を目的としているものの、提供対象である要援護者は、匿名の要援護者一般ではない。ここでの要援護者は、援護者と同一の小地域に居住し、多少なりとも援護者との関係を有する特定の人であり、その現場では福祉資源を提供して終わる活動ではなくなっている。つまり現代日本社会では、地域福祉の目的物が質的に変化してきたのである。

現在の地域福祉実践では、援護者—要援護者間に少なくとも相互交流（それが通常の「近所づきあい」といえるかどうかはともかく）が存在する。あるいはボランティア活動の内容そのものも、両者の社会関係を育むような性格の活動に徐々に変化している。たとえばデイサービスに類似する地域福祉活動では、援護者—要援護者がともにお茶を飲む時間を設けるなど、両者の交流をはかるものに変化している。そして要援護者あるいは援護者の意識もこのような交流を重視する方向に徐々にシフトしている。ただしお互いの立場はあくまで堅持している。つまり交流を重視するが、援護者—要援護者の社会関係は変化していない。これが小地域福祉活動の特徴の一つである。

ところが駒ヶ根市、福山市C事業所の事例では、社会関係の構築がもう一歩先に進んだ段階にある。そこでは、援護者—要援護者間の交流は、お互いの立場の違いを保つのはむしろ邪魔であると考えるほどの対等な社会関係を築いている。それは私的な近所づきあいの中に福祉的要素を取り込む手法によって、特定の個人と特定の援護者間の個人関係を深める、新たな地域福祉の姿を指向しているのである。

このような要援護者―援護者間の関係構築の分析に適した社会学理論とは何だろうか。まず、市場経済の文脈のもとにある理論は不適切である。市場経済分析は代替可能物の交換が同時かつ瞬時に行われ、その取引関係も即時に終了するような関係の記述に適した方法論である。一方、金銭やモノやサービスのやりとりに付随して一定時間継続する社会関係の分析には、ふさわしくない。つまり、貨幣経済の文脈にある社会関係の分析には、市場経済理論を採用すべきであるが、近年の地域福祉実践のように長期間交流が続く社会関係が含まれる場合、別の社会学理論を採用する必要がある。

先に挙げた先進事例や小地域福祉活動の現場では、福祉資源のやりとりの後も地域の社会関係が継続していく。このようなやりとりは「貨幣経済」に移行する以前の社会関係の分析に適合的な「贈与」、すなわち社会学者・文化人類学者モースを初めとする贈与論の文脈で理解するのがふさわしい。

なぜなら贈与論の視角から、次のような分析が可能となるからである。まず、やりとりされるものは財・モノに限定されず、社会関係を取り結ぶための時間資源を重視する価値観の転換と、そのような社会関係自体の価値の分析評価が可能になる必要がある。また、贈与の方向や次の贈与までの期間を重視する理論である必要もある。贈与論の視角では、このような価値は現在の地域福祉実践が重視している価値であり、それに焦点を置いて分析することが可能な理論なのである。次章において、モースの贈与論から現在の地域福祉実践により深く迫りたい。

3・2　認識論

贈与論に基づく分析を精緻化するために、さらに別の視角による社会理論を用いる必要がある。それは、当事者の認識の質を分析することのできる社会理論であろう。社会関係がうまく機能するかどうかは、それぞれの背後で関係構築に必要かつ適切な、当事者すなわち援護者―要援護者の他者認識が関わるからである。援護者―要援護者の社会関係は、両当事者の他者認識の具象／抽象の度合に依存して、その濃淡の程度が決まると考えられる。

たとえば、援護者の他者認識が抽象的である場合、要援護者の個別事情を認識できないなど当事者間の社会関係が薄く、それに伴って福祉実践の内容も表面的・定型的になるであろう。一方、援護者の他者認識が具体的である場合、要援護者個人を識別できるなど社会関係が濃く、個別的で多面的な関係を築くことが想定される。つまり、第2章において贈与に基づいて区分した三つの実践グループは、それぞれ特定の他者認識の抽象度と関連が深いと考えられる。

この他者認識の抽象度と社会関係との関連性については、現象学的社会学者シュッツの認識論の視角による分析が有効であろう。なぜなら、シュッツの認識論は、ある個人と社会関係にある他者の間の関係の濃淡と、その個人の認識の濃淡との関係（抽象度）についての知見であり、それが地域福祉実践における要援護者―援護者間の関係の濃淡と認識の抽象度との関係に演繹可能であると考えられたからである。シュッツの認識論は第5章で詳しく述べる。

3・3　規模論

本書の贈与論、認識論に基づく分析に、さらに加えるべき視角があるのではないか。それは、第2章で贈与、認識の視角に基づいて区分した三つの実践グループと活動規模の関連を検討するための分析視角である。なぜならば、三つの実践グループを観察すると、各グループの実践が成立する条件として、各実践にふさわしい活動規模が存在することが推定されるからである。

このような実践グループ（以下、類型）ごとに適合的な規模を推定するためには、政治学者ダールの規模論を採用することが適切である。なぜなら、ダールの規模論は、相克する二つの価値がバランスをとる実践の規模はどこか、その地点を探し、ある条件のもとで最適規模となる地点を推定する分析視角であるからである。そしてこの視角は、活動のきめ細かさと規模の経済という二つの相反する価値を要素にもつ地域福祉実践の分析に親和的であると考えられたからである。ダールの規模論は第6章で詳しく述べる。

3・4 まとめ

贈与・認識・規模という三つの社会科学理論は、相互行為論の足下というべき当事者間の社会関係成立の条件にさかのぼって比較分析することが可能な社会科学方法論であり、分析視角に採用するのにふさわしい。すなわち、贈与論の視角により、社会関係によって提供される「モノ」の性質や方向の相違などを比較分析すること。認識論の視角により、社会関係を基礎づけている当事者の意識の抽象度を比較分析すること。そして、規模論の視角により、社会関係が成立する外的条件を比較分析すること。以上のように、これらを地域福祉実践を読み解く方法論として採用することが適切であると考えたのである。

続く第Ⅱ部では、以上の社会科学理論を用いて、地域福祉実践の類型化を行い、分析と評価を試みたい。

第Ⅲ部では、哲学者オルテガ・イ・ガセットの「成熟した公民」などを演繹して三類型の統合的理解を試みる。そして現在の社会的紐帯の弱体化を考えるとき、個人にとって必要な社会的紐帯は、本書の地域福祉実践の三類型において着目した社会関係だけでは完結しないこと、いわば社会的紐帯の「ミッシング・リンク」（missing-link. 失われた環）を明らかにしたい。そして今後の地域福祉の政策設計では、このミッシング・リンク、すなわち本来個人と国家の間に存在する、中規模の社会的紐帯の多くが欠けている状態を補うために、本書で分析した三類型を統合した地域福祉政策の将来展望をめざしたいのである。

注

(1) 社会福祉分野に贈与論の考え方を援用する試みは、障害福祉分野における深田耕一郎の社会学的分析（深田2013）などがある。深田の議論と本書の贈与あるいは贈与論の理解は、次のような共通点と相違点があるのではないか。深田の論考は、障害者へのアドボカシーを行う立場から、援助という一方向的な贈与に必然的に伴う支配関係の存在について、援助者側の自覚を促そうとするものである。そして、何らかの形で障害者からの逆方向の贈与を相互贈与関係として実現することが、支配関係からの脱却につながるとする。一方向的な贈与関係が必然的に要援護者の抑圧感を伴うリスクについては、本書は深田と共通の問題意識を持っている。これを端緒として、深田は福祉を「贈与」として立ち上げる構想へ向かう。

一方、本書は同じ端緒から支配ではない贈与のかたち、たとえば相互に対等な社会関係の模索と構築が、地域福祉実践が進展してきた歴史ではなかったか、との着想に基づき、政策実践の立場から贈与論を採用して、地域福祉実践を類型化し、各類型の背後に存在する社会関係の質的差異の発見へ向かったのである。

(2) 第4章で詳しく検討するが、この萌芽はそこに新たな地域福祉実践の類型が見出されること、すなわち、生きがいや幸福感に深く関連する政策実践は、地域社会における社会関係を包含する地域福祉実践の現場において初めて生まれてきたことを意味している。

第Ⅱ部　地域福祉実践の社会理論

第4章　贈与論からみる地域福祉実践

1　モース贈与論の援用による分析

本章では、地域福祉実践をモースらの贈与類型を援用することにより、三類型に分類して検討を深める。すなわち、第2章の三つのグループでみた通り、地域福祉実践の質的差異に着目すると、地域福祉実践のパラダイムは大きく三つに分類可能となる。そのパラダイム間の関係を問う分析視角を、贈与論を補助線として提示する。一連の検討を通して、モース贈与論の現代的意義を示す。

本章の検討課題は次の通りである。一般に地域福祉実践とは、住民が住民に「福祉サービス」を提供することに尽きるととらえられている。これに対して本章では、多様な地域福祉実践のなかに、社会関係の構築そのものを目的とする萌芽が見られることを明らかにする。従来、福祉サービスの提供が主眼であったために、それらはサービスの「やりとり」の手段とみなされがちであったが、地域福祉の殻を破る、新しい地域福祉の方向性を指し示しているのではないか。

第Ⅰ部で述べた通り、日本における近年の社会福祉政策は、公的サービス提供から地域社会による助け合い活動を重視する方向性への変化、つまり地域福祉の主流化へ政策重点が移行するという大きな潮流にある。この潮流は、そのような政策転換がなされない限り、介護保険財政の破綻を招くとの文脈において語られることが多く、地域福祉の基礎となる互助活動の質やその結果生じる政策効果の相違について議論されることはあまりない(1)。

そこで本章では、いよいよ社会科学理論の分析視角に基づいて、地域福祉実践の質的差異の議論を始めたい。ここでは、社会学者・文化人類学者モースの贈与論(2)から導かれる三つの類型規範(3)によって理解を試みる。そして、三つのうちのいずれかの規範との親和性が高いのかが、各地域福祉実践の特徴と実際に贈与される対象物や当事者間の人間関係に大きく影響することを明らかにする(4)。

以下の第2節では、まず贈与論の先行研究を概観し、モースが提示する贈与類型は「純粋贈与」、「循環贈与」、「双方向贈与」の三つに分類可能であることを示す。

第3節では、地域福祉政策とこれに基づく市町村社会福祉協議会の福祉活動を、おもに第I部でみた全国の地域福祉実践の先進事例の政策設計者等への聞き取り調査をもとに概観する。彼らのシステム設計が大きく三つのパラダイムに分類できることを示し、これらが第2節で述べた贈与論の三つの類型にそれぞれ対応していることを確認する。

第4節では、この対応関係が各地域福祉実践の特徴と、そこにおいて贈与される対象物や人間関係を規定することを示す。さらにその実践の当事者やそれに関わる住民間において、その対象物以外の物の贈与や想定される以外の人間関係の構築を難しくする効果を持つことがあることを示す。

第5節では結論として、現在の地域福祉政策は、福祉資源という財の投下を課題とする時期から、贈与交換によってのみ構築可能な人間関係の交流を目的とする時期に移行していると推論できることを述べ、モース贈与論の現代的意義を敷衍する。

2　三つの贈与類型

2・1　純粋贈与

最初に、モースの贈与論の概要とその援用について述べる。

社会学者・文化人類学者モースは、人類学者ブロニスワフ・マリノフスキーのトロブリアンド諸島におけるクラ交易についての報告（Malinowski 1932=1980）を深く研究することによって、人間間における純粋贈与のパラドックス(5)について言及している。また物々交換が現代における売買の出発点とされ、経済の始源の形態とされていることは誤りであり、出発点となり始源となるのは贈物の提供、受容、返礼の制度であると述べている（Mauss 1950=2009: 328)。つまり、モースは人間間の交換の原型は市場ではなく、贈与であると考えたのである。文化人類学者グレゴリー・ベイトソンはこの点を演繹して、贈物をやりとりする人が望むことは、贈物の交換が作り出す人間関係であり、物それ自体ではない（Bateson 1979=1982: 19）と述べている。贈物はそれによって社会関係の樹立や再確認に寄与することにその特徴があり、逆に、市場交換に代表される一般交換は、貨幣を介在させる代わりに当事者の人格や関係性を介在させないことに特徴がある(6)。貨幣の介在によって取引は即時決済性をもち、社会関係の再確認等の贈物の効力を将来に向けてキャンセルしてしまう（浜本・浜本編 2001: 13）からである。要するに、人間関係を継続させる機能を持つ（贈与）のか、断絶させる機能を持つ（市場交換）のかということが、贈与と市場交換の潜在的機能における大きな差異の一つなのである。

このような性質をもつ贈与は、実際には返礼を期待する、純粋でない贈与であるにもかかわらず、表面的には、当事者はあたかも返礼なき純粋な贈与であるかのようにふるまうところにその特質がある。

見かけと実際の間に存在するこのパラドックスは、たとえばクラ交易においては現実に次のような方法で解決されている。たとえばある島の住民は手ぶらで出かけて相手の島から一方的に贈与を受ける。そして一定の時間（一年等）の経過後に今度は相手の島民が一方的に贈与を受ける。このように贈与と贈与の間に時間的間隔を差し挟むことによって、長期マクロ的にみると互酬的な贈与であるが、短期ミクロ的に一つの儀礼に特化してみると、それはあたかも返礼の期待を全く持たない純粋贈与であるかのように見えるのである(7)。

これを整理すると次のように考えられる。まず、純粋な意味での「純粋贈与」関係は人間関係においては実在せず、それは常に擬制であることを認識することがモース贈与論の大前提である。なぜなら贈与意識を持つこと自体が何らかの別の動機を包蔵しているからである(8)。しかし、このような純粋贈与関係はたとえそれが擬制であっても、純粋贈与形式を採用すること自体に人間関係を良好にするための大きな意味がある。

2・2　循環贈与と双方向贈与

人間関係における贈与関係が本来的に純粋贈与とはならないおもな理由は、贈与者の心理に連帯や優位確保等の動機が内在することにある。しかしその動機の存在が、結果的には社会関係の樹立や再確認に寄与しているのである。つまり人間が贈与を行う目的は、実は贈与される物自体にではなく、その裏面で交換される社会関係の再確認の方に主眼がある。そこで、人間が行う贈与のうち、一方的に与える―与えられる一方向的な関係に着目するのが純粋贈与形式であるのに対して、それとは異なる社会関係に着目する形式が想定できる。この形式は社会関係の相違によりさらに二つの類型に分類することが可能である。筆者はその一つを「循環贈与」、もう一つを「双方向贈与」と名づけたい。

まず「循環贈与」形式は、日本における「情けは人のためならず」という考え方がその典型例となる類型である。自分が贈った物は、たとえ贈与した相手から直接返礼されなくても、いずれ巡り巡って自分のところに還ってくるだろうとの曖昧な期待を内包した贈与のことである。つまり当該贈与は純粋に他人のためにするのではなく、また贈与した相手から直接の返礼を期待するのでもない。それは社会の別のところから自分に還ってくるという期待をもった贈与であり、自分への利益還元を潜在的な動機とみなすことができる。贈与に対して別のところから返礼があることを、ある程度期待しながら行う贈与を「循環贈与」と名づけて検討することとする(9)。

次に「双方向贈与」形式は、対等な関係にある近隣住民間相互の歳暮やおすそ分けの慣習等の贈答が代表例となる類型である。贈与した相手から直接の返礼が時間的間隔をおいて行われることを、潜在的に期待して行う贈与である。日常的な近隣づきあいにおける互酬の感覚は、意識的あるいは無意識に、この「双方向贈与」を動機とすると考えられるのである。

以上の「純粋贈与」「循環贈与」「双方向贈与」の三つの贈与類型の相互の質的差異や、これらの類型と市場交換を区別する分析視角が、地域福祉実践の理解において有益ではないか。つまり、次節以降で述べるように、地域福祉実践／政策の制度設計は、福祉資源の投下を想定して、主として純粋贈与に近い住民関係を強調している類型もあれば、相手方から直接の返礼を避ける循環贈与に近似した住民関係を念頭におく類型もある。一方、双方向贈与のように近隣関係の構築をイメージして、社会関係のなかで互酬を伸張させることを、制度設計の意識／無意識の前提とする類型もあると考えられるのである。

そして、ある地域福祉実践が、これら三類型のいずれを主として活用することを意識的／無意識的前提として制度設計されているかによって、その活動の参加者相互の社会関係がある程度規定されるのである。

2・3　地域福祉実践の三類型

第1章でも概観したが、現代日本の地域福祉実践の潮流を振り返っておこう。

現代日本の地域福祉実践の焦点は、地域における新たな支え合いをどのように構築するかという新しい課題に取り組む段階に移行している。つまり、従来地域福祉とは、地域の要援護者に対する少数の有志ボランティア活動が中心であった。ところが、要援護者を支えるのは特定のボランティアではなく地域住民全体のネットワーク(10)であるべきという、現代の地域福祉実践における新たな支え合いの考え方が生まれたのである。この地域福祉の担い手の拡張に伴って、新たな地域内の支え合いのシステム構築が必要であると一般には理解されている。新たな支え合いのシステムとは、たとえば、互酬制の思想の採用であり、有償制や互助・共助の考え方に基づく小地域福祉活動の推奨等の制度的工夫を指している。

そして実は、この潮流に前述の贈与論の理解を適用してみると、従来のボランティア中心の思想を基盤とする福祉実践の制度設計が、贈与類型の一つである純粋贈与をパラダイムとするのに対し、新たな支え合いの思想を基盤とする実践は、あるものは循環贈与を制度設計の基盤とし、別のものは双方向贈与を制度設計の基盤とするパラダイム転換が起こっているようにみえる。

そこで次節では、筆者の聞き取り調査による五つの事例紹介（第2章）をもとに、それぞれの制度設計者がどのようなパラダイムを前提としていたか、それが参加住民の意識と行動にどのような影響を及ぼしていたのかを、詳しく検討してみたい。

3　三つの贈与類型からみる地域福祉実践の事例

3・1　純粋贈与型の事例

贈与論の分析視角によれば、純粋贈与型を制度設計のパラダイムとする地域福祉実践の特徴とはどのようなものだろうか。それは、従来のボランティア・マネジメントの思想に基づく方法論がその典型例である。たとえば前橋市社会福祉協議会（以下、社協）では、その思想は次のような地域組織化の実践として表れる。

高齢者、障害者等の要援護者一般に対して、種々の有償無償の福祉サービス、たとえば食事サービス、介助サービス、家事援助サービス等の福祉資源を平等に提供することを目的とした活動である。ボランティア団体が社協に団体登録を行い、社協のボランティアセンターが福祉資源の供給側である団体と、要援護者側の要請とのマッチングを行う。昔ながらの典型的な地域福祉活動を内容としているといえる。

この手法の歴史的な源流は、一方では一九七〇～八〇年代の高齢化の進展によって在宅福祉へのボランティアのニーズが顕在化したことがあり、もう一方ではボランティア活動への参加希望の高まりに対応する必要があった。両者の仲介を目的として全国の社協でボランティアセンターが整備され、そこでボランティア登録と福祉ニーズの把握、そして両者の仲介が行われたのである（桜井 2007: 88-89）。

前橋市社協では現在、一部に有償制を採用しているものの、元々は一種の慈悲的・救済的な善意に端を発するところに、この実践の特徴があるといえる。

前橋市社協の実践は、ボランティア団体が社協から依頼された要援護者一般に対して、少なくとも建前上は博愛精神と温かい心づかいに基づいて、給配食や介助サービス等の福祉資源の贈与を反対給付なく行うことを原則としている。つまり、前橋市福祉関係者によれば、もし個人的にボランティアに相応のお礼をしたいとの申し出があった場合でも、原則としてそれを受けることはできない、との規範を有しているとのことである。善意に基づく贈与関係であり対価を求めないことを固く守ることに意味があると考える点において、この実践の政策設計者は、贈与論の純粋贈与型に近い規範をパラダイムとしていると想定される。

調査時の前橋市の地域福祉実践は、昔ながらの社協ボランティアセンター中心の活動が主であったため、いまでは活動内容がやや定型的に見える。近年は地域の見守り活動等の住民の積極的な関わりを促す事業も出てきているが、多くの事業に社協が積極的に関わっているため、参加住民からは自主企画への裁量幅がやや小さく見えるかもしれない。

最近の前橋市の実践では、たとえば要援護者の語りを真剣に聞く傾聴ボランティアなど、要援護者と援護者の人格的な関係を重視するボランティア活動も行われている。このような取り組みでは、たとえば配食や見守りなどの一方的なサービス提供から、要援護者との社会関係を考慮したボランティア活動へと、その焦点が移行してきた。

しかし後に述べるように、豊中市B校区・駒ヶ根市社協・福山市C事業所の実践と対比すると、その性質が少し異なるのである。前橋市の傾聴ボランティアのような活動は、要援護者と援護者の間の社会関係の構築は少なく、やはり一方的に傾聴というサービスを提供していると理解される。なぜならば、要援護者も援護者も他の誰かであっても差し支えない、つまり代替可能な活動であるからである。

京都市A地区の住民福祉協議会（以下、協議会）の活動も、純粋贈与型の特徴を持つ。協議会に所属するボランティアが要援護者に対して代替可能な福祉資源を提供する点で、前橋市の社協と同様の特徴を持つからである。実践主体をみると、京都市A地区は社協の主導ではなく協議会という住民の代表者が自主的に計画し活動することから、住民の自主性や活動内容の自由度等において、前橋市とはかなりの相違が存在する。しかし、協議会の活動範囲内に居住する要援護者のニーズに対して、援護者がボランティアとして福祉資源を一方向的に提供することをおもな目的とする点で、福祉政策の制度設計の枠組自体は同じ類型に属するのである。

前橋市社協と京都市A地区協議会それぞれの実践は「余裕のある人が余裕のない人を助ける社会」を現出することが理想であり、そのような社会をめざして活動するのが地域福祉実践であると想定されている。たとえば、前述した前橋市福祉関係者は「（そのような状態が）理想的な互助・共助的な助け合いが行われる福祉のまちづくり実践である」と発言していたが、その趣旨を表しているのである。

純粋贈与の類型は、神から人への一方的な関係を人と人との関係に演繹したものであり、厳密には人間社会では起こり得ない関係（本章注7）であるという意味で、一種のフィクションを前提としている(11)。しかし、このフィクションに基づく制度設計に魅力を感じ、善意の純粋贈与という内心の動機づけに発する地域福祉実践に、福祉の理想の姿をみる福祉関係者は、現在でも数多く存在する。その一方、互酬的な近隣関係という必ずしも純粋とはいえないルールの中を生きている人々には、このような純粋贈与の擬制はあまり魅力を感じられず、むしろ偽善的であり違和感を生じさせる原因かもしれない。あるいはそのことが、昔ながらの手法による地域福祉実践のボランティア人口がこれ以上伸長しない一因かもしれないのである。

3・3で述べるような駒ヶ根市・福山市C事業所の支援者たちは、前橋市・京都市A地区のようなボランティア活動には参加していない人がほとんどであったが、その理由にはこの腑に落ちない部分が影響しているのではないか。その点に、駒ヶ根市や福山市の実践のような新たな潮流を指向する、潜在的な方向性があったのかもしれない。

たしかに、純粋贈与にはなり得ない対等な近隣ルールの中で、双方向的・互酬的につきあい、その中である時は福祉のメリットを享受し、別の時には他者を助ける、すなわち「お互い様」の世界に生きる人たちにとって、かかるボランティアの前提である純粋贈与の考え方は、腑に落ちない部分があるのかもしれない。なぜならば、一方通行的な福祉サービスの提供と「お返し」を頑なに拒否する規範を政策設計の大前提においていることが、日常生活のルールと異なるからである。

郵 便 は が き

恐縮ですが、
切手をお貼り
下さい。

101-0051

（受取人）

東京都千代田区神田神保町三一九
幸保ビル

新曜社営業部 行

通信欄

通信用カード

■このはがきを，小社への通信または小社刊行書の御注文に御利用下さい。このはがきを御利用になれば，より早く，より確実に御入手できると存じます。
■お名前は早速，読者名簿に登録，折にふれて新刊のお知らせ・配本の御案内などをさしあげたいと存じます。

お読み下さった本の書名

通 信 欄

新規購入申込書

お買いつけの小売書店名を必ず御記入下さい。

(書名)	(定価) ¥	(部数) 部
(書名)	(定価) ¥	(部数) 部

ご氏名《ふりがな》 （ 歳）

ご職業

〒 Tel.

ご住所

e-mail アドレス

	取次	この欄は書店又は当社で記入します。
ご指定書店名		
書店の住所		

3・2　循環贈与型の先進事例

二つめの贈与類型である、循環贈与型を政策設計のパラダイムとする地域福祉実践の特徴とはどのようなものだろうか。第2章でみた豊中市B校区福祉委員会（以下、委員会）の活動を検討する。

豊中市B校区の小地域福祉活動は社協の指導のもと、近隣住民が自主的に組織したボランティア団体である小学校区単位の委員会が民家を借り上げ、そこを当該地域の地域福祉の拠点として、同じ地域に居住する要援護者に自分たちが作った食事を提供したり話し相手になったり、あるいはレクリエーション等をして楽しい時間を過ごしてもらう等のさまざまなサービスを行うものであった。

B校区委員会の実践は、ある地域に居住する一般住民の団体が自主的に同じ地域の一般住民の面倒を見るという、地域住民全体のネットワークによる支え合いである。新たな潮流の思想を体現した実践形態の一つであり、同一地域内で完結するという意味において、現在最先進とされる手法である。

つまり、この福祉実践は面倒を見る人と見てもらう人が順次、次世代に移行することを前提として、前の世代に与えた贈与を次の世代から返してもらう、循環贈与型のパラダイムに基づく。援護者の側も循環贈与型の認識を明確に持つわけではないものの、このような世代間の地域福祉活動がこの地域で継続することを願っている。そして、いずれ次世代から面倒を見てもらえるような地域であってほしいとの願いを込めて、活動しているのである。

また、豊中市B校区の循環贈与型としての特徴は、次の理由で先の前橋市の傾聴ボランティアとは異なる。前橋市では、傾聴という一種類のサービスで要援護者と関わりを持つ反面、私的関係の構築を避けていた。豊中市B校区委員会の実践はそれとは異なり、ボランティア団体の活動を通して要援護者の生活上の問題を解決することを指向し、そのための社会関係の構築を模索していた。つまり、傾聴ボランティアは、配食等の典型的な純粋贈与型の地域福祉サービスとは少し異なるものの、やはり純粋贈与型に分類可能であり、次にみる双方向贈与型に分類される社会関係構築の一環とは判断しがたいのである。

3・3　双方向贈与型の先進事例

最後に、三つめの贈与類型である双方向贈与型を政策設計のパラダイムとする地域福祉実践の特徴はどのようなものだろうか。これまで掲げた実践とは方向性が異なるものとして、第2章でみた駒ヶ根市および福山市C事業所の実践を取り上げる。

駒ヶ根市社協の活動は、生活上の困りごとを抱えている住民に対して、近隣づきあいへの誘導として、この人ならば助けてもらいたい、この人に対してなら助けてあげたい、という当事者相互の個人的な選好に基づいて、近隣者同士が新たな友人関係を構築する仲介を行うものであった。そのために、まずは要援護者が自分の見込んだ近隣の人を指名し、その人が有償ボランティアとして困りごとに対処しそれを手伝うという方法を採るのである。そのようにして、最初は社会福祉協議会の仲介によって近隣関係を構築するが、徐々に社会福祉協議会は両者のつきあいから手をひき、自然な近隣づきあいをしてもらうという手法であり、最終的には地域福祉実践の枠組みに規定されない個人的で複線的な通常形態の近隣づきあいを構築していくという発想で設計された「気の合う人との新たなご近所づくり」の福祉実践であった。

つまりこの実践は、社協から依頼されたボランティアが広義の福祉サービスの提供も行い、有償でもあるのだが、それは一次的なものであり、実際の狙いは対等な新しい近隣での友人関係や近隣づきあいを開始し、双方向的な人間関係を構築し継続することなのである。表面的なサービスの提供とお返しの受領のやりとり、つまり互酬の裏面にある複線的で親密な社会関係の継続を大切に考える価値観を有している点が、この実践の特徴である。

社協職員の言葉を借りれば、そのような「新たなご近所づくりのきっかけづくり」となる業務に、なぜ地域福祉の推進を業務とする駒ヶ根市社協が関わっているのだろうか。それは、駒ヶ根市社協の当該実践の立案者が、福祉資源の提供という手法だけで地域福祉が十分であるとは考えず、各人の自由意思に基づいて構築された私的な人間関係が豊かに存在するなかで地域生活を送ることが、特に地域外に出ることの少ない高齢者にとって最も重要であり、幸福につながると考えているからである。

つまり、福祉資源の提供だけでは地域福祉政策は十分ではなく、親密な交流がある人間関係の構築こそが重要であると考えられた上での政策実践なのである。この制度を設計した前出の駒ヶ根市社協担当者によれば、この実践の狙いは、新しく近隣関係を構築しそれを継続すること自体にあり、福祉サービスの提供はその過程に伴う有意義な副産物という位置づけなのである。

3・4 循環贈与型と双方向贈与型の相違——互助の意味をめぐって

第2章で述べたが、駒ヶ根市社協がめざすのは「互助的な近隣関係」の構築であり、前述した豊中市B校区委員会の特徴も「互助・共助的ボランティア」である。ほぼ同じ言葉ではあるものの、贈与論の分析視角から両市の政策設計を比較すると「互助」の意味が明らかに異なることに、注意を払うべきである。

たとえば、駒ヶ根市社協の事業において「互助的関係」と表現する場合は、ご近所づきあいという対等な交換規範の中で、複線的・双方向的・互酬的な共助関係の構築をめざす政策設計であると評価することができる。要援護者はほぼ必ず支援者に対して直接返礼することを意味する。社協側もむしろお返しをすることを積極的に推奨している。

それと同様に福山市C事業所も、通常の近隣関係の中に福祉的要素を取り込むことによって、双方向的贈与関係の中に地域福祉実践を加味することを、政策設計の根本的パラダイムとしている。なぜなら、通常の近隣づきあいの中に要援護者を置くことにより、要援護者の精神的・霊的な幸福を実現しようとするのがC事業所の実践の趣旨であるからである。このような近隣づきあいの重視は、双方向的な贈与関係を重視するゆえである。

これに対して、豊中市B校区における「互助・共助的ボランティア」という表現は、「情けは人のためならず」という発想の延長線上での互助という意味である。集団活動としての互助とも言い換え可能である。だから投下したサービスに相応するような直接のお返しを相手から受け取ることは想定も推奨もされていない。前述した通り、循環型共助をめざした政策設計である。

第2章で、厚生労働省社会保障審議会福祉部会「市町村地域福祉計画及び都道府県地域福祉支援計画策定指針の在り方について」（社会保障審議会福祉部会2002. 以下、指針）において、「人々の多様な生活課題に地域全体で取り組む仕組みとして社会福祉を捉えなおすべき」と論じていることを述べた。そして、この「地域全体で取り組む」という意味は、実は地域において福祉サービスの循環贈与関係を構築すること（公的関係）、双方向贈与関係である近隣関係を形成すること（私的関係）のどちらにも解釈可能であると述べたのは、この意味である。

今のところ、これらのパラダイムの相違は、地域福祉実践／政策において問題とされる段階にはまだ至っていない。しかし、次に述べるように、このパラダイムの相違は政策実践の段階において、その内部構造において住民の行動と意識を根本的に規定するという重要な効果を持つ。したがって今後は循環贈与と双方向贈与の二つの贈与類型が規定するパラダイムの相違を、明確に区分して考えていく必要がある。

次節では、このパラダイムの相違が、どのように地域福祉実践／政策における住民の行動を制度的に規定しているのか、分析していく。

4　地域福祉実践と政策設計パラダイム

4・1　各類型の特徴と歴史的位置づけ――政策設計パラダイムが規定するもの

(1)前橋市社会福祉協議会、京都市A地区住民福祉協議会の政策

前橋市社協の政策設計のパラダイムは、前節で述べた通り、贈与論の分析視角からみると住民間の擬制的な純粋贈与関係を想定している。従来から存在していたボランティア・マネジメントの手法をそのまま踏襲したものに近く、積極的な活動が行われているものの、独自性といえるほどの特徴はない。当該実践の制度設計上、援護者側から要援護者側への贈与としておもに想定されている対象物は、代替可能性を前提とした福祉資源である。この贈与関係では一方向性や代替可能性に規定されるために、個人間の相互交流を育むことは制度上排除されている。

ボランティア活動に参加する住民に対して社協が期待することは、対象者に対して温かい心をもって差別なく等質の福祉サービスを提供することである。仮に、ボランティアが特定の対象者と個人的に仲良くなり、当該対象者にだけ親切に接するようになるとどうなるか。当該ボランティアはそのようなふるまいは止めるよう社会福祉協議会職員から注意されるのである。ボランティアは対象者に平等に接することが原則だから、私的関係を持たれては困るというわけである。また、私的関係を育むことは、ボランティアによって提供する福祉サービスの質や量が異なるという観点からも望ましくない。つまり、この実践がめざすところは、ボランティアが平等に、等質等量の福祉サービスを対象者に提供することであり、両者の個性が可能な限り排除されるのが望ましい姿である。この実践に参加する以上、ボランティアも対象者も、私的なつきあいに発展しないよう細心の注意を払うよう政策設計上の規定が存在するともいえる。要するに、純粋贈与をパラダイムとする実践においては、参加者

が私的関係を進めること、すなわち双方向贈与的な進展は制度的に制限されているのである。

京都市A地区住民福祉協議会の実践は、住民が自ら企画、運営している点に前橋市の実践との相違があり、独自の活動であるゆえんである。しかし、そのパラダイムは前に述べた通り、援護者—要援護者間で一般的な福祉資源や福祉サービスが受け渡され、その方向性は一方向的である点で前橋市の実践と選ぶところがない。このため、京都市A地区の実践も、前橋市社協の実践と同様のパラダイムを有し、援護者や要援護者はそのパラダイムの規定の中で活動しているのである。

(2) 豊中市B校区福祉委員会の政策

これに対して、豊中市B校区福祉委員会の政策設計のパラダイムは、循環贈与型に強く規定されている。そこで贈与されるものは、前橋市や京都市A地区と同様に、主として福祉資源という代替可能な一種の財なのであるが、それを近隣の社会関係の構築を通じて行う点に、前橋市、京都市A地区とは異なる根本的な相違がある。つまり、この実践がめざすのは、近隣社会における世代間贈与の規範と関係性の構築を通じた福祉サービスの提供なのである。

豊中市B校区の実践では、福祉委員会による方向づけがあるにしても、この実践に参加しているボランティアもまた地域内の世代間循環を念頭において、要援護者に福祉サービスを提供している。この実践は、単なる福祉資源の提供に加えて、地域内の贈与関係の構築をめざす点で前橋市の実践の進化形である。しかし、それは前橋市の実践に比べてさらに具体的である。なぜならば、前橋市のパラダイムが措定する純粋贈与型はかなりフィクションに近く現実感が乏しいのに対して、豊中市B校区の実践が基づくパラダイムでは、やや観念的ではあるが「巡り巡っていずれは自分に返ってくるはず」という贈与関係が想定されている。この実践の政策設計は、地域福祉実践の理念を実生活の近隣づきあいの感覚により近い形に進化させたものであるからである。

しかし前橋市と同様に、豊中市B校区においても、ボランティアが対象者と私的な近隣関係を構築することまでは許容していない。福祉委員会の構成員が要援護者と私的関係を持つことを委員会の正式なルールとして禁止している。これは、特定の要援護者に対して特定のボランティアが私的に関わると、ある要援護者の生活課題のすべてを特定の一人のボランティアが背負うことになりかねず、ボランティアが負担過重となることを危惧するとのことである。だから要援護者には必ず複数で対応するという方法論を採用しているのである。このルールはボランティアに対する安全策として機能しており、その意味で必要なものであるが、その反面、このルールがあるために私的な友人関係にはなり得ないという規定が政策に内在していると想定される。

この規定から類推すると、私的関係を許容し、平等の原則を崩すことは、豊中市B校区においては地域福祉実践の枠組みからはずれると政策設計者は考えているかのようである。つまり、ボランティア参加者―対象者（援護者）の関係性において、私的関係になることを歓迎しない意味で三つの実践は同じ構造の中にある。

(3) 駒ヶ根市社会福祉協議会の政策

駒ヶ根市社協の政策設計のパラダイムは、前橋、京都市A地区、豊中市B校区の三つの実践とはその性質が大きく異なる。そのパラダイムは社会関係の中の双方向贈与型の強調であるが、双方向贈与の定義により、両者が私的で複線的な関係を育むことを必須として、政策設計の前提とする。第2章の事例紹介で述べた通り、この設計が意図するのは、表面的には福祉サービスの提供であるが、その真の狙いは近隣関係の構築それ自体である。福祉サービスを提供するのは近隣づきあいを構築するための手段にすぎない。困りごとを解決し合っているうちに個人的に仲良くなってもらおう、というのが政策設計者の想定なのである。

駒ヶ根市の地域福祉実践の歴史的文脈は次の通りである。駒ヶ根市は中部地方の山間にある小さな市であり、新住民の移住もあるが旧住民も多く、あまり新旧住民間の交流がないことが課題であった。それを解消し、住民間の交流を盛んにすることが、駒ヶ根市社会福祉協議会で政策設計を行った地元出身の現場職員のめざすところであった。そのような文脈をふまえ、課題を解決する手段としてこのような実践を策定したのである。

この実践は、福祉資源の一方向的な提供という枠を乗り越え、社会関係の構築そのものを住民間の贈与対象と想定する意味で、豊中市B校区と同様に、前橋市の実践の進化形である。一方、前橋市から豊中市B校区が踏襲していた、参加者と対象者の私的関係を排除する規定から自由である点に、駒ヶ根市の社協と他の市町村の政策設計の相違が見える。

このような性質を持つ駒ヶ根市の政策実践を、どのように位置づけたらよいだろうか。地域福祉実践は贈与を重要な要素とする社会関係を持つ以上、そして地域福祉政策は可能な限り広範囲の社会関係を対象とすることを指向する社会政策である以上、永遠に抽象的・理念的な贈与関係（純粋・循環贈与型）のみを対象とし続けることはできず、前橋市、京都市A地区、豊中市B校区の政策実践も、いずれは直接対面する個別の相手方とのより具体的で直接的な相互贈与関係を対象とする可能性が考えられるのである。

(4) 福山市鞆の浦C事業所の政策

福山市鞆の浦C事業所の政策設計パラダイムは、駒ヶ根市社協の政策設計に類似している。なぜならば、駒ヶ根市社協も福山市C事業所も同じように、通常の近隣関係における双方向的贈与関係の中に福祉的要素を加味することを政策設計の根本においていると考えられるからである。通常の近隣づきあいとは互酬関係という双方向の関係性であり、両実践ともそのような双方向贈与の枠組みを活用しようとする。福山市C事業所のパラダイムは、他の二類型が有するような「地域福祉活動」を別途組織し実践する枠組みを持っていないのである。

一方、駒ヶ根市の実践との相違点は、駒ヶ根市が旧住民と新住民間で新たな近隣づきあいを始める橋渡しをしようとしたのに対して、福山市C事業所は、認知症の発症などの事情によってかつての結びつきが断絶してしまった近隣関係を再構築しようとしたことにある。つまり、駒ヶ根市社協、福山市C事業所の両実践は、双方向贈与型の政策設計パラダイムのもとで、前者は近隣関係の創造、後者は既存の近隣関係の再構築をめざしているのである。

ここまで考察してきた地域福祉実践の五事例とその政策設計パラダイムを、モースの贈与論から導出された三類型に分類した対応関係を図示したのが図2である。

4・2　マトリックスによる理解

地域福祉実践の5つの事例と、前節で述べた三つの贈与類型の対応関係は、図3のようなマトリックスにより説明することが可能である。図3の縦軸は、政策設計者が想定する当事者間の社会関係の軸である。政策設計の視点は、対象者／要援護者への援助か、あるいはボランティア／援護者との対等関係を想定するのかに関わる。これに対して横軸は、当事者間の贈与関係の軸である。両者の贈与関係は個人的関係か、集団活動による関係かに関わる。

事例がなぜ各象限に位置づけられるのか、その方法論を論じながら、各政策実践の特徴やその政策設計／立案者が想定する活動規模のイメージ等も合わせてみていく。

純粋贈与類型（第4象限）

第4象限には、前橋市、京都市A地区の実践が位置する。原則的に見返りを求めず要援護者に一方向的に福祉資源が投下される純粋贈与類型である。

なぜなら第4象限は、集団活動によって要援護者に対して福祉資源を投下することを目的とする方法論であり、純粋贈与型の援助は、この手法の一つであるからである。つまり、ボランティアと要援護者は、原則的に返礼を受け取らない一方向的な関係、すなわち純粋贈与的な人間関係を取り結ぶことを前提としたボランティア・モデルである(12)。

循環贈与類型（第1象限）

これに対して第1象限には、豊中市B校区の小地域福祉活動が対応する。第1象限の実践は、前橋市、京都市A地区と同様に集団活動を方法論とするが、福祉資源を一方向的に投下すれば足りるのではなく、地域内の住民同士があるときは援護者、あるときは要援護者になる対応関係を想定しているからである。つまり、高齢者に贈与した資源を将来において次世代から受け取る、つまり福祉資源が世代交代によって循環して贈与される社会の構築を、政策設計の視点においているからである。

豊中市B校区の福祉委員は、要援護者に対して優越的地位にいるとは思っておらず、「時間がたてば、いずれは自分も要援護者の立場になり、下の世代から面倒を見てもらうつもりでいる」との思いで実践を行っていることから、制度設計者の循環贈与型のイメージがボランティア参加者の意識を規定していると考えることもできる。

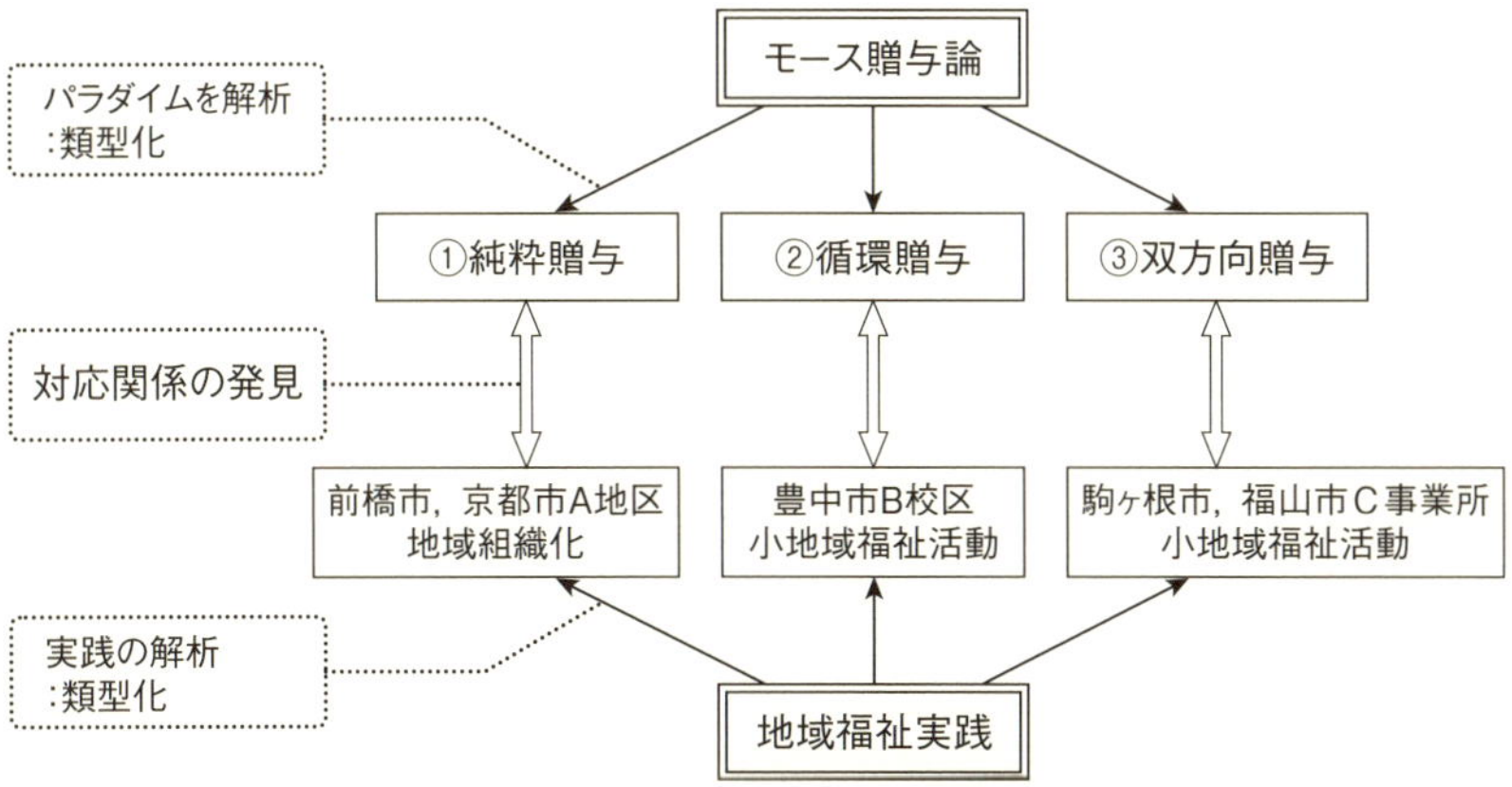

図２　モース贈与論の３類型と地域福祉実践の対応関係

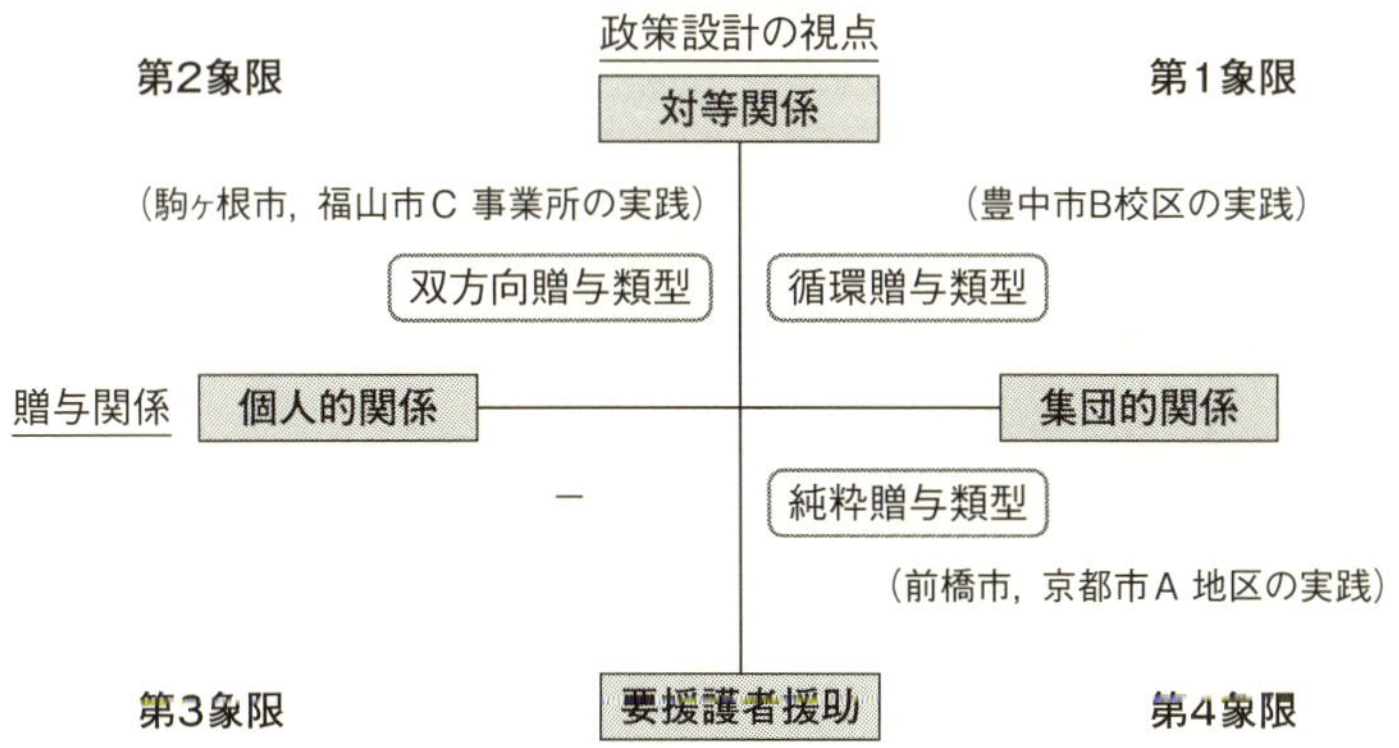

図３　贈与類型別地域福祉方法論

双方向贈与類型（第2象限）

最後に、第2象限には、駒ヶ根市および福山市C事業所の実践を位置づけることが可能である。なぜならば、前出の二つの贈与関係には当事者間における直接的な互酬関係が見られないのに対して、これらの事例では、対等な近隣関係に基づく直接的な双方向贈与関係を築く方法論を、政策設計上も特に意図しているからである。

第2章の事例紹介でみた通り、駒ヶ根市の社会福祉協議会担当者は、双方向的な社会関係を重視した方法論を採用していた。また、福山市C事業所のケアマネージャーは、要援護者と近隣住民や友人、つきあいが深い寺院との対等で双方向的な社会関係の構築を指向していたことからも、この象限に位置づけられることがわかる。

ここではボランティアと要援護者の間の社会関係は個人的で対等な互酬関係、すなわち双方向贈与的な関係であると考えられる。この実践設計や実践が、福祉資源を必要としている者に過不足なく届けるという従来の地域福祉のスタンスから、要援護者の社会関係の構築そのものを重視した実践へと意識的に舵を切ったと認められる。

4・3　三つの政策設計パラダイムの変動――先進事例の位置づけ

これまで見てきたように、豊中市B校区と駒ヶ根市社協、福山市C事業所の政策設計の構想は、小地域における福祉活動という枠組みは類似しているが、各制度設計者が意図せずに想定する社会関係が全く異なる。そして、この政策構想は、ある程度地域の土壌や歴史的文脈に規定されているのである。

豊中市、駒ヶ根市、福山市鞆の浦も、中央の政策をそのまま地域に適用することへの抵抗が根強い土地であるが、豊中市は比較的新住民が多いニュータウンであり、従前の人間関係のしがらみにとらわれず、福祉委員会独自の計画的な制度設計を受け入れやすい土壌が存在していた。これに対して駒ヶ根市は新旧住民が混在する地域であり、独自の政策であっても従前の人間関係を尊重しない場合は受け入れられにくいという土壌があった。福山市鞆の浦は昔ながらの人間関係が色濃く残る土地であり、従前の近隣関係を活かした政策設計が前提であった。つまり、地域福祉政策の構想はある程度、地域特性に規定されるのである。

さらに、地域福祉実践における住民関係は、政策設計／立案者が意識／無意識に想定する住民関係に規定されることが判明した。

豊中市B校区福祉委員会の政策実践は、循環贈与型の側面を強化しようという立案者の想定の下で、小地域活動が展開されていた。そこでは、住民は誰彼の別なく次世代から平等に福祉サービスを享受できる。その反面、前節で述べたように、特定の住民間の個別の近隣づきあいは想定されていないため、この政策内で行動する住民が、双方向贈与型の私的関係を築くことは困難である。

駒ヶ根市社協と福山市C事業所の政策実践は、個別的・対等・双方向的な近隣関係の側面を強化することを前提としていた。そこでは、双方向贈与型に基づく近隣ルールが新たに構築されている。その反面、福祉サービスの享受は要援護者がどのような近隣関係を築いているかに規定され、必ずしも平等には享受されない。

つまり、それぞれの政策実践に参加する住民の社会関係は、各政策設計／立案者が前提とするパラダイムが、贈与類型のいずれと親近性があるかという点に、ある程度規定されているといえる。

この政策設計段階における規定や効果の相違は、何を意味しているのか。この相違は、各贈与類型の枠組みの中でふるまう当事者の役割の相違と相同しているのである。

豊中市B校区の方法論がおそらく最もなじむのは、次のような場合であろう。すなわち、人間関係の構築よりも福祉サービスを要援護者に届けることが優先されるような場合、たとえば社会関係の構築を待つ暇もなく社会保障ニーズが不足しているか、何らかの理由で要援護者に福祉サービスが届かないか、きめ細かいサービス提供が急務である場合などである。たとえば、要介護認定を受ける要件には該当しないが、外に出るのが億劫で事実上毎日の食事の用意もできない独り住まい高齢者へのボランティア団体からの救援が、典型事例となる。

駒ヶ根市がめざす方法論が最も機能するのは、ある程度豊かですでに最低限の社会保障ニーズは充足しているが、あまり社会関係をもたない高齢者がさらに豊かに暮らせるように、双方向贈与型の新たな助け合いの近隣ルールを構築する事例が典型となる。一方、福山市C事業所の方法論は、社会保障ニーズは地域福祉実践を行う介護保険事業所が一義的に担っていた。つまり、基本的な社会保障ニーズはすでに充足している要援護者が、新たな近隣関係の構築によってさらに豊かに暮らすための実践が行われていた。

すなわち、駒ヶ根市と福山市C事業所の実践は、最低限度の社会保障ニーズは満たされているものの、コミュニティの構成員として認知されていない住民が、より豊かに生活していくための実践であるといえる。

以上の検討によって判明した三つの先進事例の位置づけは、次の通りである。すなわち前橋市・京都市A地区の事例を典型とする実践から、新たに豊中市B校区・駒ヶ根市社協・福山市C事業所を典型とする実践へ、つまり、福祉資源を必要とする人に効率的に届けることを目的とする従来の地域福祉から、近隣関係の構築自体も目的とする地域福祉の方向性が登場した。

このうち豊中市B校区の政策実践は、従前の福祉サービス提供主体や地域福祉方法論のシフトチェンジであった。つまり福祉サービス提供主体が、有志ボランティアからその地域に居住する一般地域住民に変化し、単なる物やサービスの提供から、近隣関係を築くなかでそれらを提供する方法へ転換したのであった。

これに対して、駒ヶ根市社協・福山市C事業所の政策実践は、対象物の贈与から関係の継続そのものへと地域福祉の目的自体をチェンジするものであった。つまり福祉サービスの贈与を主たる目的とする地域福祉から、人間同士の交流の継続そのものを主たる目的とする地域福祉へと、その目的を大きく変えるものであった。

豊中市B校区、駒ヶ根市、福山市C事業所においてこのようなパラダイム転換が起こった含意は、今後の地域福祉が福祉サービスの効率的な贈与という枠を超え，人間同士の交流そのものを重要な目的とする方向へ展開する可能性を帯びてきたことであろう。

この変化は，地域福祉政策の対象を，市場経済の文脈において移転可能であり代替可能な財という目的物から，贈与の文脈においてのみ理解可能であり，贈与交換によってのみ構築可能な人間関係の交流という目的物へシフトする時期に移行してきたことも意味する。

しかし，財を提供する手段しか考慮できないことが市場経済の文脈の限界であり，人間同士の交流それ自体を目的とする政策実践を設計することは，市場経済の文脈で理解することは困難である。そのような方向へのシフトは，贈与論の分析視角によってのみ理解可能となる。このような人間関係の構築そのものを対象とする新たな政策設計にとって，市場経済以前の社会関係を解き明かすモース贈与論は深い意味がある。それがモース贈与論を現代の社会政策分析に援用する意義である。

5　地域福祉政策システムに内在する潜在的機能と限界

5・1　有償制ボランティアの潜在的機能と方向性の相違

この節では，豊中市B校区と駒ヶ根市の各贈与類型がともに，福祉サービス提供に有償制ボランティアを採用しているにもかかわらず，双方の機能と方向性に相違があることを明らかにしたい（前橋市，京都市A地区，福山市C事業所は無償制をとっていたため検討外とする）。

豊中市B校区の実践が位置する循環贈与型のもとで行われる有償制は，サービスを受ける側の心理的負担を軽減し，当該サービスの利用を容易にするという顕在的機能を果たすが，潜在的機能として援護者と要援護者双方に認識のジレンマを生み出す可能性がある。このジレンマは、要援護者側では提供されるサービスと有償の金額が見合っていないことに由来する心理的負担感、少額ではあるが金銭の支払いをしていることから福祉サービスを受けて当たり前と思う期待感、ボランティア側では要援護者に感謝の心がないことを敏感に察知する不満感、などを内容とする。

またこの類型の実践は、ボランティアと要援護者の個人間の私的関係を許容せず、単線的関係を維持すべきとの文脈から、当事者双方の逸脱を許さない規範の中にある。しかもこの実践に基づく集団的関係が継続したとしても、これらのジレンマの解決はほとんど望めない。つまり、この有償制は気軽に利用できる顕在的効果もあるが、制度に内在する規範から抜け出すことはできず、双方の認識のジレンマのために、利用の継続を困難にするという潜在的機能もまた有しているのである。

これに対して駒ヶ根市の実践が位置する双方向贈与型のもとでは、当事者間で新たな関係が構築された後も有償制を継続する義務はなく、むしろ私的関係となることを推奨している。近隣関係が深まるに従って、有償制というシステムに拘束されることがかえって邪魔になるため、その時点で当事者間の話し合いによって有償制を廃止してもよいことになっているのである。つまり、ここでの有償制は近隣づきあいの入門編としての役割に限定され、その後は自らの役割を消滅させるという特異な制度設計に基づいている。そのことによって、近隣関係へのエントリーの役割を時限的に果たす潜在的機能を有しているといえる。

やがて近隣関係が深まるに従って、有償制というシステムがかえって邪魔になるため、その時点で当事者間の話し合いによって有償制を廃止してもよいことになっている。制度設計者は、両当事者がそのような心理状態に移っていくことを見越して、近隣関係と有償制がそもそも相容れないシステムであると設計当初から想定していたと考えられる(13)。担当者は、有償制は両者の関係を深化させる邪魔になることをあらかじめ見越して、徐々に消してゆく制度設計をしたのである。

そのようにして新たに発生した近隣関係は、どこからもコントロールを受けない当事者間の私的で親密なつきあいに移行してゆく。つまり駒ヶ根市の有償制ボランティアは、近隣関係構築のいわば露払いだけを行い、やがてその役割を終えて自動的に消えてゆく道筋を用意されているのであった。要するに、豊中市の循環贈与型における有償制は要援護者の負担感を軽減することを目的として設計されていたのに対して、駒ヶ根市の双方向型贈与型における有償制は、いずれ邪魔になるため消滅させることが折り込みずみの政策設計であった点で、「有償制」が果たす機能の方向性が異なっていたのである。

この点から、豊中市B校区あるいは駒ヶ根市の各贈与類型による方法論が最もなじむのは、それぞれ次のような場合である。すなわち、豊中市B校区の類型では、公的機関が強く個人生活に介入する必要がある場合、たとえば緊急の救済的福祉などである。これに対して、駒ヶ根市の類型が最も機能するのは、新たな助け合いルールの近隣関係での副次的効果として福祉サービスを享受するような実践である。この相違は有償制の政策設計上の方向性から判断可能であるが、前に述べた贈与類型が規定する当事者の役割の相違と同じ結論になる。

5・2　政策システムに内在する規定

これまで述べてきたように、豊中市B校区・駒ヶ根市・福山市C事業所の実践の効果に差異が生じる理由は、ボランティア―要援護者の私的関係という主体の問題ではなく、政策／制度設計の枠組みの問題ではないだろうか。

なぜならそれは、豊中市B校区の類型のもとにある支援者は、ボランティアの立場を自覚して要援護者と接するために私的関係に入れないという問題ではなく、当該政策／制度設計パラダイムの枠組みに埋め込まれた循環贈与の機能が、ボランティアと要援護者の間で駆動すると考えられるからである。

つまり、ある政策システムのもとで個人間の社会関係は、必ずしも個人の思いとは関係なく、システムに埋め込まれた特性に強く規定されてしまうのである。個人の社会関係とは別の特性を持つ政策システムに直面すると、個人はシステム特性の方を無意識的に優先させてしまいがちである。

このように政策側が設計したシステムに個人を巻き込もうとすると、個人はその意図に反して政策システムが期待する行動をとる可能性がある。この逆転を克服すること、すなわち住民個人が取り結ぶ近隣関係を壊すことなく、政策実践の中に取り込もうとしたのが、駒ヶ根市と福山市C事業所の実践であると考えることもできる。

つまりそれは、地域社会で流通している以外のルールを当該社会に適用しない政策設計であると評価可能である。政策側が用意した、ボランティアの規範による近隣ルールへの介入という文脈とは異なる政策アプローチであるといえる。

その政策手法は、制度であるがゆえに利用しやすい有償制ボランティア、すなわち市場交換という人為的ルールにいったん取り込み、ある程度近隣ルールを体験してもらった後で市場交換の部分を徐々に撤退させて、当該地域社会の近隣ルールである双方向的贈与の世界に溶け込んでもらうというアプローチであった。

すなわち、すぐには入り込みにくい双方向型の贈与の世界への入門編という福祉政策実践である。その意味で、駒ヶ根市や福山市C事業所の意図は、すでに地域に存在している近隣ルール、つまり双方向贈与的な社会関係を尊重するための政策アプローチ上の工夫である。これは表面的には似ている実践形態であるが、豊中市B校区のような実践、すなわち循環贈与ルールを新たに地域社会に付与しようとする政策アプローチとは対照的な地域への政策アプローチの方法である。

要するに、すでに地域社会に存在しているルールとは異なるルールを新たに地域社会に付与しようとするのが豊中市B校区の実践を典型例とする政策アプローチであり、地域社会の存在しているルールをそのルールの外側にいる住民にも適用しようとしたのが駒ヶ根市の実践や福山市C事業所の実践のような政策アプローチであるといえる。

5・3　循環贈与型の規範と双方向贈与型の規範の関係

これまで述べてきたように、贈与論の分析視角によれば、現代日本の地域福祉の制度設計パラダイムは、純粋贈与から循環贈与へ、および純粋贈与から双方向贈与へという二つの規範の流れとしてとらえることができる。それでは、循環贈与型から双方向贈与型へのパラダイム転換は容易なのであろうか。本論のまとめにあたってこの論点を検討したい。

近年の社会福祉学の研究では、社会福祉概念の新たな展開についての研究がなされている。古川孝順によれば、社会福祉はブロッコリー型の構造をしており、基幹には社会福祉があるが、その周辺に人権擁護、後見制度、消費者保護や健康政策、雇用・労働政策や住宅政策等の社会福祉と協働・媒介関係にある社会サービスが存在する構造になっているとされる。そして基幹たる社会福祉（による利用者への援助）は、購買力の提供と生活便益の提供の二つに区分される（古川 2012）。

この論考は、このような社会福祉をめぐるストックとしての制度と、それらの隙間をつなぐ住民同士の人間関係というフローにも着眼し、フローとストックをオーバーラップさせた社会福祉理解であるととらえることも可能である。

つまり福祉資源の構成要素は、財とサービスの提供というストックのみで成り立つのではなく、それを運ぶ手段、たとえば「ボランティア団体」や「互酬的な近隣づきあいの社会関係」というフローのあり方、あるいは従来手段とみなされてきた「社会関係の構築それ自体」というフローそれ自体もまた重要な要素として注目すべきなのである。

仮にストックの移転のみが社会福祉にとって重要であるとみなされると、たとえば双方向的な互酬関係があったとしても、そこでの財やサービスの移転は互酬である限りいわばプラスマイナスゼロであるため、ストックとしては意味をなさないとして軽視される問題点がある。ストックだけに着眼する視点からは、純粋贈与型のボランティアや世代間循環型のボランティアだけを重視する傾向が考えられるのである。

しかし、地域住民にとって福祉資源を供与してもらうことは死活問題であるが、地域生活上同様に重要なのは、当該地域の共同体の構成員として認められ、互酬的な社会関係を構築し、社会的に認知された上で生を全うすることである。

これまでの社会福祉政策は、ストックの移転と移転の方法論に焦点が向けられてきたといえる。しかし、贈与論の分析視角から現在の地域福祉実践をみると、福祉資源を多く所有することだけが重要ではないと気づいた先進事例が芽生えてきていることが判明した。そのような政策実践の中で共通しているのは、地域社会に存在する複数の中間集団の構成員として、互酬的な社会関係の中で生きることが、人間としての幸福であるとの認識である。地域福祉の実践家たちがこのような人間観を有するという事実は、贈与論の分析視角を通じて初めて理解可能となったのである。社会福祉にとって社会関係が重要であるという認識に到達できたことが、贈与論を援用した地域福祉実践の分析の成果である。

このように贈与論から社会をとらえる試みによって、市場を媒介せずに社会関係を構築できる最もプリミティブな関係が、贈与概念に基づく社会関係であると気づくことも可能になったのである。社会福祉政策の分野においても、市場の経済関係とは異なる分析視角から政策設計の仕様にアプローチすることが、行きすぎた市場経済の文脈に依存する社会福祉政策の修復と新たな視野による構築に有用である(14)。

しかし実際には、この点に気づいて贈与論の分析視角を政策システムに取り入れている地域福祉実践の事例は、まだ少ない。このような贈与規範に基づく近隣関係を築こうとする実践は、無意識にせよ社会福祉概念そのもののブレークスルーを行う可能性がある。

5・4　政策に内在する限界をブレークスルーするために

(1) 政策誘導からのブレークスルー

これまでの議論を振り返ってみると、三つの贈与類型による検討は、クラ交易という一つの事象を三つの贈与類型のいずれでも理解可能であったことからもわかるように、実はすでに存在する事象を事後的に社会学的分析視角から区分したにすぎない。

しかし、事象レベルではなく、制度設計レベルから検討すると、異なる視点を基盤として成立している制度は、結果としてそれぞれが全く別の効果を生んでいる。つまり、純粋贈与型の規範を地域社会の人間関係の前提とする福祉制度は、ボランティア参加という形態で地域福祉実践に興味がある人に訴求する効果を、循環贈与型の規範を前提とする政策実践は、崩壊に瀕している地域を何とかしなければならないと考える人に参加を動機づける効果を、双方向的贈与型の規範を前提とする政策実践は、一方向的なボランティアという従来の地域福祉が指向していた近隣づきあいをしたくないと考えている住民に働きかける効果を、それぞれ生んでいるのである。

このことは何を意味するのか。それは政策設計／立案者の構想の限界、つまり政策枠組みの限界が、それぞれの政策効果に決定的に影響を及ぼすということではないだろうか。

まず、純粋贈与型の規範から循環贈与型の規範へパラダイムが転換する政策実践では、地域福祉の主眼がサービス提供そのものから住民同士が助け合いの精神でつながることを重視する政策へ転換したものであるといえる。しかしこの転換は、実は政策が理想とする助け合いの関係の枠を想定し、住民をそれに向けて誘導するものであり、純粋贈与型と循環贈与型のそれぞれの規範の間に政策構造上のパターン変化は起こっていない。なぜなら純粋贈与はボランティアの仕方を示す望ましい政策への誘導、循環贈与は助け合いが世代間で循環する社会になるための望ましい政策への誘導という意味において、共通するからである。

これに対して循環贈与型から双方向贈与型へのパラダイム転換は、このような政策への誘導という政策構造自体がないのである。

双方向贈与型の規範に基づく駒ヶ根市の実践、あるいは福山市C事業所の実践は、社協が想定する望ましい地域福祉のモデルに住民を誘導しているようにみえて、実はそうではない。当事者の主観では何の誘導も受けず、自らの自由意思により新しいつきあいを始めるだけであり、自分たちの行動が地域福祉実践であるとの意識さえないであろう。住民同士がどのようにつきあうか、あるいはつきあわないかは各自の自由で、そこにはいかなる行政的な地域福祉モデルへの誘導の動機づけも存在しない。つまり誘導行政という政策構造から自由な住民の選択を援助する政策実践なのである。

それは、駒ヶ根市および福山市C事業所の地域福祉実践は、日常生活から離れた特別な活動ではなく、すでに地域における日常生活にきわめて近いことと、それに対して政策側が福祉モデルを指示するという手法は、当事者にとって窮屈に感じられることを意味している。そして、駒ヶ根市と福山市C事業所の実践はその点を内省し配慮しているのである。

このように、双方向贈与型の実践は従来の誘導行政パターンとは異なる政策構造に、つまり、自治体や社協が地域福祉モデルを示して住民をそれに誘導するのではなく、地域デザインの決定権はあくまで当該地域の住民にあり、それを援助することに、政策設計／立案の発想を大きく転換した実践なのである。

つまり、従来の考え方である「政策誘導」ではなく「紹介するだけ」という駒ヶ根市の実践、あるいは、「従来通り要援護者と近隣づきあいをしてほしい」と住民に懇請するという地域福祉政策の手法は、多くの政策を規定してきた政策構造をブレークスルーする可能性をもつといえる。

これらの検討によって、それぞれのパラダイム転換の相対的な幅は同じではなく、①純粋贈与型から循環贈与型への規範の転換よりも、②循環贈与型から双方向贈与型への規範の転換を果たす方が、より大きなパラダイム転換となっているのである。そして、大部分の地域福祉実践の事例は、①のパラダイム転換の途上にあり、②のパラダイム転換を果たした事例はごくわずかである。その理由はこの転換の幅の大きさにある。

(2) 双方向贈与型の福祉政策の可能性と贈与論の駆動する範囲

双方向贈与型の規範へのパラダイム転換を果たした政策が実効性を持つ条件とは何だろうか。

駒ヶ根市の実践では、この福祉政策システムを利用する人は、少なくとも助け合いのつきあいを始める相手のことはお互いにぼんやりとは知っている。福山市C事業所の実践では、要援護者とは昔は近隣づきあいをしていたし、今でもよく見知っている人である。つまり、双方とも現在はつきあいがないかもしれない、それほど詳しくは知らない人が要援護者であるのだが、少なくともどんな感じの人か、つきあいやすそうかなどの判断材料は、ある程度持っている。双方向贈与型の福祉政策を実現するためには、あらかじめこの条件を満たしていることが最低限必要なのである。

相手を見たこともないのでは、駒ヶ根市および福山市C事業所の双方向贈与型の政策システムは駆動しない。双方向贈与の機能が駆動するかどうかは、次のような政策構造に規定される。つまり、この政策が有効に駆動する最低限の条件は、少なくとも社会関係が多少なりとも存在する社会であることである。たとえば、旧住民の近隣づきあいがすでに存在する地域に新住民が転入してきた場合、新住民は気後れやきっかけがないなどの理由で近隣づきあいは行っていないが、なんとなく旧住民の人のことは知っているという場合に、駒ヶ根市の政策実践は有効に駆動する。

つまり、双方向贈与を駆動させる政策は、無から有を生むことができるシステムではないのである。つきあいの素地(15)がその地域にあり、外部からやってきた人も、少なくとも「その地域の社会関係のつきあいの素地を否定しない人」である場合に限って、駒ヶ根市の実践は有効となる。「希薄な有」を「濃密な有」にするシステムといえるかもしれない。一方、近隣づきあいなど面倒なだけでメリットがないとして、当該の素地を無視あるいは否定的に考える人々の間では、この機能は駆動しない。

しかし、だからといって、大都市や新興のニュータウンなどはすでに近隣の結びつきが薄れているから、駒ヶ根市や福山市C事業所の取り組みを政策に取り入れても効果がないとするのは早計である。なぜなら、これまでの検討で明らかになったように、それが福祉実践として効果があるかどうかのポイントは、表層に現れた地域の近隣づきあいではなく、きっかけさえあればそれを受け入れられる潜在的なメンタリティを当該地域住民が有するかどうかが関係するからである。

そしてその潜在的なメンタリティがある地域の住民に存在しているかどうかは、あらかじめアンケート調査等によって測ることはできないのである。なぜならこの潜在性は、実際にそのような環境におかれてみなければ、具体的なご近所づきあいとして現れるかどうか実は本人にも判断がつかない性質のものだからである。逆に、そのような環境を好ましいと考え、その制度を利用しようとする住民が全く出てこないと断定することもできないのである。結論としては、どの地域においても駒ヶ根市と同様の取り組みをやってみる価値はあるのではないかと考える。それは、たとえ大都市でも、無数の社会関係が累積して組み立てられていると把握するのが社会学的発想だからである。

(3) 贈与論の現代的意義

再びモースの贈与論に立ち戻ってここまでの議論を振り返ると、モースの贈与の規範は、その規範が通用しているという自覚がある人々の間においてのみ通用するルールであった。

それはあたかもクラ交易が、そのルールを認知した人々の間でしか通用しない儀式であったように、現代社会における人々の断絶は、近隣の人と実際につきあっているかどうかという表層に表れた事実の相違によって説明されるのではなく、断絶とは近隣ルールの存在を認知しようとする自覚のある人と、その自覚がない人、あるいは存在を否定しようとする人との間を指す現象であると考えられる。

この点にモース贈与論の現代的意義が存在すると考えられるのである。つまり、贈与から市場へ移行してきた人間社会の趨勢、あるいはモースが意図した贈与社会への回帰（本章注11）とは別に、すなわち人間社会を覆う社会システムの動向がどのようなものであるのかという議論は別問題として、贈与社会はそのルールを承認した人々の間では現代の地域社会であっても常に有効であり、その反面、同じ地域に居住しても、それを承認しない人に対しては力を持たないという性質を常に持つと考えられる。

そして、地域福祉政策の分野において、地域で暮らす高齢者をその主たる対象とする分析視角にふさわしい社会法則として、モースの贈与論を採用したが、地域社会における助け合いの社会関係を構築する政策は、モースの贈与論を見直す新たな展開となりうる。それに加えて、贈与ルールを承認する／しない人々という区分は、社会における人々の断絶の理由を説明するのにも有用である。

また、モース贈与論をふまえた本書の考察は、次のような現代的意義を有する。それは、地域福祉実践において近隣関係を福祉資源投下の手段として指向する構想（純粋贈与類型：CP）と、社会関係を育むことを主な目的に含む構想（循環贈与類型、双方向贈与類型：CC）との関係は、以下の関係のアナロジーと理解することも可能である。すなわち、何らかの政策目的を達成するための手段としてソーシャル・キャピタルをとらえがちな社会関係資本論（C'P）と、人間関係を贈与関係としてとらえ、当該関係を持つことそのものに重要な意味があるとする贈与論（C'C）との関係である。

そもそも、ソーシャル・キャピタルという言葉は、「Capital（資本）」という用語からも類推されるように、何かを生み出すための手段であることを前提にしている。特にパットナムらのアメリカでのソーシャル・キャピタル理論には、その傾向が強い（詳しくは補論を参照）。それは、社会関係を財として評価し、何かを実現する手段に使おうとする方法論的個人主義的な発想から生まれたのではないか(16)。もし、社会関係の構築が手段ではなく目的であるならば、何かを生み出すための手段、財として社会関係を評価する必要は特にない。

SC理論の根底にはこのような発想があるのではないだろうか。しかしソーシャル・キャピタルと命名された社会関係は、実は当事者にとっては社会関係の構築そのものに重要な価値があり、それ自体目的となりうるのではないか、というのがモース贈与論の基本的な立場である(17)。

つまり、豊中市B校区・駒ヶ根市・福山市C事業所の地域福祉実践のように社会関係を重視する指向性は、社会関係の構築と継続そのものを重視するモース贈与論には存在しているが、社会の効率性を重視するソーシャル・キャピタル理論やブラウの交換理論からは抜け落ちてしまったのではないだろうか。ソーシャル・キャピタル理論や他の交換理論ではなく、モース贈与論に光を当てて現代の地域福祉実践における社会関係構築の側面を照射する意義はこの点にある。

注

（1）たとえば助け合いの主体が、自治会、ボランティア、NPOあるいは近隣のいずれであるかによって、そこで贈与される対象物あるいは構築される人間関係（代替可能な福祉サービスを効率的に提供することが主目的か、それとも私的な人間関係を構築するのが目的かなど）は大きく異なるが、その相違についての議論は少ない。

（2）モース贈与論の卓見は、他者から何かを受け取り、あるいは他者に何かを贈与するという方法以外に、原則として他者との継続的な関係は取り結び得ない、とすることにある（Mauss 1950=2009）。つまり、モースにとって重要なのは、贈与対象物が何であるかではなく、また、贈与結果により生じる社会的地位の変動でもなく、むしろ時間的間隔をおいて贈与行為を繰り返すことそれ自体の意味である。贈与行為の繰り返しによって初めて他者との関係が継続可能になり、その効果こそが贈与の最大の意義である。

上記の点の強調は、必ずしも類似の問題提起を行う他の研究者たちに見られるものではない。たとえばジンメルの相互行為論は、最初の行為を除いてすべての贈与は義務感に基づいて行われるという視点から、贈与行為の結果として生じる社会的地位の分析がおもなものである。一方向的な贈与の継続は、贈与者には常に与え続ける義務を、贈与先には常に要求できる権利を生み出すという（Simmel 1900=1999）。ブラウの交換理論は、相互行為における経済的交換価値とそれが守られないときの両者間の社会的地位の勾配の議論に特化されている（Blau 1964=1974）。また、パットナムのソーシャル・キャピタル理論は、人間関係を取り結ぶことの意味を関係継続自体の価値としてとらえるのではなく、関係を持つことを個人の有する資産の一部ととらえる傾向にある（Putnam 2000=2009）のである。

（3）正確には、モースは本書で提示した三類型について直接的に言及しているわけではない。後に述べる贈与の三類型のうち、純粋贈与型は今村仁司の着想（今村 2000: 112）にヒントを得て筆者が定義し、また循環贈与型と双方向贈与型は、モースの贈与論から演繹して筆者が定義、命名した用語である。

（4）社会的事実としては、視点のおき方によってこれらの類型が一つの社会現象の中に複合的に組み込まれている場合もありうるが、「社会政策立案」レベルにおいては、各政策立案者らが制度に込めた意図はここで分類した三つの贈与類型のうちのいずれか一つに近いものであった。

（5）「クラは壮大なポトラッチであり、贈る義務はポトラッチの本質である」（Mauss 1950=2009: 72, 103）。そして、今村によれば「ポトラッチは純粋贈与の形式をとる」（今村 2000: 125）。そして、この純粋贈与について次のような解釈がなされている。「純粋贈与とは返礼なき贈与のことである。贈与が純粋に返礼なき贈与であるならば、贈与側も被贈与側もそれが贈与であると気づいてはならない。しかし少なくとも与える側が贈与であると自覚しなければ、贈与の有無自体も理解できないし、行為も客観的に実在しないであろう。純粋贈与はこうしたパラドックスを抱えている。だから厳密な意味では、純粋贈与行為は社会的制度としては実在したことはない」（今村 2000: 114-115）。

（6）ジンメルのいう「貨幣は、時と場所の固定した文脈性に固定されず、それを超越する（Simmel 1900=1999: 215）」とはこの点を指している。

（7）人間以外の超越的存在に対してのみ、純粋贈与は本来の姿に近づく（今村 2000: 127）。

（8）「（純粋）贈与の目的は何よりも精神的なものであり、交換した二人の間に親しみの情をもたらすことになる。贈り物が互いに親近感を引き起こさなければ、すべてがうまく運ばなくなる」（Mauss 1950=2009: 69）。そして、そのような贈与は「人間関係において純粋贈与の形式を取るべく、当事者の意識を超えて、社会構造が『義務づけて』いる」（今村 2000: 133）。

（9）レヴィ＝ストロースは、次のような婚姻規則に典型的に見られるように、反対給付は絶えず別の人間にずれて行われていくと述べているが、この社会的機能は、循環贈与類型と同様である。「パートナーたちは、自分が贈った相手からは返礼を受けず、あるパートナーに贈ったものは、別のパートナーから返礼を受け取る。これは互酬であるが一つの方向に流れている」（Levi-Strauss 1958=1977: 53-54）。
(10) ネットワークとして想定されるのは、主としてボランティア、自治会、ＮＰＯ等の非営利団体である。
(11) それは共同幻想であるかもしれないが、そのような幻想を共有することこそが大切な意味を持つのである。
(12) 本書では、政策設計のパラダイムをおもな分析対象として、参加者の意識は政策設計の想定に規定されるとして概括的にとらえたが、設計と実践の実態はむろん同一ではない。たとえば、豊中市Ｂ校区において、政策設計の想定とは異なる実践が行われることもあったが、このような設計と実態との関係は、今後の検討としたい。
(13) 近隣関係は贈与経済システムであるが、有償制は貨幣が絡む以上、市場経済システムの側面を有する。そして「贈与を機軸とした社会と経済計算を中心とした社会との間には、社会編成原理における切断がある」（山崎 1999: 181）。
(14) 市場経済の文脈による社会福祉政策とは、たとえば社会保障以外の福祉は自己責任で用意すべきとか、福祉資源の投下と費用負担は等価であるべきとか、福祉資源の投下だけで社会福祉は十分であるなど、等価交換を社会福祉の根本ルールとすべきという考え方のもとに構想された政策を指す。
(15) モースの意図は、贈与の力を社会主義の基礎におくというものであった（山崎 1999: 191）。
(16) たとえばＯＤＡを効果的に行うために途上国のソーシャル・キャピタルを高めようとする現在の世界銀行の方法論（佐藤 2008: 36-39）などは、ソーシャル・キャピタルを援助効率を高める手段という側面からとらえている典型例である。
(17) つまり、一般には、ＳＣ理論は、贈与論で議論している社会関係の重要性について、「強い紐帯」（Putnam 2000=2009）の効力を認めること等によりそのテーマを包含あるいは継承していると理解されている。しかし、本来モースらが方法論的集合主義の立場において贈与関係における社会関係の構築と継続そのものに個人利益には還元できない価値を見出していたのに対して、ソーシャル・キャピタル理論は、方法論的個人主義の立場から個人あるいは社会にとって有利になる手段という視角によって贈与関係を評価しているのではないかとも考えられるのである。このため、モースらが重視した（個人利益にとってプラスかどうかではない観点における）社会関係の構築そのものの価値という視角がソーシャル・キャピタル理論に承継されず、その意味で一種の転轍があったのではないか。この点については、補論において若干の検討を行っている。この「モースの議論の中で、ソーシャル・キャピタル理論が汲み取れなかったものは何か」という視点を基にして今後の検討を深めたい。

第5章　認識論からみる地域福祉実践と贈与論との結合

1　シュッツ認識論の援用による分析

本章では、前章までの贈与論の議論に、認識論を接続したいと考える。それにより、日本の地域福祉実践は、贈与類型と当事者の他者認識の具象性／抽象性が関係する可能性があること、また政策実践において、他者認識をより具体化させる方向性を持つことによって、現在の社会福祉の政策実践はより地域分割され、個性を重視した新たな方向性を持つ可能性があることを論じる。

シュッツの類型化認識論を援用して、介護保険の政策実践におけるケアマネージャーの要介護者に対する認識について、通常のケアマネージメントと、福山市鞆の浦地区に所在する小規模多機能C事業所のケアマネージメントを比較分析する。そして認識の抽象度のベクトルに相違が存在することを明らかにする。

結論として、通常のケアマネージメントでは、アセスメント段階からケアプラン策定段階へと移行するに従って、その認識は人格的認識類型からより抽象度を高めた機能的認識類型へと移行するベクトルを持っている可能性があり、このことは認識類型が常に抽象化していくことを指向する認識論のアナロジーになっていることがわかる。そして通常のケアマネージメントに対して、福山市C事業所の実践は認識の抽象化に向かうベクトルを持つことはむしろ意識的に回避されており、人格的認識から要介護者の個性的存在に近づく認識へと向かう逆方向のベクトルが働いている可能性がある。

本章の最後では、この具象化へのベクトルを持つ実践の発見は、現在想定されている地域福祉圏域よりさらに地域分割されたケアを考える研究の理論的嚆矢となる可能性を示す。

本章では、前章で取り上げた「福山市C事業所」の事例をおもに取り上げ、福山市C事業所におけるケアと、他の地域福祉実践を、現象学的社会学者シュッツの他者認識論で読み解くことを第一の目的とする。それはこの事業所が、地元において「鞆の浦の奇跡」と称されるほどめざましい要介護者の身体や精神の改善効果を上げている理由を、単にケアマネージャーの個人的な力量や奉仕精神に帰するのではなく、ケアマネージャーの要介護者に対する他者認識の仕方に注目して社会学的分析により理解しようとするものである。

次に、この分析で得られた知見を元に、通常のケアマネージメントにおける認識との比較を通じて、将来的な社会福祉政策の方向性を展望することが第二の目的である。それは、要介護者の個別事情や思いを取りこぼさないオーダーメイド福祉ともいうべき、他者認識が具象化の方向へ向かう新たな社会福祉の制度設計の可能性を示すことになる。

第2節では、この事業所のケアの実際とその考え方について質的分析を行う。その上でシュッツの他者認識の類型を参照して、当該事業所および一般的な地域介護の政策実践がどのような他者認識のスキームで行われているかについて検討する。

第3節では、地域介護における要介護者認識の抽象度には、より抽象に向かうベクトルと具象に向かうベクトルの二つが併存する可能性があり、その二つの方向性が福祉実践規模に関係することを論じる。

このスキームは、介護福祉実践をどのように設計するかという政策実践設計の可能性を切り開く問題でもあり、それは他者をどのような枠組みで認識して設計を行うのかといった他者認識論との親和性が高い。このため、次節では、通常のケアと福山市C事業所のケアのスキームの質的差異を、他者認識を類型化したシュッツの分析視角から理解してみたい。

2　地域介護・ケアプランの他者認識類型による理解

2・1　シュッツの三類型

シュッツの認識論は、秩序とは人々が相互に理解する類型によって成立していることを前提に成立している（片桐 1982: 107)。そして、そのような秩序が成立している社会的世界を、共在者の世界（Umwelt, world of consociate）と同時代人の世界（Mitwelt, world of contemporary）の二つに区分している（片桐 1993: 42)。共在者の世界とは、基本的に他者と時間を共有し、さらに具体的な身体として目の前にしている世界であり、同時代人の世界とは、共在者の世界が時間と空間を共有していたのに対し、時間のみを共有し空間を共有しない人たちとの関わりを意味している。そして、同時代人の世界は、共在者の世界からの距離によって分類される（片桐 1993: 45)。

本章では、シュッツの認識論の理解、すなわち人々の社会関係は、人の関係認識の距離に依存する類型によって異なるとの理解を補助線として、福山市C事業所の実践を読み解いていく。

藤村正之は、シュッツのこの認識論を援用して、およそ人間が他者を認識する際には、①抽象的、②機能的、③人格的の三つの類型のいずれかによって認識しており、それは他者認識の抽象度に関係していると分析している（藤村 1999: 210）。

他者を「①抽象的」にとらえるとは、個人を特定できないある類型の人がいる、という認識の仕方である。たとえば援助対象が具体的なイメージを伴わない街頭募金がその例である。本書の考察は具体的な要介護者に対するケアを問題とするため、抽象的な他者認識に基づく具体的なケアに該当しないが、介護保険制度成立以前の措置制度はこのような他者認識に基づく政策設計であった可能性がある。措置制度とは、要介護者の主観的な事情を斟酌せずに、一定の事由が生じた場合には、機械的に一定の処遇を行うスキームであり、その一定事由の存在に着眼し、主観的な事情に着眼しない点が抽象的認識と親和性がある。つまり、抽象的認識に基づく他者認識は、パターナリズム的な措置による福祉と親和性が高い可能性がある。

これに対して「②機能的」にとらえるとは、特定の機能を果たす代替可能な人がいる、という他者認識である。具体的な人間と対面するのではなく、ある属性を持つ人間を想定しているが、その人間の個性には至らない代替可能な他者認識のことである。たとえば、「私のところに来る郵便配達人」という認識である。また「③人格的」にとらえるとは、個性的存在というほどではないが、具体的な他者を想定した他者認識である。たとえば、「私のところに来る郵便配達人のAさん」という認識である。

藤村によれば、人格的類型はたえず個性的存在性を強めていく可能性を有している（藤村 1999: 210）。つまり他者認識の具象度は高くなるとしている。一方、シュッツは、人間は類型に類型を重ねながら具体的な他者を認識する、すなわち他者認識には抽象化が避けられないという（Schütz 1932, 1960, 1974=1982: 268）。このように、藤村とシュッツの他者認識に関する見解は、具象度が高くなるか、逆に抽象度が高くなるかという一見相反する方向のベクトルを有しているかのようであるが、筆者は、両者は他者認識の各側面を表し、相反するものではないと考える。藤村の見解は、人格的類型から他者を認識する場合であっても、その後個人が特定されていくに従って、人間は徐々に個性を強く認識していくことを述べている。これに対して類型化が避けられないとするシュッツの見解は、たとえそのような具象性を強めるベクトルの中にあっても「多かれ少なかれ匿名化された相互に交差しあう類型化図式によってしか理解しえない」(Berger 1966=1977: 55)という意味で抽象化へ向かうことも含まれるからである。つまり認識の類型化へと進もうとするベクトルは、人間の認識にとって宿命的であり、意識的に個性的存在性を強めていったとしても、その宿命からは逃れられないことも含意しているのである。

この三類型は、相対的であり別個独立ではなく、他者認識の抽象度／具象度に応じて同一直線上において徐々に各類型に変化していくと考えられる(小川 1985: 265)。そこで本書では、この三類型の中から最も抽象度が高く、現在の地域介護実践とは直接の関係性が低い抽象的類型を除外する。後で述べるように、第2章で判明した福山市C事業所のFケアマネージャーの他者認識は、要介護者の個別事情について詳細に認識した上でケアプランを立案しており、これは人格的類型よりさらに具象度が高い類型の認識をしていることから、この認識類型を「個性的認識」と名づけて位置づけ、他者認識の抽象度を便宜的に、機能的認識・人格的認識・個性的認識の三類型に区分する。

シュッツによれば、人間は上記のように場面に応じて抽象度の異なる認識をする傾向を持つ。たとえば社会福祉政策の設計／策定にあっても、あるいは政策実践であるケアマネージメントにあっても、策定者／ケアマネージャーは無意識的に、これらの他者認識の枠組みのいずれかにその抽象度のレベルを設定した上で、政策／ケアプランを構想すると考えられる。すなわち、ある政策／ケアプランは、策定当初の段階で意識的／無意識的に選択した他者認識について、機能的／人格的／個性的のいずれかの類型の影響下にあるのである。

2・2　人格的認識から機能的認識へと向かうケアマネージメント

一般的に、介護保険の政策立案者がケアマネージャーに期待する業務は、立案者の想定と同様に、人格的な他者認識に基づいてアセスメントを行い、それを抽象化した他者認識に基づいてケアプランを策定することである。他方ケアマネージャー側も、政策立案者の期待に応えるように同様の他者認識の下で、すなわち政策策定者の他者認識に影響されてケアプランを策定している可能性がある。

なぜならば、ケアプランは、一般的に次のような経過をたどって策定されるという共通認識が、政策策定者とケアマネージャーの双方にあるからである。まず、ケアマネージャーは要介護者個人の人格に着眼する。すなわち「私のところに介護サービスを利用したいとの要求をもって現れた利用者のAさん」というフィルターを通してアセスメントの作業を行い（1）要介護度や本人の状況、属性、希望などを聞く。次に介護保険サービス等と結びつけることを念頭に課題抽出の作業を行い、本人の状況から把握可能なものを福祉ニーズとして抽出する。その上で、当該福祉ニーズを満たす介護保険サービスや保険外サービスを選択し、それらの資源を組み合わせてケアプランを策定する、という順番で考えるのである。

この作業の中の「福祉ニーズの抽出」とは、個別事情を有する要介護者の状況から社会的に対応する必要があるニーズを抽出するために、要介護者の生活の機能面、すなわち「あることができない」とか「不便である」などに着目して抽象化し、類型化する作業である。また「サービスの選択」とは、ニーズを満たす複数の福祉資源の中から適切な資源を選ぶことである。つまり、介護保険制度の一般的な特徴は、要介護者データの抽象化とそれに適合する介護サービスの選択であるともいえる。たとえてみれば、措置制度に基づく福祉がワンサイズしかない服を着せるようなものであったのに対して、介護保険制度は、色やサイズが複数ある服の中から自分の好みに合わせて選択できるレディーメイドの服のような制度であると理解することができる。

こうした抽象化と選択の作業を経ない限り、要介護者の状況と介護保険サービスをマッチングさせることはできない。いわば、通常のケアマネージメントは抽象化の作業を宿命づけられているのである。なぜなら、各要介護者の個別事情にぴったり合致する介護保険サービスやボランティア類型など存在しないからである。このように介護保険制度とは、個人から福祉ニーズを抽出し、より多くの要介護者の福祉ニーズを満たす最大公約数的な類型化された介護保険サービスと接続することを趣旨としているといえる(2)。

そして、ニーズの抽象化と最大公約数を満たす福祉サービスの開発という抽象化ベクトルの方向性において、介護保険制度の政策立案／策定者と政策実践者である一般のケアマネージャーは同じ発想の地平に立っているのである。

2・3　人格的認識から個性的認識へと向かうケアマネージメント

これに対して福山市C事業所のケアマネージメントでは、前項2・2の検討と異なり、そもそも介護サービスと接続することを念頭においた福祉ニーズの抽出という認識の仕方をしていないと考えられる。

たとえば、事例1の場合は、HTさん本人の暮らし方の希望は、施設において身体的に安全な生き方をすることではなく、お寺の加護を受けた霊的な満足の中で生を全うすることである。事例2の場合は、OTさんの幸福は、未知の施設で寝たきりにさせておくことではなく、今まで暮らしてきた地域で、今まで付き合ってきた人たちとこれまで通りの穏やかな時間を過ごすことである。このような彼女たちの暮らし方の希望を聞きアセスメントを行うFケアマネージャーの他者理解は、一般的な理解による福祉ニーズの抽出ではない。すなわち策定者が想定し、通常ケアマネージャーが実践する福祉ニーズの抽出という抽象化の手法ではアプローチすることが困難な他者理解である。

Ｆケアマネージャーは、公的書類であるケアマネージメント計画書には形式的に抽出された課題を一応記載しているが、実はサービスに接続することを前提とした福祉ニーズの抽出作業は行っていないのではないか。Ｆケアマネージャーの作業は、もっと現実に即したケアを考えることであり、それは人格的な他者認識に基づいて行ったアセスメントに基づいて、要介護者にとって望ましい、より詳細で具象化された暮らしの姿を想像すること、あるいは重度の認知症である場合は、本人の希望を忖度し、そして可能な限りそれを実現する手段を考えることである。これらの一連の作業は人格的認識から個性的認識へと具象的方向をさらに深化させるベクトルを持つのである。ケアプラン策定作業は、まず要介護者が希望する生活を送るために必要な、基本的な身体の健康や生活を支えるケアを小規模多機能事業所が担当するためのプランを立てることから始まる。重要な点は、その健康維持のプランは要介護者に欠くことができないケアではあっても、それだけで十分ではないことをケアマネージャー本人が十分に認識していることである。

一般的な事業所のケアマネージャーの思考との相違は、この欠如の認識の有無にある。通常のケアマネージャーのように福祉ニーズを抽象化してケアプランを考える場合には、いったん抽象化されたニーズが満たされる手段を見つければ、福祉ニーズは充足されるわけであるから、その段階でその仕事は終了するのであり、当該ケアマネージャーは要介護者の個性に立ち入って考える必要性を感じないのである。

これに対して、福山市Ｃ事業所のＦケアマネージャーの仕事は、小規模多機能事業所のサービスで必要条件を満たせる見通しを立てた後が本番である。具体的な本人の状況としては、事例１では本人がお寺に受け入れてもらって初めて「（その霊的な）希望がかなう」のだから、ケアマネージャーとしては、お寺が受け入れない限り本人の希望は充足しないと考えるのである。そしてお寺との交渉までを自分の仕事と考えて実行するのである。この発想は、最初から介護サービス等と結びつけることを念頭においた福祉ニーズの抽出作業から導くことは困

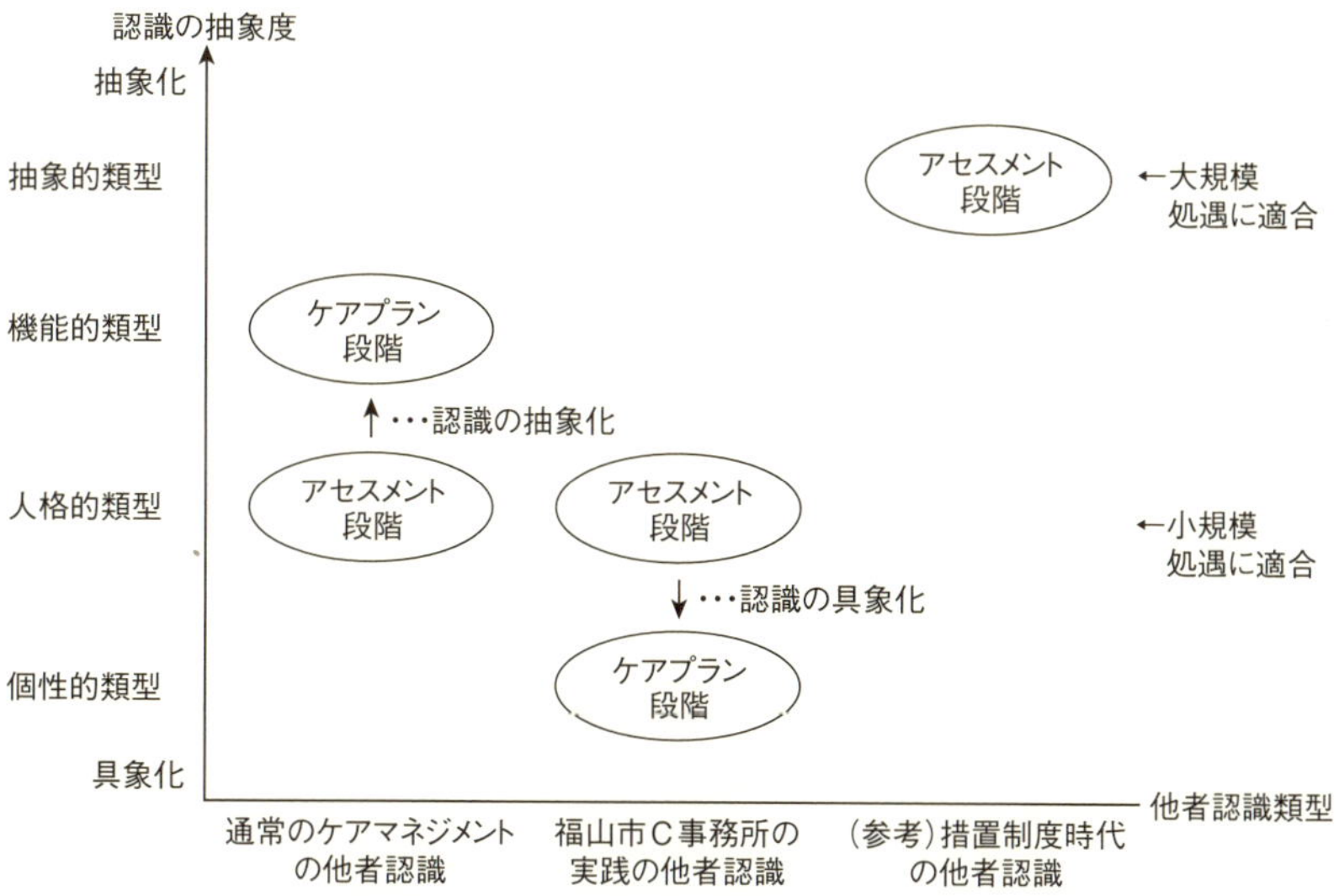

図4　他者認識の抽象度のベクトル

難であり、より個性的存在を深める具象化へ向かうベクトルを持つことによって初めて可能となるのである。

つまり、図4のように、通常のケアマネージメントでの他者認識は、アセスメント段階では人格的類型による他者認識を行い、ケアプラン策定段階ではより抽象化された機能的類型による他者認識へと移行する。これに対して、福山市C事業所の実践では、アセスメント段階では、通常の方法と同様に人格的類型による他者認識を行っているが、ケアプラン策定段階では、要援護者の個性に立ち入った他者認識をしている。すなわち、通常のケアマネージメントが抽象的認識にシフトするのとは逆に、より具象的な認識へと向かうのである。

また、介護保険以前の措置制度により要援護者の処遇が決定されていた時代においては、前に述べた通り、措置権者は要援護者個人を特定することなく類型的にとらえていることから、抽象的類型としての認識を行っていたと考えられる。

このような認識の抽象度と処遇規模の関係については、次章で詳しく検討するが、援護者の認識の抽象度が高くなるほど個性は認識されなくなり、大規模処遇が可能となる。反対に認識が具象的になるほど個性的存在は深まり小規模処遇を指向するしかない。すなわち、介護者側の要援護者への認識の抽象度が処遇の規模を規定するのである。

3・4　他者認識が具象化へと向かう新たな社会福祉制度設計

これまでの検討のように、認識論の分類を援用した社会福祉政策の分析によれば、措置制度時代の手法は抽象的認識と親和性があるのに対して、介護保険制度の通常のケアマネージメントの手法は選択的な指向性をもち、アセスメント段階では人格的認識を行うが、ケアプラン策定段階ではそれを抽象化した機能的認識と親和性があると考えられる。また、福山市C事業所のケアマネージメント手法は、アセスメント段階では通常のケアマネージメントと同様に人格的認識と親和性があり、ケアプラン策定段階では個性的認識と親和性があることが明らかになった。

それでは、福山市C事業所の手法が人格的認識からより個性的認識へと向かうベクトルは、何を意味し、どのような形態の社会福祉を展望しているのであろうか。

個性、人格、機能、抽象へと移行するに従って、認識の抽象度は高くなっていく。そして、一般に抽象度が上がることは、情報のロスが生じるということである。シュッツの言を借りれば「類型化とはすべて類型化される対象の、当面の特定の目的とは関連がない個々の相違を無視することである」(Schütz 1964: 234) からである。この場合の類型化は抽象化と言い換えることができる。シュッツは、抽象化の過程によって個人にとっては重要な部分が抜け落ちてしまう可能性を指摘しているのである。本書の事例では、抽象化によって失われた部分とはどのようなものだろうか。

この問題は、生身の人間から福祉ニーズを抽出する作業を行う時に何が抜け落ちるのか、との問題に置き換えて考えることができる。それは、福祉ニーズとして整理される以前の個別事情のすべてであろう。事例1は、たとえばお寺の門前で暮らしたいことやお寺の住職の孫たちの顔を毎日見たいことが含まれる。事例2は、近所の友達と毎日笑い合って暮らしたいことが含まれる。これらはケアマネージャーに本人の個人的な希望とは認識されても、通常はケアマネージメントの一環として対応が必要な福祉ニーズとしては認識されない。福祉ニーズとは、対応すべきことが社会的に認知されたニーズであり、通常は具体的な介護サービス等との接続を念頭においているからである。たとえば身体の健康の保持や安全の確保は、社会的に認知されたニーズである。このような福祉ニーズの視点でみる限り、ここで掲げた個別事情は、要介護者の主観では生活全般や幸福感を左右するほど重要であっても、客観的な福祉ニーズとしては認識されないか、たとえ認識されてもその優先順位が低くなることは避けられない。

福山市C事業所でのケアマネージメントは、このような利用者の個別事情を可能な限り退けないことをめざしているといえる。つまり、介護保険制度の政策設計が、大量に発生する利用者の福祉ニーズに応えるために、大量の類型化された福祉サービスを供給するという、大量需要に対応する大量供給の発想で組み立てられているとすれば、一般的なケアマネージメントの考え方はこれに応じたものであり、一方、C事業所のケアマネージメントの考え方は、そのような発想とは無縁である。むしろ事業所周辺に居住するごく少数の利用者のために仕立てられたオーダーメイド福祉ともいうべきものである。

3・5　まとめ

本章の検討では、シュッツの認識論を補助線として、介護保険制度の導入をもって一応の体系的完成とみなされることも多い日本の社会福祉制度について、選択的福祉サービスの供給という制度的整備は、必ずしも社会福祉政策の最終形態ではないことを示せたのではないか。さらに、次の段階の社会福祉の萌芽というべき実践が、地域介護の現場で生じてきたことも提示できたと考える。一方、現場において新たに試みられているオーダーメイド福祉に、一般性のある社会福祉政策として構想するに足る成熟性を持たせるためには、それが小規模で比較的同質性が高い地域における実践である(3)ことを踏まえて、福祉圏域の規模ごとに、また福祉実践の層ごとにどのような実践が必要かを考える必要がある。

しかし、従来から「個別事情にすぎず、政策として取り上げるべき社会性がない」ことを理由として一律に社会福祉の対象外と考えられ、福祉ニーズとして認知されてこなかった要介護者の主観への忖度が、介護保険の第一線の現場において再び光を当てられるようになっている。このことは、現場において要介護者の個性をその都度重視する認識が、要介護者の人間性の回復に重要な役割を果たすという点において、社会福祉政策の制度設計パラダイムの一般化を示しているとも考えられる。

今後の地域介護は抽象化、具象化のどちらのベクトルに向かうのか。歴史的な潮流として、具象化の方向に向かう可能性が仮にあるならば、小規模多機能事業所を含む介護保険事業所等の福祉活動は、より要介護者の個性を重視するきめ細かいものとなり、それに連動して地域介護の適正規模は、現在想定されている福祉圏域よりも、さらに地域分割する方向へシフトしなければならないだろう。

3　対極的な他者理解に基づく地域福祉実践の理解

3・1　他者論の分析視角

本節では、シュッツの認識論以外の他者理解の概念として、エトムント・フッサールやエマニュエル・レヴィナスの他我論／他者論の分析視角を援用する分析の可能性について付言したい。

援護者―要援護者の社会関係を分析するために、援護者が要援護者をどのように把握しているかという他我論／他者論の演繹による地域福祉実践理解という別の視角から検討を行う意義は、次の通りである。フッサールの他者理解とレヴィナスの他者理解とは、実は他者に対する信頼性や自己と他者との同質性の確証についての認識が両者において大きく異なっているのである。この認識の相違が、本書で分析した贈与論や認識論の視角に基づく地域福祉実践類型の相違と対応している可能性がある。

他我論／他者論と地域福祉実践との間にこのような対応関係が認められるとすれば、他者論での留意点や展望を「重層的な地域福祉実践」を現実に行うための展望や手がかりとして利用することが可能となる、あるいは社会福祉政策立案に援用できる可能性がある。

それでは、フッサール、レヴィナス両者の他者理解とはどのようなものだろうか。レヴィナスの他者論は、自己と他者とは同質性がなく、理解も共感もできない他者を前提とするが、そのような他者に対する関わり方まで展望し、考察された理論である。レヴィナスの他者論の知見と親和性があると考えられる、純粋贈与類型と循環贈与類型に基づく地域福祉実践への留意点や展望として、この理論が援用可能であることを示したい。同様に、フッサールの相互主観性に関する他我論と親和性がある、双方向贈与類型に基づく実践への留意点や展望についても、フッサールの他我論を演繹して示したい。

ここで注意しなければならないのは、フッサールやレヴィナスの他我論／他者論は、理解社会学すなわち方法論的個人主義の立場に親近性があることである。この立場では社会現象の因果関係を、個人の意識に還元して説明することができる。しかし、方法論的個人主義の他者論を地域福祉実践の援護者―要援護者関係に援用することがはたして適切なのか、という点は一定の留保を付す必要がある。すなわち、純粋贈与、循環贈与、双方向贈与の三つの類型の実践に対して、各々の参加者の個人的な意識が異なるために社会関係も異なるのだ、としてすべてを個人の意識に収斂させて一律に理解してよいかどうかについて、社会学的な疑念がぬぐいきれないからである。

なぜならば、たとえば豊中市B校区のボランティア参加者は、たとえ個人の意識を変えても、駒ヶ根市の援護者のように親密なつきあいを指向するのは困難であるからである。つまり、豊中市B校区の参加者は個人の意識に関わりなく、ボランティア団体のルール、すなわち要援護者と私的な関わりを持たず、福祉サービスの提供以外の活動はしないとの規範に意識／無意識的に規定され、方法論的集合主義的な動機づけで行動しているのである。その意味で、必ずしも方法論的個人主義的な理解だけで、本書の対象とした三類型の地域福祉実践のすべてを説明しつくすことはできない。

しかしそれでも、認識論や他者論を援用して、三つの類型の政策実践を理解する意義はあると考える。それは、たとえ各実践に、上述したような個人の意識に還元できない方法論的集合主義的な創発特性の傾向があるとしても、その傾向は、方法論的個人主義的な意味で個人に還元可能な資質としても理解できる可能性もあるからである。たとえば、豊中市B校区のボランティア団体の傾向は、必ずしも当該集団の創発特性ではない可能性がある。参加者の大部分が意識／無意識的に共有している価値観、すなわち個々の意識が集積した表象であり、方法論的個人主義的な意味で個人に還元可能な傾向とも考えられる。少なくとも、豊中市B校区のボランティア参加者の大部分は、団体がもつ集団的特徴を否定する気持ちまではもっていないのである。

3・2　フッサールの「他我」と双方向贈与類型

そこで、上記の留保に留意しながら、フッサールの他者論の分析視角に基づいて若干の検討を行う。シュッツの相互主観性に関する他者論では、「私」と「あなた」の意識体験を同一視することによって、人物の取り替えを行っている。そしてあくまでもこのプロセスは、私の行為の意味理解と他我の一般定立を前提とする範囲内であることに注意すべきである。シュッツが影響を受けたフッサールの他者理解も同様であり、他者とは「拡大された自分としての他者」あるいは「自分と他者とは同じプラットフォームに立つことが可能で、それにより理解することが可能な他者」であるとしている。その意味で、一般定立の範囲内での他者理解であるといえるのである。

つまり、フッサールにとっての他我とは、フッサール自身がたとえているように、家の正面にいる私がその家を立体的に理解するために、家の側面を見る想像上の私を指す。そこでは、拡大された自己として他者を理解している。フッサールは、このことを「相互主観性」と命名している（Husserl 1950=1970: 295）。

この他者理解は、福山市C事業所のFケアマネージャーの他者認識と親和性があるのではないだろうか。なぜならば、目の前の他者の困窮を次のように認識しており、その認識を介護サービスを選択する根拠としているからである。すなわち、目の前の他者の困窮を要援護者の気持ちになり代わり、自己の困窮あるいは「将来あるいは過去のあり得べき私」の困窮として認識して、近隣住民に理解を求めたり、入院中の要援護者を退院させたりしている。Fケアマネージャーは、自分は要援護者の気持ちがわかるはずとの前提で行動しており、その認識には一種の相互主観性が働いていると考えられる。この前提に基づく実践の問題点については、後で検討する。

3・3　レヴィナスの「他者」と純粋贈与／循環贈与類型

一方、前橋市・京都市A地区・豊中市B校区のボランティア参加者が想定する『他者」とは、フッサール的な相互主観性を持つ他者とは少し異なっている。なぜなら、これらの地域福祉実践は、要援護者の事情を完全には理解できないことを政策設計の前提としており、そのために一定の制度設計の枠内で集団活動を行うからである。駒ヶ根市・福山市C事業所の実践と比較して、要援護者との心理的距離が遠く、かつ定型的な福祉サービスを提供する集団活動の枠内にあり、要援護者と共振する部分が相対的に少ないからである。

そのため、これらの実践では、要援護者の心理や個別事情には必ずしも立ち入らず、援護者を十分理解することを諦める、あるいは理解する必要がないことを暗黙の前提としている。だからこそ、前橋市・京都市A地区の実践は、控えめであることを特徴とする。また、あえてこのような両者の共感を前提とせず、ある程度距離を保つ関係であることが、要援護者の援護者への依存を防止し、効果的なボランティア活動を行うために必要な、制度上の防波堤の機能を担うとも考えられる。

しかし、そのような他者理解は、駒ヶ根市や福山市C事業所の実践と比べて、自我と他我が共振する部分が相対的に少ない「他者」を前提としているのではないだろうか。一定の枠内すなわち一面に限定してつきあう他者とは、親密な共感を求めない他者である。多くの面では共感できないことを前提とするからこそ、一面で接するルールを設定してつきあうのである。その意味で共感し合うまではいかない、少し離れた関係の他者ととらえているのである。

つまり、自己とは離れた存在である他者という理解である。この点は、当該地域の介護者／援護者主観としては異論があるかもしれない。しかし、介護者／援護者の認識と、私的な友人としての認識ではやはり質的に異なっている。

このような前橋市・京都市A地区・豊中市B校区の地域福祉実践における他者理解は、フッサールよりもむしろレヴィナスの他者理解と親和性があると考えられないだろうか。

レヴィナスは「絶対的に他なるもの、それが『他者』である。それは自我と同じ度量衡をもっては計量することのできぬものである。私が『あなたは』あるいは『私たちは』という時の集団性は、『私』の複数形ではない」（Levinas 1961; 1971=1989: 9）としているからである。つまりレヴィナスにとっての他者とは「主体の理解も共感も絶した絶対的他者」である。そしてレヴィナスは、そのように理解や共感も絶した他者に対してもなお、対話しうる関係を構築することが必要である、と考えていたのである(4)。すなわちレヴィナスにおいては、他者とは相互主観性が成立する他我ではなく、自己とは完全に異なる主体である。

ホロコーストを生き延びた直後のレヴィナスの苛烈な他者理解のもとに発せられた言葉と、純粋贈与／循環贈与の類型に基づく実践（前橋市・京都市A地区・豊中市B校区）の他者理解を同列に論じることは、その深刻さにおいて、必ずしもふさわしくないかもしれない。しかし、双方向贈与の類型に基づく実践（駒ヶ根市・福山市C事業所）は、フッサールのいう相互主観性の成立する関係を他者理解の前提としているのに対して、純粋贈与／循環贈与の類型の実践（前橋市・京都市A地区・豊中市B校区）は、必ずしも相互主観性が成立しないレヴィナスのいう他者理解を前提としている。このように大づかみではあるが把握を試みたとき、次のような課題と展望を発見することができるのである。

3・4　他者論からみる贈与

(1) 純粋贈与型と循環贈与型の贈与類型に基づく実践の課題と将来像

まず、レヴィナスの他者論を援用して純粋贈与類型の実践を理解することを試みる。この類型の実践は、援護者―要援護者との関わりを、あくまでも実践の間だけの一面的関係とルール化している。このことは本書で述べた通り、援護者との間に一種の「隔意」が存在することを、政策設計の前提としている。ここでいう「隔意」とは、要援護者は必ずしも自分たちと同様の文化環境に所属していない、というような援護者側の意識のことである。

そして、そのように他者に対して制度の枠組みの中だけで行動することは、レヴィナスのいう「理解も共感も絶した他者となお対話するような関係」とはいえない。制度内に限定する関係性の指向は、制度外で他者と対話する指向性を拒否するからである。すなわち、レヴィナスの他者論によれば、制度の枠内に留まる類型の実践は、他者との関わりの最終形態ではないのである。

レヴィナスは、実践レベルに存在するこのような「隔意」に基づく規定を超克する方法も、次のように提示している。すなわち、そのような〈絶対的他者〉に対してシステム内で関わるのではなく、個別の社会関係の中で倫理的に考え、他者と対話を行うべく行動することが必要であり、それが人間の善性を基礎づける、という。これがレヴィナスの方向性である。

純粋贈与型／循環贈与型の地域福祉実践は、現行制度の枠内で行動することを原則とする。それらの実践において、対象者／要援護者の絶対的他者性を保ったまま、個別の社会関係に目を向けることが、本書で後述するミッシング・リンク（Missing-link: 失われた環）の解消に向けた、将来的な展開可能性の一つの方向になるのではないか、とも考えられるのである。

それは、自分とは異なる他者という理解を保ちながら、なお要援護者と人格的な対話や交流を試みようとする方向性である。地域福祉実践に内在する、あくまでも制度の枠内で行動すべきとの一種の思考の陥穽を乗り越えるための展望を、レヴィナスの他者論が示している。

本節でこのような知見を得られたことが、地域福祉実践の分析視角にレヴィナスの他者論を援用した成果である。なお、この関係の構築は、純粋贈与型／循環贈与型から双方向贈与型への接近を意味するわけではない。これら二つの類型の実践がレヴィナスの他者理解を基礎におく以上、要援護者という他者に対して人格的な対話や交流を試みるにせよ、フッサールのいう相互主観的な他我とは異なる存在であり続けるからである。

したがって、純粋、循環、双方向の贈与類型に基づく実践は、それぞれの類型理解や認識を基盤におく限り、将来的にも一つの類型に収斂することはない。そうではなく、それぞれの類型がその守備範囲を少しずつ広げることによって実践間の間隙が狭くなり、「重層的な地域福祉実践」のリンクが緊密になる将来展望を拓くことが可能になるのである。

(2) 類型ごとの課題と将来像

一方、駒ヶ根市や福山市C事業所の双方向贈与類型に基づく実践の政策設計は、援護者―要援護者間に相互主観性があることを前提としていることが特徴であり、同時に問題点でもある。

これらの実践は、援護者―要援護者間に垣根を作らず、原則として要援護者は親密に共感し合える他者であるとの前提で活動を行っている。このような実践における他者認識の問題点は、フッサールの知見を援用して考えれば、要援護者の意思は必ずしも援護者と同一ではないにもかかわらず、援護者はそれを理解可能と類推して行動せざるを得ない部分があることである。つまり現実には要援護者の主観は、必ずしも援護者が考えるそれではない。すなわち他者の認識と他我とは、福祉の現場では一致しない場合もあるという課題が解決できていないことである。

フッサールによれば「あらゆる主観性はその都度常に相互主観性である」という。

「私たちは知覚ないしはその他の感性的表象において〔他者の〕身体を措定しており、それを意識の担い手として捉えている。私たちがそうしたことをなしうるのは、私たちがその担い手の存在をまったく心理物理的に理解するのではなく、むしろただ、『他の身体』の知覚として遂行される事物措定が、『感情移入』という記述をするのが容易でない仕方で『他の自我—意識』の措定を動機づける、というようにしてである」(Husserl 1973=2012: 22)。

しかし現実には、援護者が想像する要援護者の主観は、実際の要援護者本人の主観とはしばしば異なるということである。この点は、フッサールの相互主観性に内在する問題点と共通するとも考えられるが、フッサールもこの問題点についての解決策は示していない(たとえば中村 2008: 145)。

もっとも、現実の実践においては、駒ヶ根市の実践が行われている地域では、援護者/介護者は要援護者についての十分な調査を行い、あるいは福山市C事業所の実践では、すでに気心の知れた友人関係であるため、要援護者との間に齟齬が生じる可能性は少ない。もしそうであれば、両者の関係は、緊密な関係構築のおかげで、いわば援護者/介護者の他我と要援護者の主観が一致している可能性がある。

このように、実践の場において他我と他者の主観が一致していることを信頼しすぎることは、かえって要援護者の人格を軽視する危険性があるという点は、双方向贈与型の実践における本質的な課題である。もしこのような軽視が行われてしまうと、地域福祉の現場では、要援護者の事情を援護者/介護者側が主観的に忖度することによる弊害が生じる可能性がある。たとえば、実は要援護者が望んでいないことを、フッサール的な他我認識と他者の希望を混同することにより、援護者/介護者側が強行することが起こりうる。

本節でこのような知見が得られたことが、地域福祉実践の分析視角にフッサールの他我論を援用した成果である。つまり、この類型の実践では、自己の見解を他者のものと同一視してしまう危険性があることを認識し、その危険性を低下させる実践方策を可能な限り講じておく必要があることが課題である。このことを分析結果として最後に付記しておきたい。

他我と要援護者の実際の意識との乖離を根本的に一致させる方策は、現象学の知見では見いだし得ない。しかし、双方向贈与型による地域福祉実践はこのような他我的な認識に基づいて成立していることを援護者—要援護者ともに認識した上で実践を行うことが、このような危険性の回避に最も有効な方策である。

注

（1）このような認識のもとで行われるアセスメントは、アセスメント自体がサービスへの接続目的という枠に当てはめられがちである。これは、介護保険法において「要介護者等が適切に各種サービスを適切に利用できるよう連絡調整を行う者」がケアマネージャーである（介護保険法第7条第5項）と定められていることに規定された、政策策定者／ケアマネージャー双方の思考の枠組みであるとも考えられる。

（2）このような「福祉ニーズの抽出」により「福祉サービスの提供計画」を策定することが、介護保険計画の策定プロセスそのものであるという発想は、ケアマネージメントを行う際の厚生労働省の準則にも定められている。「指定居宅介護支援等の事業の人員及び運営に関する基準」（厚生省老人保健福祉局企画課長通知老企発第22号1999.7.29）の「利用者の課題分析（＝福祉ニーズの抽出）以降の一連のプロセスに従って業務を進める必要がある」との規定がそれである。

（3）したがって、実際にはこのような小地域に居住するケアマネージャーの忖度も的外れにならない蓋然性が高い。

（4）レヴィナスの『困難な自由』は、この「絶対的他者」との倫理的な関係のことを指している。「動作主は、行動するまさにその瞬間に、いかなる支配もいかなる主権も断念して、他者からの返答を待つという仕方で、他者の行動に己の身をさらしている。語りかけることと聞くことは同じ一つのことであり、継起するものではない。語りかけることはそのようにして等格の道徳的関係を創出し、その結果、正義を知る。奴隷に向かって語りかけているときでさえ、ひとは等格者に対して語りかけているからである。人が言わんとすること、伝達されるその内容は他者が認識されるより先にまず対話の相手として重きをなしているような、顔と顔を向き合わせた関係があって初めて聴取可能になるのである。人はまなざしを見つめる。まなざしを見つめるとは、自らを放棄せず、自らを委ねず、見つめ返してくるものを見つめることである」(Levinas 1963=1985: 24)。

第6章　規模論からみる地域福祉実践と統合的理解

1　ダール規模論の援用による分析

本章では、前章までの贈与論と認識論の分析視角に基づく議論に、さらに政治学者ロバート・ダールの規模論を接続して地域福祉実践を理解してみたい。前章までの議論は、贈与論の分析視角に基づく理解によると、地域福祉実践は贈与類型ごとに支援者／実践家の認識の具象度あるいは抽象度に関連する可能性があるというものであった。本章では、さらにこの議論に規模論を接続することを試みる。すなわち、贈与論の分析視角に基づく理解によると、地域福祉実践の贈与の三類型ごとの質的差異は、支援者／実践家の要援護者に対する認識の具象度／抽象度と関連するとともに、類型ごとに実践の適正規模が存在するのではないかとの仮説を提示したい。

現代日本の地域福祉分野における現状を見ると、住民間のつながりを再構築し「新たな支え合い」の創出をめざす小地域福祉活動が各地で注目されている(1)。この実践にあたって重要なことは、住民同士がそのような社会関係を構築するのに適切な社会規模を地域特性や社会関係の種類に応じて明らかにし、それを地域福祉の制度設計の基礎とすることである。しかし、このような適正規模の問題をどのように論じたらよいかについて、十分議論がなされたとは言いきれない。

従来、地域福祉実践の規模については、地域福祉学の講学上、小学校区程度の規模において実施されることが最も適切であるとされ、各地域の地域福祉政策立案者は、当該規模を所与のものとして実践を組み立てることに試行錯誤を重ねてきた(2)。実際に小学校区単位の活動がうまく機能しているという事例報告（山田 2009）もあるが、これらはいかなる規模が適正規模なのかという論点に照準したものではなく、むしろ所与の規模において実践している事例についての事後的な評価という側面が強かった。

しかし、地域福祉実践の活動規模は、本来外在的・一律に規定されるものではなく、各地域の住民関係の実態に応じて、それぞれにふさわしい適正規模を設定することが可能であると考えられる。換言すれば、現在所与として考えられている小地域福祉活動の規模は、必ずしも各地域の実態や実践の構想と一致していない可能性もあるのである。もしこれらの規模の不一致が多少とも存在するのであれば、そのずれを認識し、各地域に最もふさわしい活動規模を検討し、従来一律に考えられがちであった活動規模を改めて問い直すことは、各地域の実情に応じた福祉政策を設計／立案する際に意義ある議論になる。

たとえば広井良典は、「福祉地理学」の可能性から「従来の福祉は普遍的かつ『場所を超越した』概念として捉えられる傾向が強かったが、各地の地理的・風土的多様性を再認識する新たな視座が必要である」（広井 2009: 82）と指摘している。本章も同様に地域の多様性を重視する分析視角によって、当該多様性が各地域の社会関係についての多様な政策設計パラダイムを育て、そのパラダイムがそれぞれにふさわしい地域福祉の規模を導くのではないかとの仮説を設定し、各地域の福祉実践家への聞き取り調査などを通じてこれを例証しようとするものである。

そこで本章では、地域福祉実践の適正規模の問題について、前章までに検討したモースの贈与論にダールの規模論を接続して考察することを試みる。

最初にモースの贈与論の分析視角を援用した理由は、次の通りであった。すなわち贈与の分析視角では、当事者が結ぶ社会関係の違いに着目した類型化が可能であった。この論点を地域福祉実践に援用することによって、政策立案者の意識には必ずしも前景化していないものの、各実践において焦点化され、強化される住民間の社会関係や社会的紐帯の性質が明確になり、類型化に有用であると考えられたのであった。

これに対してダールの規模論には、政策は「市民有効性」と「システム容力」という相反的な基準の影響力分析を行うことにより、均衡的な最適規模を規定することが可能であるとの論点がある。贈与論の分析視角に基づく類型化に、このダールの視角を援用することが、地域福祉実践において想定可能な各類型別の適正規模を検討するのに有用である。地域福祉実践の検討にダールの規模論を援用する理由は以上の通りである。

以下の第2節では、現在の地域福祉実践を読み解くための理論的枠組みとして、贈与類型と規模論を援用することの適切性について検討する。第3節では、前章で分類した地域福祉実践の贈与類型を規模論と接続するための整理を行う。第4節では、各贈与類型にふさわしい適正規模がいかなるものであるか、検討を行う。最後に結論として、各類型に基づく福祉実践と適正規模との関連と本書の今後の展開可能性を論じる。

2　理論的枠組み

2・1　贈与の三類型の規模論への接続

前章までに述べたことだが、全国各地の地域福祉の政策立案者が描く地域福祉実践のイメージは、現在のところ同一ではない。それは、必ずしも意識に前景化されてはいないが、各立案者が地域福祉実践によって進展させることを意図している「住民同士の助け合い」という言葉のもつ意味やイメージが固定的ではなく、解釈する人によりさまざまであることが一因であると考えられる。もともと地域住民は日常生活を送るなかで他の住民と多面的な社会関係を形成しているが、政策は社会関係のすべてを対象とすることはできない。そのため、現実にはさしあたり一側面に着目して支援やサポート関係を強化することを企図せざるを得ないが、その側面が地域や立案者により異なるのである。

このように政策立案者が地域の社会関係のどの側面に着目しているかを読み解くには、モースの贈与論を援用した分析が有効であると考えられる。なぜなら、地域福祉実践への参加動機、あるいは政策実践の制度設計は、経済合理的な市場経済の文脈に基づいて行われるとは考えにくく、何らかの人格的関係を伴う贈与交換の文脈を想定していると理解するのが自然であるからである。

第4章では、贈与の目的は贈与される財ではなく、実は時間的間隔をおいて贈与行為が繰り返されることにある（Mauss 1950=2009）とする贈与論の分析視角を用いて、地域福祉実践を三類型に分類する理論的検討を行った。この検討によれば、モースの贈与論の分析視角によると、贈与される何らかの対象物がどのような方向に推移していくかによって、次の三類型に分類することができた。それは、「純粋贈与類型」「循環贈与類型」「双方向贈与類型」と呼ぶことができる。これらの三つの贈与類型相互間の質的差異や、それらの類型と市場交換を区分する視角が、次節以降で述べる地域福祉実践の理解に有益となると考えられたのである(3)。第5章では、このように分類された贈与類型と、介護者／支援者が要介護者を認識する具象性／抽象性が関連することを議論した。

2・2　地域福祉分野における規模論

本章では、上記の贈与類型の特質をより深く理解するために、各類型はそれぞれの地域福祉実践に、ある程度適正な活動範囲、すなわち適正規模が存在するのではないかとの視点を提示したい。つまり、前章で分類した「純粋贈与類型」「循環贈与類型」「双方向贈与類型」はそれぞれ活動にちょうど良い人的規模や地域的な規模が存在するのではないか、と考えられるのである。たとえば、双方向贈与類型に分類される地域福祉実践は、普段近隣でつきあう顔見知り同士の範囲をあらかじめ想定されている。このような活動しやすい範囲、すなわち適正規模の問題は、他の類型の実践についても検討しておく意味がある。

このような地域福祉実践における適正規模を検討する理論として有効であるのが、政治学者ダールの規模論とそこで示されている分析手法である。

ダールは、政策形成が少数の個人や団体によって決定されるとする見方を批判し、多数のアソシエーションが多様なレベルで存在し、その調整を行うなかで最適配分が生み出され、健全なデモクラシーが発達するという多元主義（ポリアーキー）の立場から、均衡的民主主義論を展開している（Dahl 1971=1981）。政治学におけるダールの位置づけは、従来の理念的な民主主義モデルを脱して、実在の民主主義社会がポリアーキーの諸要件をどの程度満たしているか、その影響力の実証分析を行ったというものである（加藤 2008: 309）。

そしてデモクラシーの有効性と適正規模の関係について、ダールは六世紀のギリシャ時代の民主的都市国家から現代の国民国家までの政治体を比較し、影響力分析を行うことによってデモクラシーの最適規模を規定できるかどうかを検討している。その結果、「（政治体の決定に参加し責任を持つ）市民有効性」と「（国民の集合的な選好に対応することができる政治体の）システム容力」という二つの相反関係にある基準を設定し、その影響力を分析することによってデモクラシーの規模を規定できることを示した。また、この市民の政治参加への有効性は、国レベルの規模にはあまり依存しないが、地方政府内部においては重要であり、「接近可能性」と「理解可能性」が大きいほど有効性が高まることを発見した。そしてスウェーデンの研究において、これらが最大化する規模は1万人程度であり、従来考えられているよりはるかに小規模であることも論証したのである。

つまり、ダールによれば、理想的な政治形態は上記の二つの基準を同時に満足させるものである。そして、両方の基準は、政治体の規模が小さいほど市民が公的決定を制御する有効性は高まるが、その反面、市民の選好に対応できるシステム容力は減少するという相反関係にある。そのために、両者をともに満たす最適で唯一の型や規模の単位というものは、実は存在しないと結論している（Dahl & Tufte 1973=1979: 226）。なぜなら、「デモクラシーの諸目標は対立しているため、ある目的からすればある規模の単位が、別の目的からすれば別の規模の単位をよしとすることになろう。あらゆる目的に最適なただ一つの単位規模などない」（Dahl & Tufte 1973=1979: 46）からである。

このようなダールの基準と多元主義の着想に基づく影響力分析の手法には、汎用性があるのではなかろうか。たとえば、地域福祉分野においても、規模の視点によると実践規模が小さいほど参加者の裁量が大きくなるが、反面、援助行為の効率性は小さくなり、要援護者の福祉ニーズに対応しにくくなるという相反関係が存在するからである。すなわち、ダールの知見のように、地域福祉実践をある目的を達成する基準から見れば、ある規模の単位が最適であり、他の目的では別の規模の単位をよしとするといった規模と目的のバランス関係について議論することが可能となるのではないか。このような影響力は「参加者の裁量」と「援助行為の効率性」という概念によって表現可能である。この二つの概念は、ダールが提示した基準である「市民有効性」と「システム容力」の地域福祉分野における読み替えとして機能する。そして、この二つの概念の影響力が釣り合うバランスのポイントがそれぞれの福祉実践の最適規模である、と読み替えて理解することが可能ではないだろうか。

このような読み替えを行い、当該概念を用いて贈与類型別の適正規模に関する問題を検討することが可能と判断した理由は、次の通りである。ダールの基準の一つである「市民有効性（つまり、接近可能性や理解可能性の大きさ）」は、市民がどの程度デモクラシーにコミットできるかという「ステークホルダーの有する効果的な力」についての基準であり、もう一つの基準である「システム容力」は、デモクラシーのシステムが参加者の期待にどのくらい応えることができるかという「政策有効力」についての基準である。そしてこの二つの影響力は、地域福祉においては個別の「参加者の裁量」と政策としての「援助行為の効率性」として表すことができるからである。また、市民有効性が最大化するのは比較的小規模であるという知見も、地域福祉実践の規模を想定する上で有益である。そこで、第3節においてこの二つの概念を用いて分析する各贈与類型の事例を、第4節においてその適正規模を論じることとする。

3　地域福祉実践の事例にみる適正規模

(1) 前橋市の実践の適正規模

前橋市における地域福祉実践の適正規模を検討すると、社協の福祉活動は前橋市の市域全体に及んでいる。たとえば募金活動や福祉施設からのボランティア募集への対応などは市域全体を活動規模とした取り組みが行われているが、配食サービスなどの地域に共通する福祉ニーズを満たす活動の多くは、市内に285ヵ所存在する自治会単位で行われている。自治会を構成する人数は、市街地では相対的に多く、山間部では少ない傾向にあるが、平均で約1100人である。前橋市の自治会区というひとまとまりの活動範囲に統合や分割の動きがないことから考えて、これが最も活動しやすい範囲であり、このように直接要援護者の福祉ニーズを満たす地域福祉実践の適正規模は、自治会区域であることが想定される。すなわち、次に述べる京都市A地区の協議会長の想いと同様であることが想定される。

(2)京都市A地区の実践の適正規模

京都市A地区における地域福祉実践の適正規模を検討するにあたっては、第2章で紹介した京都市A地区の住民福祉協議会（以下、協議会）会長の地域への想いが参考になる。会長は、自分たちの町は自分たちで守るという自律の気概が発達してきたと語る。そして、実践の前提となる活動の最適規模については、他の地区のことはその地区の人が考えることだと言う。したがって、約2500人という当該自治会の規模は、自治会長にとって当初は所与のものであったが、実は縮小も拡大もできない、規模変更の必要も想定外の領域として存在している。

(3)豊中市B校区の実践の適正規模

これに対して、豊中市B校区の実践の適正規模を検討すると、B校区福祉委員会（以下、委員会）では人口約1万人の町内会を一単位として活動しており、この規模は活動範囲としてちょうど良いと考えられる。なぜなら、この活動を実行するにあたって、あまり近いご近所ではなく、全く知らないよその人でもないちょうど良い距離が重要であるからである。あまり関係が近すぎるとかえってプライベートなことは言いにくくなるため、距離の離れた福祉委員会としての立場で要援護者に接する方が、本人にとっても話しやすいのである。次に、1万人という人口規模では地域の福祉問題として可能性があることは、障害者福祉、難病、子育てなど一通り現れてくるからである。つまり、地域福祉実践として経験すべき事例がすべて出現するために、活動を行う立場にとってはある程度規模が大きい方がよいのである。

⑷駒ヶ根市の実践の適正規模

次に、駒ヶ根市における実践の適正規模について検討する。前出の前橋市・京都市A地区と豊中市B校区の二つの類型の贈与関係では当事者間における直接的な互酬関係が見られないのに対して、駒ヶ根市の実践では、対等な近隣関係という立場において、直接的な双方向贈与関係の構築を、政策設計上も特に意識している。たとえば、第2章で紹介した通り、駒ヶ根市の実践の政策担当者は、ある要援護者に対して、そのつきあいの範囲は、1人から多い人でも20人程度と認識している。それ以上つきあいの範囲を広げると住民個人として親密なつきあいが可能なキャパシティを超えるため、その範囲で仲良くなってもらえればそれで十分と考えられているのである。したがって、この事業が想定する住民間の社会関係の適正規模は、住民個人のつきあいの範囲内と考えられるのである。

⑸福山市C事業所の実践の適正規模

最後に、福山市C事業所における実践の適正規模について検討する。福山市C事業所の実践は駒ヶ根市と同様に、ボランティアと要援護者の集団的関係を構築することを避け、通常の友人づきあいや近隣関係の中に福祉的要素を取り込むことによって、近隣関係に地域福祉の効果を生じさせることを企図している。特に社会福祉のための関係構築という手法を意図的に避けている点が、前橋市・京都市A地区と豊中市B校区の実践と明らかに異なる点である。

このような特徴が存在しているため、福山市C事業所の活動は、通常の友人づきあいや近隣関係の規模に規定される。この点も駒ヶ根市の実践と同様である。

地域社会における通常の友人づきあいや近隣関係の規模とは、福山市C事業所の場合、2名から多くても10数名であった。これは他地域の友人づきあいや近隣関係の規模でも同様である。この規模が住民個人の実際の社会関係の範囲であり、そのまま福山市C事業所の実践の適正規模である。

4　地域福祉分野における規模論

以上の分析をもとに、地域福祉実践の適正規模について、第2節で検討したダールの規模論を援用し、事例の実践規模の検討を通して贈与の三類型への一般化を試みる。適正規模を判断するダールの基準は、地域福祉分野においては「参加者の裁量」と「援助行為の効率性」と読み替え可能である。そこで、この分析視角によって各類型の適正規模を明らかにする。以下に検討する贈与類型と適正規模の関係を図示すると、図5のようになる(4)。

4・1　純粋贈与類型の実践規模

まず、京都市A地区の実践の適正規模を検討し、次に純粋贈与類型への一般化を試みる。

京都市A地区においては「福祉・防災マップ」が作成され、そこに要援護者の情報が一軒単位で援助すべき優先順位ごとに色分けされて記載され、協議会が要援護者の実態をかなり詳細に把握できていることに大きな特徴がある。もちろん公表を拒否する要援護者の情報はマップには表れていない。要援護者の状況がわかると、次はボランティアが「見守りや配食をしよう」「会食やケアサロンに誘ってみよう」などの活動を始めるという順番で地域福祉実践が進展していくのである。他の地域では、個人情報をマップに記載すること自体が困難であるが、この地域では住民の理解と協議会活動への信頼が得られており、結果として非常にシステマティックかつ合理的・効率的に福祉資源を要援護者に届けることが可能になっているのである。

つまり、京都市Ａ地区の実践は、福祉資源を必要とする要援護者に不足なく提供するという「援助行為の効率性」において大きな効果を発揮していると判断できるのである。その反面、投下される資源の質や量が、ボランティアが参加する以前にすでに決められているため「参加者の裁量」の範囲は相対的に狭い。このような特徴は、当該実践が、無私的で一方向的な贈与である純粋贈与類型のパラダイムを有しているためと考えられる。このことから、純粋贈与類型の実践一般に見られる傾向と考えられるのである（図５の第４象限参照）。

それでは、この純粋贈与類型における適正規模とはどのようなものになるだろうか。京都市Ａ地区の政策立案者の認識としては、明治時代から成立していた町割に基づいたこの町の独立性が政策立案のパラダイムを強く規定しているため、パラダイムと所与の規模は主観的に一致していた。つまり、２５００人というこの地域の人口規模において福祉活動は円滑に行われており、少なくともこの人口規模が純粋贈与類型にふさわしい適正規模の範囲内と考えてよいと判断できる。

また、前橋市の実践の適正規模についても、京都市Ａ地区ほど歴史的文脈に規定されないものの、同様に町内会単位で実践が行われていた。前橋市の活動規模は、若干のばらつきがあるものの、市域全体でみると平均で１１００人程度の活動規模であった。

そして、ダールの規模論の基準でさらに分析を進めると、純粋贈与

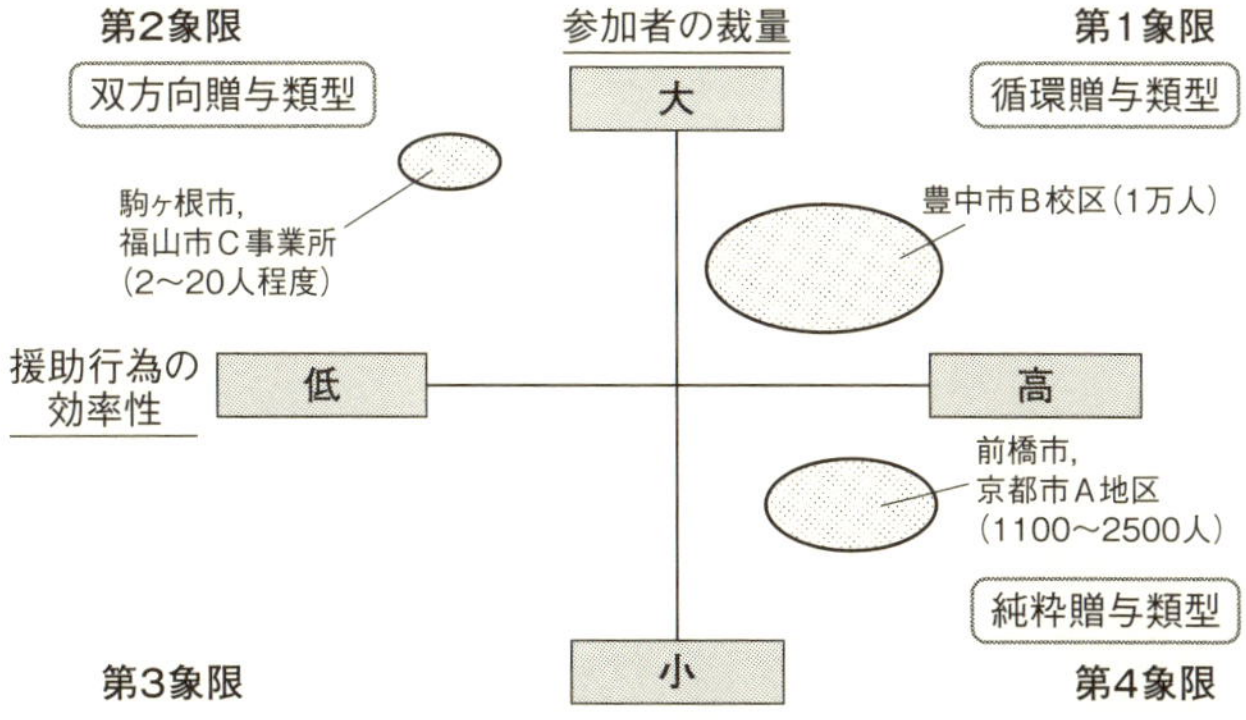

図５　贈与類型別の適正規模

類型においては参加者の裁量範囲が狭くなり、援助行為の効率性が高くなる方が、福祉目的が達成しやすくなるのであるから、ある程度大規模な範囲で活動を行う方が、さらに規模のメリットを享受可能となり、いっそう類型に適合的になると考えられるのである。つまり、純粋贈与類型の実践の適正規模は、前橋市や京都市A地区の実際、あるいは政策立案者が適切と考える範囲を超えた規模となる可能性がある。

4・2　循環贈与類型の実践規模

同様の手法により、まず豊中市B校区の実践の適正規模を検討し、次に循環贈与類型への一般化を試みる。

B校区のボランティア活動は、住民が借り上げたミニ・デイサービスセンターでの手作りの昼食サービスやレクリエーションを通じた要援護者との交流を中心として、配食や送迎の付き添いなども行う。デイサービスという名称であるものの、介護保険サービスの一環としての福祉資源を供給する通常のデイサービスとは異なり、ボランティアから要援護者への贈与は、福祉資源の投下とともに、近隣同士の交流という社会関係そのものである。具体的には、ミニ・デイサービスセンターに集まって、ボランティアも要援護者も交じえて世間話をしている時間が最も長いのである。つまり、純粋贈与型の実践と比較すると福祉資源投下の効率性はあまり重視されておらず、その反面、近隣者として「あなたのことを大切に考えている」というメッセージをずっと発信しているところにこの実践の特徴がある。

したがって、ダールの規模論の基準で検討すると、純粋贈与類型に比較すると「援助行為の効率性」は相対的に低く、「参加者の裁量」は相対的に高いのである。贈与の返礼は将来次世代から受けると想定する循環贈与型に見られる特徴として、この傾向を一般化することが可能である（図5の第1象限参照）。

それでは、循環贈与類型における適正規模とはどのようなものになるだろうか。豊中市B校区における活動範囲は人口約1万人であるが、この規模は循環贈与類型において想定可能な一単位の規模としては最大限に近いのではなかろうか。この地域において、大規模な活動が可能である理由の一つは、当該実践に社会福祉協議会（以下、社協）が関与することによって、組織的に福祉課題を受け止め、組織的文脈によって循環贈与がコントロールされている点にある。当該の政策立案者は、この福祉事業がうまく機能している理由の一つは、要援護者とボランティアがある程度遠い関係にあることにあると認識しているようである。「ある程度遠い関係」とはこの場合、要援護者と私的関係になることを意図的に避けることを意味している。つまり、当該実践の政策パラダイムは循環贈与を基本としているものの、組織的対応の色彩が濃く、私的関係を希薄化したのと引き替えに、やや大規模に適合的になっているのである。また、ダールの基準で考えても、これ以上大規模になると実践家に対する市民有効性が小さくなるとも考えられる。

人口1万人を最大限の適正規模と判断するもう一つの理由は、その区域を活動範囲としても、実践家が関心を向けるのはその居住地内で把握している要援護者と潜在的な要援護者だけであり、必ずしも居住者全員に目が行き届いているわけではないことである。

4・3　双方向贈与類型の実践規模

本節の最後に、駒ヶ根市と福山市C事業所の実践の適正規模を検討し、双方向贈与類型への一般化を検討してみよう。

まず、駒ヶ根市の実践の特徴として、社協への結果報告は不要とするなど、社協や他の福祉関係機関などの第三者が、この実践により新たなご近所づきあいを始めた二者間の近隣関係に介入することのないよう特に留意していることに注目すべきである。つまり、社協としての事業規模は市域全域であるものの、実際の活動規模の多くは、近隣関係の2人から20人程度であり、この社会関係に他者は介在しないのである。そもそもボランティアと要援護者という役割分担のような区分が想定されていない。つきあいも契約した福祉サービスの場面に限らない。むしろ日常生活全般において、親密で対等の友人関係となるのである。便宜上、協力会員、利用会員という呼称を用いるが、相互の選好に基づいて新たな社会関係を構築した後は、全く通常のご近所づきあいを行うのである。

ダールの規模論の基準で検討すると、近隣関係の構築そのものが福祉事業の主眼であり、福祉資源の効率的な投下を目的としていない。そのぶん、他の二つの類型の実践と比較して相対的に「援助行為の効率性」は低く、贈与の返礼を直接相手方から受け取ることも想定して、ほとんど自由裁量と判断してよいほどに「参加者の裁量」は高いと判断できる。この傾向は、双方向贈与類型一般に見られる特徴として一般化することが可能である。

また、福山市C事業所の実践も駒ヶ根市の実践と本質的に同様であり、その活動範囲は一人の要援護者の近隣関係の範囲内にいる数人から多くても十数人規模である。したがって、双方向贈与類型の実践の適正規模は、2人から20人程度にとどまると考えられる。

5 各贈与類型の実践が成立する適正規模——規模論を接続する意義

5・1 各贈与類型の適正規模と相互親和性

以上の検討により判明したことは、次の通りである。①地域福祉実践は、本書が検討した事例によれば、贈与論の視角に基づく三類型によって区分することが可能であること。そして②この三類型に規模論を援用して分析すると、各類型にふさわしい特有の規模を想定できることの二つである。それでは、以上の知見をもとに見出せる三類型の関係とは何だろうか。

それは、これらの三類型は排他的ではなく相互親和的であり、すでにある類型の実践が行われている地域においても、他の類型の実践を行う可能性が開かれているという関係である。

たしかに本章は、地域福祉実践の五つの事例によって三つの贈与類型の規模を検討したものであり、一つの地域において異なる類型を重層的に適用した実践を検討したわけではない。三つの異なるレベルの実践を同一地域において実行している地域は、管見によればまだ日本に存在していない。その理由は、冒頭で述べたように、各地域の政策立案者は、社会の中のある一側面の社会関係に着目して、当該社会関係だけを強化し政策目的に活用することを試みるからである。

しかしそれは、地域福祉政策がそれ以外の社会関係を採用不可能であるという含意ではないのである。そのような重層的な社会関係に着目することは、いわば政策立案の盲点というべき位置にある。なぜならば、住民間のさまざまな社会関係の中で、これまで検討してきた三類型は概念上区別されるものの、適正規模が異なる上に各実践の参加者も別である可能性が高いと推測されるためである。したがって、同一地域内に三つの類型が併存することは論理的に背反することではなく、現実に十分可能であると想定できるのである。

したがって、ある地域においてまだ政策が注目していない贈与類型に基づく実践を併用して採用することも可能である。そればかりではなく、そのようなとらえ方によって、住民が構築している複数の社会関係を政策に取り込む道が現実に開けるのである。また、各類型の適正規模が異なるということは、社会関係の競合が起こりにくいため、同一地域の中で複数の贈与類型に基づく実践を追加的・重層的に採用することが比較的容易であることも推測されるのである。

5・2　贈与論に類型化認識と規模論を接続する意義

本章では、モースの贈与類型にダールの規模論を接続して検討を行った。この議論の第一の意義は、贈与類型別のパラダイムに基づく政策実践は、それぞれの類型にふさわしい適正規模を有しているという仮説を提起できたことにある。それは規模と地域福祉の関係を問うパイロット研究となりうる。

しかし、さらに重要な第二の意義は、異なる類型に区分される地域福祉実践を同一地域において重層的に展開する可能性を開いたことである。本書が取り上げた三つの贈与関係は実は一つの社会内部において重層的に存在し、社会階層や年齢別に実践家を規定しながら社会的役割を果たしている。それらをパラダイムとする三類型の援助行為は、現段階では仮説であるが、同一地域において立体的に併存可能であると考えられるのである。さらに、このように社会内部に規模の異なる社会関係が重層的に存在するという視点をもつことは、今後の地域福祉政策の展開にとどまらず、地域においてどのような社会関係が生成しているのかを分析するためのツールとなりうるのである。

また、類型化認識に基づくこの知見は、公共政策分野において介護圏域の適正規模を検討する際の重要な手がかりとなる。すなわち、政策立案者／実践家の類型認識の相違に連動して、福祉圏域の適正規模が変動する可能性がある。

藤村は、デュルケムの「社会形態学」を援用して、ダールが規模論を用いて切り拓いた問題設定は、公共政策の諸領域に資源空間を組み合わせて理解する重要性を示したことを指摘している（藤村 2000: 103）。この指摘を敷衍すれば、本書は公共政策分野において、政策立案者／実践家の認識という一種の社会的資源を組み合わせて地域介護を理解しようとしたと読み替えることができる。ダールの結論は、デモクラシーの諸目標を達成する唯一の最適解はない（Dahl & Tufte 1973=1979: 3, 226）というものであった。本書で分析した政策立案者／実践家の認識類型のベクトルが具象、抽象の二方向に分かれていることは、おもにダールのいうシステム容力すなわち地域福祉分野の「援助行為の効率性」の評価が政策立案者／実践者によって多様であることと関係するが、それが地域福祉政策の適正規模にも最適解が存在しない要因の一つである可能性がある。

5・3　まとめ

前章では、シュッツの認識論の分析視角を援用して、地域福祉実践の贈与類型ごとの質的差異は、支援者／実践家の要援護者に対する認識の具象度／抽象度と関連する可能性があることを指摘した。また本章では、贈与類型ごとにふさわしい適正規模が存在し、かつ各類型は他の類型と親和的であるため、一つの社会内部において各実践を重層的に展開することも可能であるとの仮説も提示した。

そこで、前章でシュッツの認識論を援用して得た知見と、本章においてモースの贈与論とダールの規模論を組み合わせた議論がどのような関係性を持つのかについて要約と若干の指摘を行い、本章のまとめとしたい。

地域福祉の実践家（と実践家に認識論上の影響を与える政策立案者／策定者）の要援護者に対する認識の抽象度が、福祉実践の適正規模を規定すると理解することが可能である。なぜならば、実践家（と政策立案者／策定者）の認識の抽象度が高くなるほど、定型的な社会福祉サービスの適用範囲が拡大し、要介護者／要援護者の大規模な処遇を策定することが可能となるからである。逆に、要介護者／要援護者の個性的存在をより重視する具象的な認識では、同じ社会資源からそれほど多くの要介護者／要援護者を援助することはできないのである。

すなわち、贈与論の援用により三類型に分類された地域福祉実践は、類型ごとに固有の認識の抽象度が存在し、その抽象度が実践の適正規模を規定する。以上が本章の結論であるが、この点については、第Ⅲ部のまとめでもさらに詳しく検討を行う。

注

（1）厚生労働省研究会（厚生労働省 2008）等の公文書でも指摘されるようになった。

（2）たとえば牧里毎治は、「小学校区という小地域は、地域活動に直接参加できるサイズであるし、住民自治や民主主義を最初に学ぶ場でもあるため、福祉コミュニティの具体像は、小学校レベルの地区社会福祉協議会や自治会連合会（の規模において行われるのが適切である）」（全国コミュニティライフサポートセンター 2007: 7）と述べている。筆者の計算によれば、全国の人口推計（1億2751万人：二〇〇九年総務省『人口推計』）を小学校数2万2258校（二〇〇九年文部科学省『学校基本調査』）で除した5729人／校が小学校区の平均人口であり、中学校数1万864校（同上）で除した1万1736人／校が中学校区の平均人口であることを考えると、およそ数千人から1万人程度までが地域福祉実践が想定している適正規模である。

（3）これに対して、たとえばジンメルの相互行為論は、贈与は義務感に基づいて行われるという視点から、一方向的な贈与の継続が贈与者側につねに与え続ける義務が、被贈与者側につねに要求できる権利を生み出すという、贈与の結果として生じる社会的地位の分析が主である（Simmel 1900=1999）。また、ブラウの交換理論は、相互行為の経済的交換価値と対等な交換ができなかったときの社会的地位の勾配についての議論に特化されている（Blau 1964=1974）。さらには、パットナムの社会関係資本論は、社会関係を構築する意味を、関係を継続すること自体の価値ではなく、社会の効率性を高めるための個人資産としてとらえがちな傾向がある（Putnam 2000=2009）。

（4）なお、第3象限に対応する地域福祉実践の事例として想定されるのは、たとえば一九世紀のイギリスで私的に関わり合いを持った要援護者に対して個人的・パトロン的な援助を与えた例などが該当する。たとえば「ブライトンで一八一二年頃に死亡したI・ソロモンという人は、匿名で125人もの未亡人に毎週金を与え、葬式の際には500ポンドを貧者に分配し、以後一五年に渡って同額を支出するよう遺言した」（金澤 2008: 100）。これは、個人としての判断と責任のもとに、要援護者にパトロン的な援助を行った例である。

第Ⅲ部　まとめと結論

第7章　新たな地域福祉政策の萌芽

この章では、本書において検討した三つの贈与類型からみる五つの地域福祉実践事例の相違点と共通点を小括し、新たな地域福祉政策の萌芽を示したい。第1節では純粋贈与類型の実践事例（前橋市・京都市A地区）と循環贈与類型の実践事例（豊中市B校区）の相違点と共通点について、現在の地域福祉理論を踏まえてまとめる。第2節では、地域福祉理論の潮流の一環として理解されるこれらの事例とは異なる、双方向贈与類型の実践事例（駒ヶ根市・福山市C事業所）の相違点や関連性について、市場取引における財の移動と比較しながら議論を進めていきたい。

1　贈与の三類型からみる地域福祉実践

1・1　純粋贈与類型の実践と循環贈与類型の実践　相違点と共通点

純粋贈与類型の前橋市・京都市A地区の実践と、循環贈与類型の豊中市B校区の実践との相違は、次の通りである。前橋市、京都市A地区の実践が、配食や見守りなど、善意に基づく定型的な福祉資源の投下であるのに対して、豊中市B校区の実践は、ソーシャルワーカーの指導のもとで住民自身が企画し実行する集団活動の手法により、福祉ニーズを把握してデイサービスのようなサービス提供まで行い、福祉資源の循環供給をめざしているのである。

つまり、同じように福祉資源の投下を目的とするものの、純粋贈与類型の実践は、匿名のもとで定型的な福祉資源を提供することを主眼としている。これに対して、循環贈与類型の実践は、個人のプロフィールまでは互いにわからないまでも、近隣住民が同じ地域に居住している要援護者に対して、自分たちが企画してニーズのある、よりきめ細かいサービスを提供することを主眼としている。つまり、両方の実践は活動の主眼が少し異なっているのである。

この相違が、贈与の形態や適正規模の相違として出現してきたと考えられる。あるいは要援護者のボランティアに対する認識も、前橋市・京都市A地区の実践では不特定で、誰であるかを識別できないのに対して、循環贈与類型の豊中市B校区の実践では名前はわからないかもしれないが、近所でいつも会う「ご近所さん」として親近感をもつ相手として認識しているという相違が生じるのである。

一方、純粋贈与類型の前橋市・京都市A地区の実践と、循環贈与類型の豊中市B校区の実践は、主たる提供物が福祉資源であることや、住民パワーの動員によってそれを実現しようとする発想の点で共通性を持っている。

1・2　純粋贈与類型／循環贈与類型と双方向贈与類型の実践　相違点と共通点

上記で述べたように、循環贈与類型の実践は理論上、純粋贈与類型の実践の進化形と見なされており、実際の社会福祉協議会（以下、社協）の活動においては、この二つの贈与類型の実践は並列的にとらえられている。

たしかに豊中市B校区の福祉委員会の実践は、組織化された住民による企画と実行によって初めて近隣の要援護者に福祉サービスを提供するようになったという点で、前橋市・京都市A地区の実践を進化させた構想であると理解することができる。つまり、現在の地域福祉理論であるグループワーク、コミュニティ・オーガニゼーション等の手法によるボランティア活動の実践（前橋市・京都市A地区の事例）から、コミュニティソーシャルワークの手法の一つと考えられる小地域福祉活動（豊中市B校区の事例）への進化は、一連の潮流の中にある。

ところが、双方向贈与類型の駒ヶ根市・福山市C事業所の実践は、次の点で一線を画した新たな構想である。すなわち双方向贈与類型の実践は、要援護者の課題に着目し、それを解決する方向性において、純粋贈与類型や循環贈与類型の実践と共通する。その一方、純粋贈与類型や循環贈与類型の実践が、福祉資源を投下することに主眼があるのに対して、双方向贈与類型の実践は、社会関係を取り結ぶこと自体に主眼があるという点で、大きな相違がある。この点をさらに詳しく検討し、これまでの議論の一応のまとめとしたい。

これまでの検討により、純粋贈与類型や循環贈与類型の実践は、福祉資源の投下に活動の主眼があることが判明した。そして要援護者である相手方は不特定多数であり、むしろ特定者であってはならないと考える規範が存在していた。その理由は、福祉資源の投下は平等でなければならないとの価値観が社会福祉の関係領域全体に存在していたことにある。その結果、その活動内容はある程度定型的なサービスの提供という形を取らざるを得なかった。言い換えれば、純粋贈与類型や循環贈与類型の実践がなされている地域に着目すると、要援護者、あるいは支援者が誰であっても、同じようなサービスを提供できるようなボランティア体制を組むことがむしろ望ましいとの規範が存在していたのである。

これに対して、双方向贈与類型の実践は、社会関係を取り結ぶこと自体に主眼があることが判明した。そのために、要援護者である相手方は特定者であり、定型的な福祉資源の投下を目的としないからこそ、その活動内容は定型的なサービスを採用しないものであった。

このように、表面的には似かよって見える地域福祉活動であっても、純粋贈与類型や循環贈与類型の実践と双方向贈与類型の実践では、その活動の主眼が大きく異なっていたのである。もともとそのように相違しているため、第6章で検討したような贈与類型、適正規模、他者認識の相違が出現してきたと考えられるのである。

2　市場・地域福祉実践の各類型の比較と総合的理解

最後に、比較対照のために市場における財の移動を取り上げ、地域福祉実践の贈与の三類型との比較を一覧にすると、表2の通りとなる。以下の総合的理解を通して、双方向贈与類型に新たな地域福祉政策の萌芽が見出せることを示す。

交換／贈与の種類　五つの実践事例と交換／贈与の種類の対応関係は、すでに述べたように、市場が市場交換の関係であるのに対して、前橋市・京都市A地区の実践は純粋贈与類型、豊中市B校区の実践は循環贈与類型、駒ヶ根市・福山市C事業所の実践は双方向贈与類型である。以下、贈与の三類型を表の通り①・②・③と略記する。

適正規模　それぞれの類型と適正規模の関係は、市場は相当程度拡大することが可能であるのに対して、いずれの贈与類型の実践も適正規模が存在する。①は、数万人規模に拡大することが可能である。これに対して②は数千人規模、③は数人から数十人までが適正規模である。

範囲　各適正規模に相応する範囲は、市場が国家規模であるのに対して、①は市内から町内、②は小学校区から近隣、③は近所づきあいから親しい友人である。

他者認識　要援護者に対する他者認識は、市場は相手の個性を認識する必要がない抽象的認識であるのに対して、①は機能的認識、②は人格的認識、③は個性的認識によっている。

資源／移動物　当事者の間でやりとりされる資源は、市場では商品であるのに対して、①は商品化可能な福祉資源、②はパッケージ化された福祉資源、③は資源のやりとりを主目的とせず、それが可能になる社会関係の構築が目的である。

交換／贈与の特徴　したがって、当事者の指向は、市場が商取引ビジネスであるのに対して、①は商取引に類似した平等で広範囲の贈与、②は商取引から離れ、地域単位で集団的・循環的な贈与関係、③は互酬的な贈与関係をめざしている。

ソーシャル・キャピタル　市場は、ソーシャル・キャピタル（以下、SC）などの人的関係を可能な限り排除するのに対して、①は要援護者に欠けている私的で強固なつながり（Bond）を橋渡し（Bridge）する役割、②も①と同じ役割を果たす。これに対して③は近隣や友人関係を通じてBondとなる社会関係の構築をめざす(1)。

時間の指向性　贈与／交換にかかる時間は、市場では極小の時間の取引が理想的である。これに対して、①は短期間であるほど、②③は長期間であるほど良いとされる。①は当事者間で効率的に福祉資源を投下できるのが良いと考えるのに対して、②③は社会関係の継続を重視するため、長期間関係を保つことが重要である。

物の移動に伴う関係性　市場は取引以外の関係が伴うのは望ましくない。これに対して、①は広い社会関係（当該地域への帰属感）、②は狭い社会関係（近隣関係への同意）、③は私的な社会関係（ご近所づきあいや友人関係）を伴う(2)。

システム化への親和性　市場はシステム化に親和的で、関係者全員が同一システムに乗ることが不可欠である。

表2　市場と各贈与類型の関係

主体／当事者	経済主体	前橋市，京都市 A地区の実践	豊中市B校区の実践	駒ヶ根市，福山市 C事業所の実践
交換／贈与の種類	市場交換	① 純粋贈与類型	② 循環贈与類型	③ 双方向贈与類型
適正規模	拡大可能	大（数万人）	中（数千人）	小（数人～数十人）
範囲	国家・世界	市内～町内	小学校区～近隣	近所づきあい ～親しい友人
他者認識	抽象的	機能的	人格的	個性的
資源／移動物	商品	商品化可能な 福祉資源	パッケージ化された 福祉資源	社会関係の構築
交換／贈与の特徴	市場取引 ビジネス	平等で広範囲の贈与	地域単位で循環的 な贈与交換	対等な関係の 贈与交換
ソーシャル・ キャピタル	なし	Bridge （橋渡し）の役割	Bridge （橋渡し）の役割	Bond（私的で 強固なつながり）
時間の指向性	極小 即時・瞬間的関係 短いほど良い	短期間 ほとんどなし	長期間 長いほど良い	同左
物の移動に 伴う関係性	なし	ほとんどなし 一般的社会関係／広い社会関係（当該地域に帰属し不快な他者とつきあう） →福祉資源を提供するが，私的なつきあいはしない	一般的社会関係／狭い社会関係（近隣に居住する不快な隣人と共同する） →福祉資源を提供するが，集団活動の間だけのつきあい	私的な社会関係（近所づきあい，友人関係） →福祉資源の提供に留まらない親密なつきあい，快適な他者として受入れ
システム化への 親和性	◎ 親和的 システム適合	○ 可能	○ 可能	× 非親和的 なじまない
社会の原子化への 対処	原子化を促進	原子化を治癒しない 不適応の人を対症療法的に救済する効果	同左 対症療法的効果に加えて原子化に対抗する社会を企図	原子化に対抗する 社会関係の強化と 小規模社会の創出
心理的親近感	遠い ◀	―――――	―――――	▶ 近い
関係の質	特定の資源提供 金銭の授受	善意による 一方向的な 資源の提供	同左 （提供先が特定者）	親密な社会関係 （気の合う人同士のつきあい）
個人の選好	不特定 個人を識別しない	特定 個人の好みを 考慮しない	同左	選好に依存 個人の好みを 重視する
社会関係の濃淡	淡い ◀	―――――	―――――	▶ 濃い
代替性	代替可能	代替可能	代替可能	非代替性
総合的理解	貨幣による市場取引	ボランティア力で 特定の福祉資源を 提供	地域集団が協力して 福祉資源を提供	通常の近隣づきあいに福祉的要素を取り込むオーダーメイド福祉のあり方

①②も政策実践のシステム化、ルール化が必要不可欠である。これに対して③は当事者の社会関係においてルールをあらかじめ定めないことが重要である。したがってシステム化に非親和的であり、なじまない（3）。

社会の原子化への対処　市場は社会の原子化を促進する。これに対して、①②は社会の原子化を治癒することはできず、対症療法的な救済や影響を与える。②はそれに加えて原子化傾向に対抗する社会の現出を企図するのに対して、③は実際にそれに対抗する社会関係を強化し、小規模社会を創出する（4）。

心理的親近感　当事者間の親近感は、市場、①（前橋市、京都市A地区）②（豊中市B校区）③（駒ヶ根市、福山市C事業所）の順で高まる。市場と①は相手の個別事情に立ち入らず、②も私的関係を避ける規範があるため、意図的に心理的距離を取ろうとする。これに対して③は通常の近所づきあいや友人関係と同程度の親密性を持つ。

関係の質　市場は特定資源の提供と金銭授受の関係であるのに対して、①は善意に基づく一方向的な福祉資源の提供と受領の関係である。②も同様であるが、特定の個人である分、単純な資源の提供ではない。③は福祉資源の提供が目的ではなく、全人格的な社会関係、すなわち気の合う人同士のつきあいである。

個人の選好　市場は定義上、相手は不特定で個人を識別しない。①②は相手は特定されるが、個人の選好を考慮せず、選り好みをしてはならないという規範もある。これに対して③は当事者の選好を許容し、むしろ前提としている（5）。

社会関係の濃淡　市場は社会関係が最も淡く、①（前橋市、京都市A地区）②（豊中市B校区）③（駒ヶ根市、福山市C事業所）の順で当事者間の社会関係が濃くなっていく。

代替性　市場は主体も移動する物も原則として代替可能であり、①②も同様に当事者も提供物も代替可能である。これに対して③は私的な社会関係を基盤としているため、その関係は代替不可能である（6）。

総合的理解　以上の特徴をまとめると、次のように理解可能である。

市場：貨幣を仲立ちにした代替可能物の即時的な取引関係によって成り立つ。

純粋贈与類型：新たな福祉資源提供のシステム構築を指向し、代替可能な実践家による代替可能な提供物を特定地域に居住する要援護者へ投下する。

循環贈与類型：純粋贈与類型と同様の特徴に、地域の集団活動による社会関係の構築も加えた進化型の実践である。

双方向贈与類型：福祉資源を提供するといった目的から離陸し、特定者による特定者との社会関係の構築自体を目的としている。新たなシステム構築をすることを避け、通常の友人や近隣関係の中に福祉的要素を付加する方法を採用している。

注

（1）市場取引は、ソーシャル・キャピタル的な人的関係を可能な限り排除する。これに対して純粋贈与類型は、要援護者の私的なソーシャル・キャピタルの欠けている部分を補完する役割をボランティアが行うことをめざしている。つまり、この実践がどちらかというとBond的なソーシャル・キャピタル同士をつなぐBridge的なソーシャル・キャピタルに近い役割を果たしているといえる。循環贈与類型も、純粋贈与類型と同様に、要援護者のBond的ソーシャル・キャピタルになる指向性を持たず、要援護者のBond的ソーシャル・キャピタルの欠けている部分を満たすことを指向するBridge的な役割を果たしている。

それに対して双方向贈与類型は、要援護者の私的で強固なつながり、すなわちBond的な社会関係である近隣関係や友人関係を通じた社会福祉をめざしており、Bond的なソーシャル・キャピタルと関連が深い。

（2）市場取引あるいは贈与にあたって、当事者の意識として移転すると考えられる贈与物に付着して、贈与物以外の何らかのもの、たとえば人間関係の親しみなどの感情のやりとりがあるかどうかという意味である。

市場取引にあたっては、取引物以外のものが付着するのは望ましくない。そのような付着物を可能な限りはぎ取った取引関係を行うのが市場取引の趣旨であるからである。

これに対して純粋贈与類型は、当該地域への帰属感のようなものが付着していると想定できる。循環贈与類型は、町内で一緒に生活して社会関係をもつ同意のようなものが付着していると理解できる。自分の仲間ではないものの、後に述べるオルテガの分析視角によれば相互に「不快な他者」としてつきあっていく共同生活への指向が付着していると考えられるのである。

双方向贈与類型は、近隣や友人としてつきあう社会関係のやりとりの意識が相互に必須であると考えられる。この社会関係は「不快な他者」ではなく、要援護者を身内や仲間として遇する意思が付着していると考えられる。

（3）市場取引は、それにかかわるものすべてが市場取引のルール上でプレーすることについて合意することが必要である。つまり、全員が同一システムに乗ることが不可欠であると考えられる。

純粋贈与類型の支援者は、福祉資源を提供するための社会福祉協議会が定めたルール上で行動しており、このような制度を動かすためのシステム化、ルール化が必要である。

循環贈与類型は、社会福祉協議会が定めたルール上で福祉委員会のメンバーが実践の工夫を企画するというやり方を取っている。つまり、関係者全員があらかじめ定められた一定のシステム上に乗ることが前提となる政策実践である。したがって、この政策実践をシステム化することは不可欠である。

これに対して双方向贈与類型は、支援者と要援護者の社会関係で、あらかじめ定められたつきあいのルールといったものは存在しない。むしろ政策設計者はルールをあらかじめ定めないことの方が重要である。したがって、この実践に参加するのに特定のルールに従う必要はないと考えられ、支援者―要援護者間でのシステム化にはなじまない。

もっとも、双方向贈与類型のうち駒ヶ根市の実践については、支援者―要援護者とも、社会福祉協議会会員として登録する必要があるとのわずかなルールが存在しているが、登録後は支援者―要援護者間でどのようなつきあいを行うかは自由である。また、つきあいの内容を社会福祉協議会に報告する必要もないため、この実践において、かろうじてシステムといえるようなものといえば、この登録制度だけである。

（4）社会のつながりが薄れ、社会が原子化していると指摘されている社会状況に対して、これらの実践はどのような影響を持つのだろうか。市場取引は、社会の原子化を加速すると考えられる。取引に付随する社会的なつながりなどの社会関係は、むしろ存在しないでプレーヤーが他者との社会関係を持たずに行動する方が、市場取引は迅速に実行できるからである。

これに対して純粋贈与類型は、その実践を行うことによって社会の原子化を治癒することはできず、原子化により孤立した個人をボランティアにより救済するといった対症療法的影響を与えるものであると考えられる。循環贈与類型も同様に、個人の社会関係には介入しないことを規範としているため、必ずしも社会の原子化を治癒することはできないが、原子化により孤立した個人をボランティアにより救済するという意味で対症療法的な影響を与えている。また、個人の社会関係への影響ではないが、要援護者を同じ町内の人が助けてくれる社会を構築することを目的としており、原子化傾向に対抗する社会を現出しようとしているといえる。

双方向贈与類型は、個人の社会関係を強化あるいは創出しようとする実践であり、直接的に社会の原子化傾向に対抗する小規模な社会関係を作ろうとする意識／無意識の意図がある実践である。

（5）市場取引は、定義上取引相手を選ばない。これに対して純粋贈与類型は、活動範囲内の居住者であれば活動対象となり、やはり選り好みはしていないといえる。同時に要援護者を選り好みしてはならないとの内部規範が存在している。循環贈与類型も同様で、実践対象者にふさわしいかどうかの選り好みはしないことがこの実践の規範である。これに対して双方向贈与類型は、自分がどのような支援者とどのようにつきあうかについて、支援者と要援護者の選択に依存している。すなわち、当事者が選り好みをすることを許容し、むしろ前提とする政策設計である。その分平等な扱いとはなり得ないことが設計の特徴であり、前提となっている。

（6）市場取引では、当事者は代替可能であり、提供物も原則として代替可能である。代替可能な福祉資源を目的物としている純粋贈与類型についても同様に代替可能であると判断できる。循環贈与類型についても同様である。すなわち、同じ地域社会に居住しているとの条件下で成立する社会関係は、支援者、要援護者のどちらか、あるいは双方が別の人に代わっても成立するのである。双方向贈与類型については、私的な社会関係を基盤としているため、その関係は代替不可能である。

第8章　社会福祉政策の展望
——世界を一気に変えようとする政策と足下から変えようとする政策

1　「不快な隣人」への実践としての地域福祉

この章では、本書の結論として、これまでの考察で明らかになった地域福祉政策および政策実践の知見をもとにして、日本の地域福祉あるいは社会福祉政策の将来像を展望したい。さらに、次の段階として、地域社会全体を福祉的なコミュニティにしていくためには、重層的な社会関係の中で政策が気づいていない分野、すなわちミッシング・リンク（Missing-link 失われた環）ともいうべき社会関係が存在すること、それを認識することが重要であることを述べる。そして、社会福祉政策はこの社会関係の存在に気づきにくい、「一問題に一政策」となりがちな思考の陥穽ともいうべき特性があることを指摘し、問題解決をはかるための方法も合わせて提示する。

1・1　新たな知見に基づく地域福祉の将来像

これまでの議論により、三つの社会科学理論を組み合わせることによって、現代日本の地域福祉実践は三類型に分類可能であることを示した。これらの類型は、一見似てみえても、その政策実践の発想や福祉社会のあり方、すなわちどのように社会を見て、どのような社会を構想しているのかが大きく異なることを見出した。また、それは従来政策が想定していた地域福祉実践の構想自体を、大きく描き直していることも発見した。

つまり、これら三類型による理解は、地域福祉実践がさまざまな方向に拡張していることを示しているのである。それは⑴領域の拡張、⑵手法の拡張、そして⑶発想の拡張であった。

⑴領域の拡張とは、主催者の多様化、援護者・要援護者の多様化、援護者—要援護者関係の多様化などを意味する。

⑵手法の拡張とは、コミュニティ・オーガニゼーション、コミュニティワーク、ケースワークなどの従来から存在する手法（前橋市、京都市A地区の実践を典型とする純粋贈与類型）からコミュニティ・ソーシャルワーク（豊中市B校区の実践を典型とする循環贈与類型）へ、そして住民間にすでに存在している社会関係に福祉的な要素を取り込むという新たな政策手法（駒ヶ根市、福山市C事業所の実践を典型とする双方向贈与類型）へと方法が拡張していることを意味する。

⑶発想の拡張とは、福祉サービスの投下という発想から離陸し、近隣の社会関係の構築も地域福祉の目的になり、そのための実践手法が蓄積されてきていることを意味する。

これらの種々の拡張傾向は、将来の地域福祉政策の方向性にどのように影響を与えるだろうか。

1・2　個々の実践設計に焦点化しがちな陥穽

前章で述べたように、このような拡張傾向は、哲学者ホセ・オルテガ・イ・ガセットの用語である「不快な隣人」への処遇アプローチという補助線を引くことによって、地域福祉分野全体の中に位置づけることが可能であると考えられる。

すなわち、本書の議論は次のように理解できる。純粋贈与類型は、住民が「不快な隣人」を初めて福祉対象として認識した最初の取り組みである。循環贈与類型は、初めて「不快な隣人」を「自分を含む組織において面倒を見る」必要がある他者へ、認識が転轍した最初の取り組みと理解可能である。そして双方向贈与類型は、初めて「不快な他者」をそのように扱うのではなく、その社会関係自体を「自分の友人」へ変換してしまう実践と理解可能である。このようなオルテガの「不快な隣人」の分析視角による地域福祉実践の理解は、第5節でまとめて詳述する。

このような理解について、ある地域における福祉全体のマップを想定し、そのマップにこの類型別の地域福祉の役割を位置づけてみると、純粋贈与類型、循環贈与類型、双方向贈与類型のいずれの実践も、これらの政策実践がカバーしている領域は、それぞれ地域福祉全体の中のごく一部にすぎないことが判明する。それは、もしある地域の住民間の社会関係が、各実践類型のいずれか一つしか存在しなかったらどうなるか、思考実験してみれば明らかである。以下に述べる「不快な他者」への対応は、三類型の一つの実践が実施されても十分とはいえないことを示している。

たとえば、純粋贈与類型の実践を通じた社会関係しかない独り暮らし高齢者を想定すれば、その人の社会とのつながりは、定期的に食事を運んできてくれる人と、時々生存しているかの様子を見に来てくれるボランティアがいるだけの、実に希薄で貧しいものになる。同様に、循環贈与類型や双方向贈与類型の実践しかない場合を想定した場合も、社会関係の貧しい生活となることが想定できる。

このような身体的・精神的な貧困さを克服するために必要なことは、理想的には前章の最後で検討したように、「不快なこともある隣人」としての社会関係を構築することである。それは、成熟社会への指向と換言することもできる。すなわち、近隣関係が後掲の図7・1「望ましい三類型を統合した社会関係」のようになれば、要援護者の身体的・精神的な幸福はかなりの程度まで充足される。しかし、現状ではそのような関係構築は困難であるため、現在実践されている地域福祉を組み合わせ、図7・2で示すような「現在構想可能な三類型を併存させた重層的な地域福祉実践」が現実的に実施可能な政策である。

すなわち「不快な他者」を友人として取り込む援護者や、地域的な交流を図ろうと試みる援護者や、福祉資源を提供しようとする援護者など、要援護者にとってさまざまなアプローチをとる援護者が複線的に多数存在することで、初めて必要十分で成熟した社会生活が送れるのである。つまり各実践は単独では、住民が日常生活を送る上での社会的紐帯として、「身体的・精神的・社会的、さらにいえば霊的に」必要十分であるとはとてもいえないのである。各実践は他の社会的紐帯と組み合わされない限り、十分に機能しないということである。

このように、現在の地域福祉政策の陥穽は、個々の政策実践の設計に焦点化しがちであり、要援護者の社会関係全体にあまり注意が払われてこなかった点にも存在するのである。

2 ミッシング・リンクの発見と重層的な地域福祉実践

2・1 社会的紐帯とミッシング・リンク

このような考え方、すなわち社会的紐帯は、同じ場所に、規模や役割を異にする複線的な紐帯が同時に存在して相互的に機能するのでなければその役割を果たせない、との着想は、ミッシング・リンク（Missing-link 失われた環）の発見という言葉で表せる。

それは次のような理解である。これまでの検討により、前橋市、京都市A地区、豊中市B校区、駒ヶ根市、福山市C事業所の実践は、それぞれに固有の適正規模と最適な活動手法があることが判明した。それは地域社会の紐帯の一部を強化しようとする実践であり、紐帯のすべてを包含することを意味しない。換言すれば、自然発生的な紐帯とともに、個人から国家規模まで、社会的紐帯のある一部を担うのが、本書で取り上げた各事例の実践である。

この状況は、かつては存在していたかもしれない、あるいは理想的には存在していることが望ましいと想定される、個人と国家との間に存在するいくつもの中規模の社会的紐帯の多くが欠けてしまい（=Missing-link）それをなんとか補完しようとして登場してきたのが、五事例の各実践である。これらの実践は、欠けてしまったミッシング・リンクを補完しようとする試みの各ピースであるととらえることが可能なのである。

このように考えてくると、五事例の各実践は、それぞれ単独では社会的紐帯を完成させることはできず、それらが共同することによって初めて、ある社会に存在するミッシング・リンクをつなぐことができると論理的に進めることができる。これらの実践は、相互に背馳したり矛盾したりすることなく、同一箇所に同時に成立する実践であり、そうすることによって、初めて全体として「重層的な地域福祉実践」を成立させることができるのではないか。

三つの贈与類型に分類可能な実践は、それぞれ自然発生的な、特定の社会関係の、特定の認識の深さをもった、特定の規模の紐帯の代替となりうる。各類型の特徴としては、援護者も援助類型も異なり、すなわち目的やステークホルダーや手法や成果が異なる。したがって、お互いにあまり干渉し合わないのである。

管見によれば、現在の日本では、各実践は一地域に一実践、あるいは純粋贈与類型と循環贈与類型、または純粋贈与類型と双方向贈与類型の組み合わせという形しか存在していない。しかし、もし一つの地域において、三種類の贈与類型に基づく実践のすべてが行われるならば、相互に足りない領域を補い合うことが可能となる。そうすれば論理的には社会的紐帯のミッシング・リンクは小さくなり、要援護者の社会的紐帯はその分強くなる。

各実践の取り組みは、社会の原子化を原因とする住民の「精神的な欠落感」を、地域福祉実践が新たなリンクを創出することにより補おうとした結果、出現した現象であるが、相互に干渉し合わないため、一つの地域ですべての種類の実践ができれば、その分ミッシング・リンクは小さくなると考えられるのである。

これまでの国家福祉政策は、このようなミッシング・リンクを補完あるいは拡張する機能を果たしてきたととらえることも可能であった。その一方、福祉ニーズの増大と財政基盤の逼迫により、国家福祉政策レベルではその役割を十分に果たせなくなってきた。また、今までの福祉政策の発想では、拡大するミッシング・リンクを補完することができなくなってきたとも考えられる。本書の研究対象とした現場での取り組みは、このミッシング・リンクを現場実践レベルで充足しようとしてきた現象であるともいえる。

さらに、このような現場レベルでのミッシング・リンクの充足の試行は、地域福祉実践が国家福祉の機能、すなわち福祉サービスのきめ細かな提供を肩代わりするようになったことだけを意味しているのではない。一般には国家福祉が目的とする福祉的な機能は、「福祉サービスの提供」だけであるという理解が多いが、現代の地域福祉実践は、これまで見てきたようにそれに限定されない豊饒さを持っているからである。すなわち政策レベルで想定している福祉と実践レベルで想定している福祉とは質的に異なる部分が出現しているのである。

つまりそれは、「不快な隣人」に対して、一定のルール上でつきあう活動（豊中市B校区の実践）であったり、不快でない友人として迎え入れるよう新たに社会関係を取り結ぶことであったり（駒ヶ根市の実践）、いったん壊れてしまった社会関係を修復する活動であったり（福山市C事業所の実践）等のさまざまな方法を採って出現してきたのである。これらの実践は「福祉サービスの提供」を目的とする枠に留まらない、質的差異をともなう活動と理解可能であり、社会的紐帯を新たに取り結ぶこと自体も目的とする活動の萌芽である。ミッシング・リンクの分析視角によれば、今まで国家福祉政策が対象としていなかった分野にまで地域福祉が進出し、ミッシング・リンクを代替的に補ってきたと理解することができる。地域福祉政策への本書の貢献は、国家福祉政策の限界を認識して補完するほかに、このような質的転換を発見したことに存在する。

それは、循環贈与型や双方向贈与型の実践の「幸福を指向すること」が政策課題となりうるという、新しい政策の方向性、実践現場からの声ととらえることができる。幸福を指向することが可能な社会関係こそ、社会生活において重視すべきである、という新たな声は、地域福祉実践現場から社会に対する強い意見表明である。

ここで改めて、各実践を「贈与されるものを媒介する社会関係」との視角で整理すれば、次の通りとなる。

純粋贈与型の実践で贈与されるものは、福祉資源の贈与とともに「その社会（市区等）で暮らしている限り、誰でも享受することを期待してよい援助――要援護関係が自分にもある安心感」である(1)。

これに対して循環贈与型の実践で贈与されるものは、「当該小地域の構成員であることを理由とする、ある程度親密な関係性。一般的な助け合い関係の輪の中で暮らしていることを確認できる、つまり共助に包まれている安心感」であろう。純粋贈与の要援護者が原則的に「サービスのユーザー」であるのに対して、こちらは世代をまたぐ「贈与のパッサー」と位置づけることもできる。

ただし、循環贈与型の福祉サービス提供を指導する機関は社会福祉協議会が主導する組織であり、一定のルールの範囲内でシステム化された活動であるため、単純で画一的な傾向があることに留意する必要がある。また、集団活動として行われているため、ボランティアの個人的対応を排除し、あるいは要援護者の個別事情による要求には応えないシステムであることが、近隣の要援護者の面倒を見る集団活動を好まない人の参加を排除している点にも注意が必要である。また同じ理由により、個別事情への対応が原則である地域コミュニティにおける共助システムとは少し異なる性質を持つ。要援護者と援護者という役割分担が存在し、要援護者が受けたサービスは次の者にパスされないことも通常の贈与とは異なる。また、「顔が見える関係」というには少し広範囲すぎる。

この意味で、循環贈与類型は「不快な隣人」をそのように処遇する方法論のための実践であると判断可能である。

これに対して双方向贈与型の実践で贈与されるものは、「二者間の親密な関係が継続していること、すなわち互助関係の中にいる安心感」である。贈与物に伴って、当該二者間で相互にやりとりされる関係があることが、他の二類型とは異なる特徴である。当該の贈与により、個人間の紐帯が強化されるといえる。重要なのは贈与物かそれに伴うモノかに注目すると、贈与物、たとえば困りごとの解決などもさることながら、それに伴う社会関係が保たれているという点が何よりも要援護者の安心感を構成しているのである。

時間的に考えると、循環贈与類型や双方向贈与類型の実践の贈与物のやりとりは、ある程度の時間的な間隔をおいて相互に行われている。その時間的間隔が存在することが、相手と社会関係があると評価可能であるポイントなのである。そしてこの過程で自尊感情や自己達成感などの精神的な欠落感が癒されているとも考えられるのである。

これに対して、純粋贈与類型の実践の贈与物のやりとりは、市場交換の場合と同様に、無時間的である。そこで想定されているやりとりは、政策設計上、時間的な間隔をおいた関係が必要であることを想定していない。市場交換や純粋贈与類型の実践のやりとりは、理想的には瞬間的に終わり、その後まで関係を長引かせないことを指向している。

2・2 「重層的な地域福祉実践」の発見

ここまで、三つの贈与類型に基づく実践は、方法や着眼点は異なるものの、いずれも社会のミッシング・リンクを補完しようとする試みであることを述べた。この節では、それを踏まえた上で、これらの地域福祉実践はミッシング・リンクの補完という趣旨は同様であるものの、地域社会を福祉的なものにしていくためのアプローチが大きく異なっており、それは二つに分類して理解可能であることを論じる。

政策は現状の社会を変革しようとするインパクトであり、政策立案は、当初からそのような性質を帯びている。そのため、一般的な政策手法は、社会に対して既存の社会システムを変更するような新たなシステムを導入する方向を指向しがちである。この見方をすれば、たとえば前橋市や京都市A地区の実践は、既存の地域社会に「ボランティア活動」という純粋贈与システムを新たに付加しようとするインパクトであると理解可能である。既存社会に今まで存在しなかったシステムを新たに付加しようとする傾向は、他の分野の政策立案でも一般的である。

この傾向は、豊中市B校区の実践においても同様である。豊中市B校区の実践では、社会福祉協議会のソーシャルワーカーが地域の福祉委員会に小地域福祉活動の手法を伝授し、福祉委員会はその手法を当該地域に具体的に適用する政策を企画し実行する。これは地域社会に集団活動の新たなシステムとして循環贈与的な地域福祉活動を根づかせることを目的として、ワーカーが福祉委員会に新たなインパクトを与えており、福祉委員会はその期待に応えて当該ミッションを遂行していると理解可能である。

これに対して、駒ヶ根市・福山市C事業所の実践は、前橋市・京都市A地区、豊中市B校区の実践に見られたような地域社会に新たなシステムを導入しようとする指向性自体が存在しない。駒ヶ根市の実践は、従来からある近所づきあいというシステムを、新たな住民間に創出させようとする試みであり、福山市C事業所の実践は、かつて存在した近隣づきあいのシステムを再生させようとする試みであるからである。このことは、政策が立案した新たなシステムを地域住民に教示しそれを実行させるというような、政策が新たなインパクトを与えるという指向性を有していないことを示している。駒ヶ根市・福山市C事業所の実践は、政策側が新規システムを立案し地域に根づかせようという一般的な政策手法の指向性ではなく、むしろすでに社会に存在しているシステムの幅を広げようとする指向性である。

つまり、本書で見てきた五事例の実践は、政策側が立案した新たなシステムを住民に教示する指向性を持つ前橋市・京都市A地区・豊中市B校区の実践と、地域社会にすでに存在しているシステムの適用範囲を広げようとする駒ヶ根市・福山市C事業所の実践の大きく二つに分けて理解可能である。

前者は、福祉的なつながりを新たに構築し、専門家によるコミュニティ設計と新たなコミュニティ運営のインパクトを社会に与える指向性を持つ政策である。そして後者は、住民のなかにすでに存在する日常生活ルールに福祉的要素を取り込む控えめな指向性を持っているのである。この二つの指向性は、新たなシステムを導入することにより世界を一気に変えようとする政策と、そうではなく足下から少しずつ変えていこうとする政策の相違と言い換えることもできる。この点については後述したい。

ここで留意したいことは、政策の指向性が全く異なるとはいえ、この二つの政策は実は一つの地域社会の中で両立可能である、すなわち相互背反するものではないという点である。同じ地域福祉実践ではあるが、担当する分野や範囲や援護者が異なるからである。

なお、政策立案者や実践家が、ある地域に存在する一つの政策課題を解決する手法は一つである、という思考枠に無意識に陥っていると、この重層的な地域福祉実践は実現しないことも指摘しておきたい。

3　政策の発想の陥穽と解決可能な政策のブレークスルーへ

3・1　新システム導入を指向する政策と控えめな政策

前節では、前橋市・京都市A地区、豊中市B校区の実践は、新たなシステムを地域社会に導入することで、社会を一気に福祉的なものにしていこうとする指向性があることを述べた。この政策立案に関する指向性は、政策一般に共通の指向性である。

たとえば、経済学者トマ・ピケティは、『二一世紀の資本』において金融資本主義社会である欧米の社会の格差を是正する処方箋として、資本に対して大きく課税する必要があることを提案している（Piketty 2014=2014）。この提案は、新たな設計思想に基づき社会にインパクトを与える政策が社会の公正に有効であるとの発想を基軸にしており、新たなシステム導入により一気に社会を変革しようとする指向性を持つ。前橋市・京都市A地区・豊中市B校区の実践は、この発想と同根である。ボランティア活動、あるいは小地域福祉活動という新たな手法で社会にインパクトを与えることによって社会変革をめざしている。

一方、駒ヶ根市・福山市C事業所の実践は、地域社会への新たなシステム導入の効果にはむしろ懐疑的で、もっとミクロ的な指向性を持っている。それは、政策側は控えめになるべきであり、むしろ近隣づきあいのような地域社会のシステムを尊重し、その適用範囲を個人単位で少しずつ広げていこうとする穏やかな指向性である。

前橋市・京都市A地区、豊中市B校区の実践の指向性は、新たなシステム導入により、社会を大きく一気に変革する可能性が期待できる一方、地域社会側からみると、このようにして与えられたシステム自体は文字通り政策側から所与であるとの印象は否めない。このような実践は、システム設計の範囲内で適用の仕方を工夫する余地はあるが、地域住民側から当該システム自体を変更したり廃止したりすることは許されない性質を有している。

これに対して駒ヶ根市、福山市C事業所の実践の指向性は、新たなシステムを導入することを指向せず、いわば足下から個々の社会関係を一つずつ修復しようとする指向があるため、地域住民が自由に社会関係を構築したり内容を変更したりすることができる。その代わり、一気に社会を変革することはできない性質も有している。

3・2　控えめな政策の特徴と新規性

このような指向性を持つ駒ヶ根市、福山市C事業所の実践には、次のような批判が想定される。すなわち個人の社会関係を改善することで、社会を福祉的なものにしていくのは望ましいものの、政策は既存の社会的紐帯の分野に介入すべきではないというものである。この批判の理由は、個人的な社会関係の取り結び方を政策が強要することになるからというものである。すなわち、政策から個人生活への不当な介入である、との批判である。また、政策が行うべきことを住民個人に肩代わりさせているのではないかとの批判も考えられる。

しかし、駒ヶ根市や福山市C事業所の実践をよく観察すれば、それは失当であることが判明する。駒ヶ根市の実践は、社会関係を創出するために当事者の引き合わせまでは社会福祉協議会が行うが、いったん社会関係が開始された後に、当事者がどのような社会関係を構築するかは、行政側は一切無関与なのである。社会関係を将来的に解消することも自由である。したがって住民に公共の負担すべき福祉サービスの肩代わりをさせる実践ではないことは明らかである。

さらに援護者に活動結果の報告さえ求めていないことは、政策実践として考えれば、瞠目に値する新たな指向性をもつといえる。それほど私的関係への政策の関与を控えめにしたいという強い政策指向性が、そこには存在しているからである。

それは、あたかも結婚の仲人の活動に類似している。今後良い関係が築けると期待できる者同士を引き合わせるが、その後両者がどのような結婚生活を築くかについては、無関与である。つまり一見、政策による個人同士の社会関係への関与であるように見えるが、実は社会関係をどのように構築しても、あるいは社会関係を解消しても、実践内容について政策側からの関与は一切ない政策設計なのである。

福山市C事業所の実践も駒ヶ根市の実践と同様に、以前は社会関係が存在したものの、認知症の発症などによってその社会関係が壊れてしまった修復の手伝いはするが、社会関係の内容については一切口出ししないのである。

つまり、駒ヶ根市・福山市C事業所の実践を嚆矢として、住民間の互助関係の拡張をめざす地域福祉実践の双方向贈与類型は、政策が遠慮すべき分野への介入ではないのである。むしろ、この新たな指向性をもつ政策実践は上記のような工夫を講じることで、要援護者への福祉資源の投入等の政策側が実行すべきことを住民に押しつけているとの批判を回避することが可能である。

そもそも住民間の近隣の社会関係を福祉的要素も含めて構築／再構築していくことは、重要な政策課題である。住民の自由を侵害しないような工夫を講じた上であれば、むしろ政策側は積極的に当該政策課題にコミットしていくべきであると考えられるのである。また、前橋市・京都市A地区、豊中市B校区の実践が有する問題点、すなわち、システムが所与のものであり、住民にはシステム設計それ自体に対する批判が許されていない政策設計上の限界は、駒ヶ根市・福山市C事業所の実践には存在しない。後者はそうした長所も有しているのである。

3・3　地域福祉実践から控えめな政策が出現したことの意味

このような議論から、双方向贈与類型に基づく政策実践が現実に存在している意義は、次のように理解できることが示される。すなわち、社会を一気に変えようとする政策設計を地域福祉実践に適用するのは消極的にすべきではないか、という新たな政策の萌芽が位置づけられるのである。そしてこの考え方は、さらに一般化可能である。すなわち、住民の社会生活や社会関係を変化させようとする政策一般に対して、一気に社会を変革するインパクトを求めるのではなく、むしろこのような控えめな政策スタンスを採用すべきではないかという主張として理解できるのである。

つまり、およそ政策一般は、影響力を極大化しようとするために、社会を一気に変革する方向を指向しがちなのである。たとえば、前節で述べたピケティが提言している税制改革なども、個人の社会生活上のふるまいとは関連性が薄い分野への介入であれば、社会へのインパクトは大きくした方が効果的であるといえる。しかし、地域福祉政策を典型とする、住民個人の社会生活に直接インパクトを与える政策は別の手法の方がよいのではないか、すなわち生活に密着する分野であればあるほど、政策が地域生活に根のない新たなシステムを導入することに抑制的であるべきである。本書の成果として、政策一般ではあまり前景化することがないこの点について注意を喚起したいのである。

控えめという点に着眼して検討すると、実は本書で検討した三つの贈与類型に基づく実践は、すべての実践が政策の介入が抑制的となるようなさまざまな工夫を講じていると考えることもできる。すなわち、純粋贈与類型の実践については、個別事情には立ち入らず、要援護者に対して福祉資源を提供するだけの関係に限定することで、要援護者の個人的な生活にあまり密着しないとの方法で、政策が個人に与えるインパクトを抑制しているのである。同様に循環贈与類型の実践は、純粋贈与類型の実践よりも要援護者の個人生活に深く関わるものの、私的な友人となるほど積極的に関わることには抑制的であり、要援護者との関係は週一回度程度の集会所訪問や配食のための要援護者の訪問などに限られている。そのような接触が個人的な社会関係に発展することはない。この点で、政策実践が個人の生活に過度に関わらないよう抑制的になっているのである。このような意味で個人生活への政策介入を抑制する態度は、介護保険制度や障害者福祉など社会福祉分野でも、政策側に同様にある程度見られるスタンスであるといえる。

これに対して、双方向贈与類型の実践は、援護者による要援護者への個人生活への関与には制限がない。普通の友人づきあいと同様の深さまで要援護者と関わることを想定しており、要援護者と私的に関わらないことを政策設計の前提とする純粋贈与類型や循環贈与類型の実践とは内容を異にしている。双方向贈与類型の実践の控えめさは、個人生活への関与が広範である代わりに、援護者―要援護者の社会関係の内容に政策が関わらない質的差異を有しているのである。

3・4　控えめな政策実践の社会福祉政策設計全体へのドライブ

このような双方向贈与類型の控えめな政策実践を実現する手法は、他の政策分野にほとんど発見することができない種類の新たなそれである。今後、政策手法の多様化に伴い個人生活への政策の関与がますます増加してくることが予想されるが、この手法はそのような場合に他の政策分野に援用することが可能な新しい発想である。つまり、駒ヶ根市・福山市C事業所の政策手法は、個人生活により積極的に関与するものの、その内容には立ち入らず、個人生活の自由を侵害しない点で、新分野への進出にとって有用な政策手法の嚆矢として位置づけることができる。

駒ヶ根市・福山市C事業所を典型事例とする双方向贈与類型に基づく実践は、地域福祉実践の一つのバージョンとして出現したが、その出自による制約をブレークスルーする実践に育っていったとさえいえるのである。すなわち、現代日本の社会福祉政策は、原則として個人生活に介入せず、その周辺に生起する不自由さや不便さを外部経済を通して救済するという意識的／無意識的な思考枠の中で構想されてきたのである。双方向贈与類型に基づく政策実践は、そのような社会福祉の構造の中で育った実践でありながら、そのような思考枠の規定を乗り越え、個人生活に介入するための方法論を指向する先鞭をつけた意義がある。

そしてこの指向性は、社会福祉政策全体の構造や思考枠の規定を大きくブレークスルーする可能性がある。それは、これまで社会福祉政策が意識的／無意識的にその対象外としていた個人生活への控えめな介入の仕方という方向へのドライブである。

3・5　効率的で合理的な政策の皮相な効果

双方向贈与類型の実践が指向するこのような政策手法の控えめさは、社会を一気に変えようとする政策の対極にある。社会を一気に変革する政策は魅力的であり、効率的で合理的である。しかし、たとえば福祉社会の実現のような個人生活と密接に関連する行政目的の実現手法としては、必ずしも適合しないのではないだろうか。

思考実験として、たとえば効率的で合理的に体系化された新たな福祉社会システムを想定してみよう。住民としては、そのシステムに則って行動すれば、最も効率的な福祉サービスが受けられるようなシステムが策定されたと仮定する。そのようにシステマティックに構成された福祉社会は、その定義により、効率的である反面、個人の裁量が極限まで制限された社会である。

たとえばシステマティックな福祉社会が完成された地域のなかに、生活に困っている人、たとえば足が悪く外出もままならず日々の食事を用意することが困難な人を想定してみよう。その人を発見した近隣の人は、直ちにシステムの想定に則って行政なり社会福祉機関なり地域の福祉委員会なりに通報することが要請される。その後はシステムに沿って合理的で効率的な福祉サービスが提供されるであろう。発見した人が行政職員でも、社会福祉機関の職員でも、福祉委員会の職員でも事情は同じであり、その職員の行動としては同様に通報することが期待される。要援護者をシステムに従って処遇することなく、たとえば私的に食事をおすそ分けして助けるなどの個人的救済をしようとすることは、システムの想定外の行為とみなされ、社会福祉の範疇外の望ましくない行為として歓迎されないのである(2)。

もしこのように想定された社会を福祉社会の究極の理想とするならば、それは皮肉にも、福祉社会の思想から最も遠く離れた姿である。なぜならば、福祉社会とは、住民が相互に思いやりの心を持って暮らすことを究極の姿として求めるべきであり、上記の思考実験で表れたシステマティックな福祉社会は、個人の思いやりを否定する対極の姿と考えられるからである。つまり、政策によるシステマティックな福祉が充実すればするほど、皮肉にも「目の前の困っている人を個人的に何とか救おう」とする発想が失われるという二律背反が生じるのである。

純粋贈与類型や循環贈与類型の実践では、個人の行為は集団活動におきかわり、要援護者とつきあうなどの個人的善意を発揮することは制限されている。これらの実践は、個人的善意ではなく、住民の行動規範が行政政策の一環という意味を帯びて機能することを示している。個人的善意の直接的な発露ではなく、行政に協力する形で善意を発現させる実践となることを看過してはならない。

つまり、第6章の規模論で検討したように、個人の裁量と効率性はやはりトレードオフの関係にある。純粋贈与類型や循環贈与類型の実践は比較的効率性が高いがその分個人の裁量が小さく、これに対して双方向贈与類型の実践は、裁量は大きいが効率性は小さいのである。そして、福祉社会にとって効率性を高めることが重要であるのと同様に、福祉社会の思想にとって援護者個人が自由意思と大きな裁量を有することも重要である。ダールによれば、この二つの価値が両立する実践が現存しない以上、さまざまな適用範囲を有する実践を重層的に組み合わせることによって、より望ましい社会福祉が実現するのである。それが前節で述べた重層的な地域福祉政策の発想なのである。

4　二種類の政策の時間論と方法論的集合主義／個人主義との関係

4・1　瞬間的に終了する政策設計、長期化を指向する政策設計

ここまでの検討で明らかになった二種類の政策は、それぞれの政策が指向する社会関係が成立する時間の感覚が異なるといえる。ここでいう二種類の政策とは、新たなシステムを導入することによって、社会を一気に変えようとする政策と、新たなシステム導入をせず控えめに足下から個々の住民の社会関係を復活／構築することを指向する政策のことである。

後者の政策は、社会関係の構築自体が目的であるため、贈与物、すなわち福祉資源のやりとりよりも、むしろ当該関係が長続きすることを重要と考える指向性がある。したがって、要援護者—援護者間のやりとりができるだけ長期化することを指向する。たとえば物のやりとりを介した社会関係では、もらった物のお返しは、ある程度時間をおいた後で行われるのが常である。時間的間隔をおかずに直後にお返しが行われると、贈与者側が「好意を突き返された」と感じるため、社会関係の継続が困難となるからである。

これに対して、社会を一気に変えようとする政策の目的は、端的に福祉サービスを提供することであり、その目的のために効率的なのは、やりとりに必要な時間を可能な限り短縮することである。そのような政策では、社会関係は瞬間的に行われ終了することが理想である。つまり、控えめな政策は、やりとりの時間が長期化することを指向し、一気に変えようとする政策は、やりとりの時間が瞬間化することを指向するのである。

4・2　方法論的個人主義的な贈与類型と創発特性を意識した贈与類型

この二種類の政策と時間の関係は、方法論的集合主義と方法論的個人主義のどちらに親和性があるのか。二つ

の政策の差異は社会学的論点からも理解可能である。

詳しくは補論で検討するが、当初のモースらの贈与論は方法論的集合主義的であった。つまり、当初の贈与論では、関係の継続性のために贈与を行う、という社会の創発特性が存在しており、そのために人間は時間的間隔をおいて贈与を行う、と理解されていた。それが集合主義的な贈与論の理解である。

そして、循環贈与類型や双方向贈与類型の実践は、方法論的集合主義的な贈与関係と親近性があると考えられる。なぜならば、社会関係を重視するこれらの贈与類型では、時間をかけた社会関係の構築を重視しており、近隣の社会関係を構築するという認識は、個人の自由意思に基づくものではなく、近隣社会の創発特性であると理解されているからである。

これに対して、ヨーロッパ大陸から大西洋を渡った贈与論は、アメリカ合衆国の特徴である、方法論的個人主義の色彩を帯びてきたといえる。それは、贈与を個人利益の増大という目的を達成するための手段の一つであるととらえる考え方である。「別に贈与を行う創発特性に個々の人間が規定されて贈与を行うわけではない。個人の意思によって個人利益に資するように贈与の内容を変更することさえ可能である」との認識に基づく考え方ともいえる。

このような方法論的個人主義の色彩を帯びた贈与論は、贈与は個人の利益最大化に奉仕するとの位置づけに基づいて議論を行うため(3)、贈与行為は極力短時間であることが望ましく、理想的には無時間との結論が導かれがちである。また、個人の自覚とふるまいによって、個人が利益に合致するように贈与ルールを変更することが可能であるとの考え方に立つ。このため、「社会の効率性を増大するような贈与の方法」が実現可能であるとみなされ、それが個人的に探求されることになる。それは贈与の短時間化を指向する。なぜならば同じ物を贈与するのであれば、短時間で完了する方が、個人の利益が増大するからである。これが方法論的個人主義的な色彩を帯びた贈与論であるといえる。

そして、純粋贈与類型の実践は、方法論的個人主義的な贈与関係と親近性があると考えられる。なぜならば、資源の贈与を重視するこれらの贈与類型では、社会関係の構築はあまり重要ではなく、可能な限り短時間で効率的に福祉資源を投下することを主たる目的としているからである。つまり、これらの類型における贈与は、福祉資源を効率よく投下するための手段と位置づけられており、贈与行為は住民個人の意思でコントロール可能であると想定されていると考えられるのである。

一方、モースらの贈与論は社会には創発特性があり、個人ではそれを左右することができないとの立場であるため、このような発想とは異なる。この論点、すなわちモースらのヨーロッパ的で方法論的集合主義的な贈与論から、パットナムらのアメリカ的で方法論的個人主義的な色彩を帯びた贈与論への変遷の詳細については、第XI部の補論で検討する。

ここでは、これまでの検討をもとに、贈与論の個人化と時間の関係について議論を深めたい。すなわち、社会を一気に変えようとする政策の台頭と、アメリカに渡った後に変質していった贈与論の個人化とは関係があるのではないだろうか。

前に述べた通り、元々、ヨーロッパにおけるモースらの贈与論は、方法論的集合主義を基盤としていた。すなわち社会集団内部で贈与の動機が発生するのは、そこに個人的な利益があるからではなく、人類社会の発生以来の創発的特性であると考えたのである。贈与の動機は歴史の闇に隠れてもはやわからないが、なぜか社会にはそうしたくなる特性があると考えるのが方法論的集合主義の考えである。つまり、モースらの贈与論では、元々社会の創発的特性は市場取引ではなく贈与であったと考えている。

このようなヨーロッパにおける贈与論のもとでは、贈与が成立するための要件は、時間をあえて長く取ることである。すなわちデュルケム、モース、レヴィ＝ストロース、フレーザーらの贈与論では、贈与と贈与の間に時間的間隔があることが重要で、その時間の間で社会関係が成立しており、時間的間隔の概念が重要であるとみなしている。そして、この要件から導くことが可能であるが、贈与関係で重要なことは、交換される物（地域福祉実践では福祉資源）そのものではなく、物を提供しあう関係が継続すること、つまり「関係の継続性」であり、そのために贈与を行うのである。ヨーロッパ的な贈与論の理解のもとでは、社会関係を継続させることが主目的で、その目的達成の手段として物の交換を行うのである。これが方法論的集合主義的な色彩を帯びた贈与論であるといえる。

これに対して、アメリカにおける贈与論の主流は、贈与にあたって時間的間隔が重要であるとする観点が徐々に落ちていったと考えられる。社会科学の後世代にあたるコールマン、リン、パットナムらのアメリカ的な贈与論では、贈与と贈与の間に時間的間隔があることの重要性は弱められ、贈与関係があることが個人利益に資するとの視点が強化されている。そして個人利益を指標にする限り、当該利益の増大は時間が短ければ短いほど増大するという見解と結びつきやすいのである(4)。

日本の社会福祉政策に構造的に欠落していた考え方は、このヨーロッパ的な贈与論に存在する「関係の継続性」という観点ではないだろうか。つまり、今までの社会福祉政策では、単に福祉サービスを提供すれば目的が達成されると考えていたのではなかっただろうか。たとえば、純粋贈与類型の実践で贈与されるものは、「市区町村等の小規模社会で暮らしている限り、誰でも享受することを期待してよい福祉資源を提供してもらえる社会関係が自分にもある」という安心感であった。なお、市場交換ではこのような社会関係さえ存在しない方がよいといった、関係性を極力排除しようとするベクトルが存在している。

一方、新たに出現した循環贈与型の実践で贈与されるものは、「当該小地域の構成員であることを理由とする、ある程度親密な社会関係。一般的な助け合い関係の輪の中で暮らしていることを確認できる安心感」といったものである。また、双方向贈与類型の実践で贈与されるものは、「二者間の親密な関係が継続していること」である。当該贈与を繰り返すことにより、個人間の紐帯がどんどん強化される。双方向贈与にあたって重要になる観点は、時間的間隔そのものである。贈与物のやりとりは、ある程度の時間的な間隔をおいて相互に行われる。その間隔が相手と社会関係がある時間なのであり、この過程で、要援護者の自尊感情や自己達成感などの精神的な欠落感が癒されるのである。

つまり、歴史的な地域福祉類型である純粋贈与型から、循環贈与型、双方向贈与型へと地域福祉実践が変化していく経緯を贈与論的に評価すれば、次のような結論になる。それは、方法論的個人主義的な色彩の強いアメリカ型から方法論的集合主義的な色彩を帯びたヨーロッパ型の贈与論の考え方へ遡行する傾向が出現してきた、というものである。

5　オルテガの「成熟した公民」の分析視角による歴史的文脈の理解と今後の課題

5・1　「成熟した公民」の分析視角と「不快な隣人」との共生

前章までに分析した現代日本における地域福祉実践の三類型は、日本の社会福祉史の文脈上、どのように位置づけられ、またそれはどのような展望を持つのだろうか。

この章では、この問いに答えるために、これまでの社会福祉政策の推移と本書の三類型の分類による理解に対して一本の補助線を引くことによって理解を試みたい。その補助線とは、哲学者オルテガの「成熟した公民とは、不快な隣人との共生」であるという言葉を分析視角として導入することである。

地域福祉実践における援護者―要援護者関係を抽象的に理解するための試みとはいえ、その社会関係を「不快な隣人」という分析視角におくのは、いささか心理的な抵抗があるかもしれない(5)。また、オルテガの一般的な理解としては、大衆への、あるいは一九〇〇年台前半に台頭してきたエリート層の精神性への批判の文脈として読まれることが多いかもしれない。しかし筆者は、そのような一般的な理解とは異なるオルテガ理解を提示したいと考える。それは次に述べるように、オルテガの「不快な隣人」という分析視角やその基盤にある人間理解を本書の議論に新たに援用することである。それが、地域福祉実践の当事者の社会関係を抽象化し、類型化して理解することに有用であると考えるのである。

オルテガのいう「不快な隣人との共生」とは、人間社会が共同体を形成するために必要な要件であり、それが隣人と共生しようとする、方法論的集合主義的な意味での集団的傾向と考えることができる。あるいはよりオルテガに沿って、方法論的個人主義的な意味での個人的な「意思」が必要であると考える方がよりしっくりするかもしれない。いずれにしても、そのような思考のできる人間が社会の中に一定割合存在することが社会の成立に必要ではないか、とオルテガは考えたのではないだろうか。このような分析視角によって本書の議論を深めていきたいのである。

オルテガは、「〈文明〉は何よりも共存への意志である」と述べている（Ortega y Gasset 1930=1995: 106）。その趣旨は次のようなものである。まずオルテガは「あらゆる野蛮な時代は、人間が分散していた時代、分離し敵対しあう小集団がはびこっていた時代であったのである」（Ortega y Gasset 1930=1995: 107）と定義している。ここでいう〈野蛮〉とは、自分とは異質な者と対話を試みる思考が欠如していることを指す。そして、このような人間の分離傾向、すなわち社会が原子化している状態を、〈文明〉への指向によって阻止しようとする。〈文明〉への指向とは、「手続、規範、礼節、非直接的方法、正義、理性等の〈文明〉的な方法によって都市、共同体、共同生活を可能にしようとする」ことである。オルテガはこのような理解のもとで、これに対置する存在として〈成熟した公民〉を想定し、その定義を「不快な隣人の存在に耐えられる人間」としている。つまりオルテガは、自分とは意見や価値観が異なる隣人たちと、それでも共生できるような器量をもつ人間であることが〈成熟した公民〉の要件であり、そのような公民になることが、人間が分散し、原子化することを阻止する手段であると考えるのである。

考えてみれば、ここ数十年間の社会問題として「社会の原子化」という用語で理解されている現象は、オルテガの言う「隣人と共生する能力」を失ってきた歴史であると理解することも可能ではないだろうか。そのような文脈で考えるとき、社会福祉の対象者とは、今も昔も、まさにオルテガのいう「不快な隣人」の典型であり、社会福祉政策は「この不快な隣人」とどのように共生するか、という問題に解答し続けてきた、と考えることもできるのである。

そして、その不快な隣人とどのように関係を取り結ぶか、ということが、各時代における社会福祉の政策実践のテーマであった。このように考えたとき、本書が抽出した三類型は、歴史的文脈の中でどのように位置づけられるのだろうか。

5・2　オルテガの分析視角による日本の社会福祉政策の歴史的文脈

ここで現代までの地域福祉を中心とする日本の社会福祉政策が、「不快な隣人」である要援護者をどのようにとらえてきたのか、検討してみたい。ここで留意すべきなのは、オルテガのいう「不快な隣人」とは、帰属集団内の「仲間」とは異なる存在であることである。時代によってその範囲は異なるが、帰属集団内の仲間や家族は定義上、相互に「共生の意志」がある「仲間」と考えられるため、原則的には「不快な隣人」には該当しないと考えられるからである。

「不快な隣人」を援助すべき対象として認識しない時代が歴史的に存在していた。すなわち、自分と共生すべき対象は、仲間である小集団内のメンバーだけであることを想定した時代が長く続いていたのである。その反面、帰属集団内や家族の援助は、政府等の集団外部の力に頼るのではなく、自分たちの責任で行うべきととらえられていた。この時代の社会関係は、自分の帰属する世界が狭いことが特徴であった。

「不快な隣人」の排除と帰属集団内の弱者ケアを指向する行動原理は、矛盾しているようでいて、実はそうではない。自分と同質の者とだけ共存し、そうでない者は排除しようとするメンタリティは、オルテガによれば不寛容で野蛮な行動原理として統一的に理解可能なのである。

たとえば、社会保障制度や社会福祉制度が整備される以前、たとえば福祉元年といわれる一九七三年以前の社会では、「不快な隣人」と個人はほとんど無関係であったのではないだろうか。国家による必要最低限の社会保障を受ける以外、個々の社会の構成員に迷惑をかけないように、それぞれの帰属集団(6)で「不快な隣人」の面倒を見るべきである、との考えが支配的であった。そして帰属集団外部の福祉は、必要最小限度の社会保障を政府等が提供する以外には、彼らの面倒を見る必要はほとんどないと考えられていた時代であった。

一九六〇年代の社会福祉　一九六一年に成立した国民皆保険、皆年金制度や一九六〇年代に創設され充実してきた雇用保険制度などがそのような考え方を背景とした代表例であるといえる。すなわち、国家による社会保障と仲間内の救済による社会福祉という考え方が成立していた時代である。なぜならば、これらの制度は国民の貧困予防を目的とした社会保障制度であり、この時代の多くの社会福祉政策も、国家による国民の必要最低限の生活を保障することを目的としていたからである。その後一九八〇年代には、在宅福祉サービスが登場し、帰属集団内で行われていたケアに一定の公的援助が行われるようになったが、この制度も帰属集団に対する公的援助という文脈の範囲内にあった。

つまり、公共は必要最低限の生活だけを保証すれば足りるのであり、それ以外の生活は自己あるいは帰属集団の責任で解決すべきとの考え方で政策が行われていたのである。つまり、「不快な隣人」を「仲間」ではない地域の人が助ける、すなわち「共助」という考え方はほとんど存在していなかったといえる。それは「不快な隣人」の文脈でいえば、政策の前提に、個人の生活は原則的に自己責任あるいは自己が帰属する集団、つまり仲間内の責任という発想をおく「野蛮な時代」であった。

一九七三〜二〇〇〇年以前　次に、福祉元年から介護保険制度が成立する時代について検討する。この時代は国家による社会福祉政策が充実してきた。オルテガのいう「不快な隣人」への援助は、必ずしも自己責任とは考えられていないものの、住民個人ではなく国家の福祉政策により、国が面倒を見るべきであると考えられていた。そしてその方法は、もし可能であれば社会から隔離した施設等で処遇すべきとの考え方が支配的であった。

たとえば、元々住民が居住していた市街地から隔離された高齢者施設や精神病院で処遇するのが適切であると評価されてきた。このような要援護者を社会から隔離しようとする傾向は、皮相な言い方をすれば、オルテガのいう自分と同質の者とだけ共存したいという願望の表れともとらえられる。

つまりこの時代もやはり、帰属集団の構成員ではない外部の不快な隣人を自集団に受け入れて共存を図ろうとする指向性はあまりなかった。他集団に所属する不快な隣人は、自集団ではなく、国家が面倒を見るべきであるとの考え方が支配的であった時代といえるのではないだろうか。

二〇〇〇年以降　二〇〇〇年以降の介護保険制度が適用された時代では、オルテガのいう「不快な隣人」は国家福祉に加え、保険サービスを使って介護保険事業者が面倒を見るべきとの考え方になってきたと評価できる。しかし、この時代も前の時代の考え方と同様に、不快な隣人のために介護保険料は支払うものの、自集団で共存を図ろうとする指向性はやはり少ないのではないだろうか。つまりこの時代まで、オルテガのいう「不快な隣人」の処遇を考えるべき主体として「住民」が中心になったことは、ほとんどなかったのである。「不快な隣人」は「彼／彼女と関係がない個人」の共同生活圏内に入ってくることがなかった。

こうした歴史的文脈をへて現在の地域福祉実践が存在すると理解することができる。以下では、本書で検討した地域福祉の三類型が登場した現代を、このような観点で検討してみたい。

現代の地域福祉の動向を、国家福祉財政の逼迫に伴う新自由主義的な文脈、すなわち自己責任の文脈に着目して理解する見解もある。たとえば、国家や保険制度で「不快な隣人」を救済するのではなく、まずは自己責任で、次に帰属集団の責任で救済を試みる。それでも救済できない場合に初めて国家や社会保険による救済を補完として行うべきであるという。自己責任を原則とする社会福祉政策の一環として地域福祉を位置づける発想である。

この発想は、国家財政に頼らず、国民が自力救済すべきとの文脈で、地域福祉を活用しようとする考え方であるが、オルテガの分析視角からの演繹を試みる本書は、このような自己責任の文脈とは立場が異なる。オルテガによれば、地域福祉の考え方と自己責任の文脈はその本質において異なり、地域福祉は「(他集団に所属する)不快な隣人」との共生をはかる意志であり、自己責任の文脈とは、他集団に所属する隣人ではなく、自集団の要援護者だけを対象として救済する考え方であるからである。

以上の歴史的文脈からの理解をオルテガの分析視角に基づいて整理したのが、表3である。

5・3　オルテガの分析視角による三類型の位置づけ

以上のようなオルテガの分析視角に基づいて、この節では地域福祉実践の三類型ごとに援護者の意識や心理を論じ、その位置づけを試みたい。

本書では、主として地域福祉の制度的な枠組みを中心に政策設計のパラダイムを類型化し分析を試みたが、今後の課題として、要援護者の社会関係についての心理面をより深く検討する必要があるからである。上記のオルテガの視角は、社会を形成する人間の心理についての洞察に優れており、今後の検討を深める端緒ともなりうると考えるのである。

まず、純粋贈与類型の実践は、古くから活動例があるが、ボランティアサービスの発展とそれに伴う「地域福祉の商品化」ととらえることも可能である。この類型は、代替可能な福祉資源を住民の手によって生産し、自集団とは別の、ある程度広範囲の住民に対して提供する。代替可能な財を要援護者の誰に対しても提供可能にするという意味で、これはそれ以前の「不快な隣人」理解から考え方が大きく転轍し（第一段階）、限定的ではあるが初めて「不快な隣人」に対して地域住民がサービスを創出した萌芽であると理解できる。

純粋贈与類型の実践の現場では、はたして援護者本人つまり前橋市や京都市A地区のボランティアが要援護者のことを「不快な隣人」と認識して活動しているのだろうか。おそらく主観的にはそんな認識はないと考えられる。前橋市・京都市A地区の援護者の要援護者に対する感情に最も近いのは、おそらく惻隠の情あるいは保護的な感情であろう。だから主観的には要援護者を「不快な隣人」とは思っていないといえるかもしれない。しかし、そのような感情は、客観的にはやはりオルテガのいう「不快な隣人」に有するものである。なぜならば、もし要援護者を「快適な隣人」としてとらえているのであれば、制度の枠内で、個人的な友人としてたとえば自宅に迎え入れるなどの処遇をするであろうからである。またその逆に、単なる他者であり、「隣人」とさえとらえていなければ、要援護者とコンタクトを取ろうとする意思さえ生まれないからである。つまり「不快な隣人」とは、「快適な友人」と「不快で関係がない他人」との中間に存在する他者認識のカテゴリーなのである。

自分とは意見や価値観が異なる隣人たちと、それでも共生できるような器量をもつ人間であることがオルテガ

表３　３類型が出現するまでの歴史的理解とオルテガの分析視角に基づく整理

		「不快な隣人」への住民感情	ケアの主体	支配的な考え方
1	生活困窮者対策の時代	無関係	親族	「不快な隣人」は自己とは無関係＝他集団が面倒を見るべき
2	社会福祉基礎構造改革以前	隔離	政府	「不快な隣人」は隔離して政府が面倒を見るべき．集団の援助として在宅福祉サービス（大きな政府の時代）
3	社会福祉基礎構造改革以後	隔離	事業者	「不快な隣人」は事業者が面倒を見るべき（介護保険サービス）
	………この時代まで「不快な隣人」は「帰属集団」外の個人の生活圏域に入ってくることはなかった………			
4	近年の傾向	排除	他者	
5	前橋市，京都市Ａ地区の実践	２の時代に規定されたルール上で援助	他者に対して特定の福祉資源のみ提供（最も大規模）	「不快な隣人」に対して，一定の福祉資源を投下する実践＝オルテガの第１段階の共助
6	豊中市Ｂ校区の実践	３の時代に住民がルールを決めて援助	他者に対して一定のルール上で団体活動の「おつきあい」（中規模）	「不快な隣人」に対して，一定のルールのもとでつきあう実践＝オルテガの第２段階の共助
7	駒ヶ根市，福山市Ｃ事業所の実践	３の時代に住民が個別援助（システムの中に落とし込まない新たな実践の方向性）	他者に対して親密な「近隣づきあい」（小規模）	隣人の状況を説明し，「不快な隣人」ではなく「友人」としてつきあうように斡旋する実践＝オルテガの互助

のいう〈成熟した公民〉の要件であり、純粋贈与類型の実践は、まさにそのような自分とは異なるタイプの「不快な隣人」と制度の枠内で間接的にコンタクトをとろうとする実践である。

　純粋贈与類型の実践は、「不快な隣人」の援助に「自分は関係ない」という立場から、「自分を含めた組織で面倒を見る」必要がある他者へと「不快な隣人」の認識が転轍した端緒ともいえよう。つまり、代替可能で定型的な福祉サービスしか提供できないが、「不快な隣人」のことを初めて地域住民個人が考え、直接関わるようになり、地域の要援護者として顔を合わせるようになった転換点ととらえることができるのである。

その後に現れた循環贈与類型の実践は、地域の組織化を実践している先進事例の住民団体による、福祉サービスの「自主企画によるパッケージ化」であるといえる。この類型の実践は、その活動範囲が相対的に狭いことから、自集団への福祉サービスの提供であると考えられがちだが、実はそうではない。自分たちと共同の仲間として認識するのは、援護者同士の内部関係である。豊中市B校区の例でいえば、福祉委員会内部の関係が自集団である。これに対して福祉委員会にとっての要援護者は、たしかに地域内の住民であるが、私生活で個人的につきあうことのない住民であり、不快であるかどうかは別にして「自集団内部にいない他者」として認識しているのである。

この類型の出現によって、このような「他者」に対して、制度の向こう側（要援護者）とこちら側（援護者）という意識的な壁はあるものの、地域住民は初めて同じ地域の要援護者と顔を合わせるようになったのである。つまり、循環贈与類型の実践は、たしかに「超えられない壁」はあるものの、「不快な隣人」に初めて個人が直接関わるようになった転換点（第二段階）である。

つまりこの類型は、制度の枠組みに則って、援護者になる住民と援護者になる住民との棲み分けを行い、団体活動によって、地域福祉を「パッケージ化」したのである。その活動手法は「個人ではなく地域団体から要援護者個人へ福祉資源を提供する」ものであり、このような手法を採ることによって「不快な隣人」と共存する方法を編み出すことに成功している。地域福祉実践の典型、と考えることもできる。もっともこの実践は、制度的な壁を立てている点で、「不快な隣人」と地域住民個人が垣根なく共存する段階であるとはいえない。

これに対して双方向贈与類型の実践は、純粋贈与、循環贈与の類型とは異なり、双方向的な社会関係に基づく「気の合う人同士の私的関係の再構築」を行っている。つまり、双方向贈与類型の実践にとって、要援護者は、もはや「不快な隣人」ではなく「友人」である。駒ヶ根市の例では、要援護者は以前単なる近隣の人であったが、この実践により「友達」、すなわち自集団内部の関係になったのである。同様に福山市C事業所の実践では、以前は集団内部にいたのだが、事情により集団外部の無関係な他者とされてきた要援護者が、この実践により再び集団に迎え入れられたのである。すなわち、以前は「不快な隣人」であったかもしれないが、この実践の結果、集団内の友人へと社会関係が変質したのである。

これは「気が合う人同士」の関係であり、地域福祉実践において要援護者と援護者が個人対個人として初めて同じ側に立ち、関係性が成立する段階に達したのである（第3段階）。

つまり双方向贈与類型は、「不快な隣人」との関係をそのままに、地域福祉実践を行おうとするのではなく、社会関係自体を「友人」へと変換してしまう実践である。これは「快適な他者（気の合う他者）」同士の関係であって、もはや「不快な隣人」の関係ではなくなっていることに留意すべきである(7)。このような関係になって、初めて要援護者と援護者との間に制度上の「壁」がなくなり、贈与物にも制限がなく、双方向贈与という互助的、個人的関係となり、要援護者――援護者が意識上も対等の地平に立つことが可能となったのである。

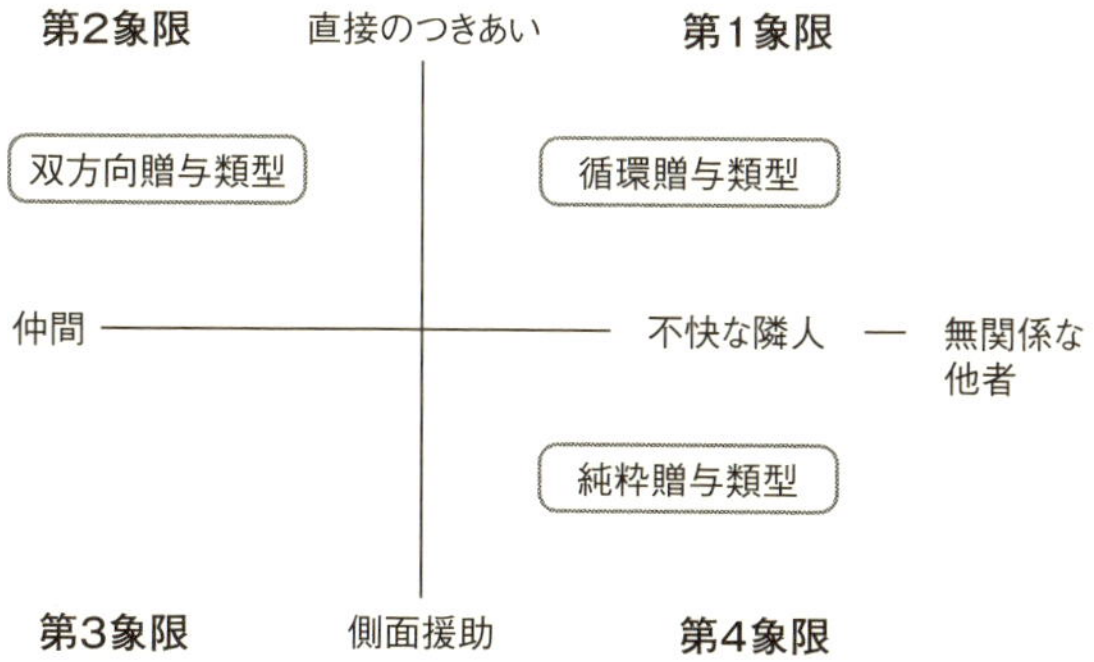

図6　「不快な隣人」と3つの贈与類型

山市C事業所の実践は、地域福祉の歴史上初めて「不快な隣人」を別の社会関係に変換、すなわち隣人から友人に変換するという新たなアプローチの発明であった。この「不快な隣人」と三つの贈与類型による地域福祉実践の関係を示したのが、図6である。

一般的に考えて、現在のところ「不快な隣人」と共存をはかる二種類の方法が想定可能である。一つは、「不快な隣人」に対して、制度上の一種の超えられない壁を立てた上で接することである。たとえば、福祉活動をしている間は親切に接するが、自分個人の友人づきあいとは一線を画するといった例である。前橋市・京都市A地区、豊中市B校区の類型はこの方法を選択したのである。もう一つは「不快な隣人」のうち、自分が受け入れられる気の合う人を自分の友人として迎え入れることである。駒ヶ根市・福山市C事業所の類型の実践は、こちらを選択したものである(8)。

5・4　三類型を統合した望ましい社会関係

つまり、現代の地域福祉実践は、「不快な隣人」に対して国家機関等が面倒を見るべきとする社会福祉全般の支配的な考え方から離陸して、三類型の考え方が併存する段階に至っているのである。

このように考えてくると、本当に望ましい援護者—要援護者関係は、「不快な隣人」をそのまま不快として、しかも援護者—要援護者間の壁を作らずに、また福祉サービスの提供にとどまらない自然な社会関係の交流を目的として、関係を再生することではないだろうか。すなわち前橋市・京都市A地区・豊中市B校区の実践の広範囲の福祉サービス提供と、駒ヶ根市・福山市C事業所の壁を作らない関係性の両方を活かすような成熟した近隣関係を築くことが、オルテガが構想した「不快な隣人」との共存関係ではないかとも考えられるのである。

そのような望ましい社会関係とは、仮に要援護者をめぐる社会関係を輪（リング）とすると、要援護者を中心に成熟した関係を含む濃淡の異なる複数の社会関係が重層化された状態と想定される。オルテガはそのような重層的な社会関係を理想的で望ましいと考えていたのかもしれない。なぜなら地域福祉関係について直接述べたものではないが、次のオルテガの言葉は成熟した社会関係の複線的・重層的な構造を洞察しているからである。それは不快な隣人と共に生き、それに反対する者も一緒に統治することが、市民の基本的な構えであるべきという言明である。

「自由主義は、地球上にこだました最も高貴な叫びである。それは、敵と、それどころか弱い敵と共存する決意を宣言する。敵と共に生きる。反対者とともに統治する」（Ortega y Gasset 1930=1995）。

しかし、このような実践例は、現代日本にはまだ出現していない。現代社会は、まだそこまで不快な隣人との成熟した共存関係を築くことができないのである。なぜなら三類型の実践が、それぞれの方法論において制度設

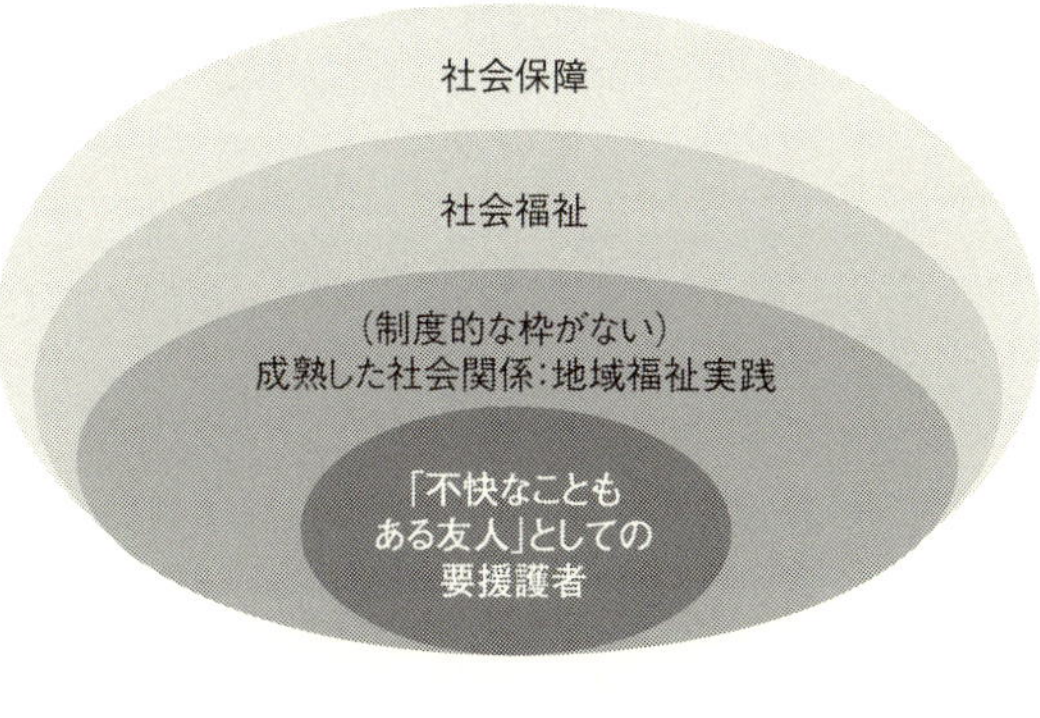

図７　３類型の統合と重層的地域福祉実践の検討

7.1　望ましい３類型を統合した社会関係

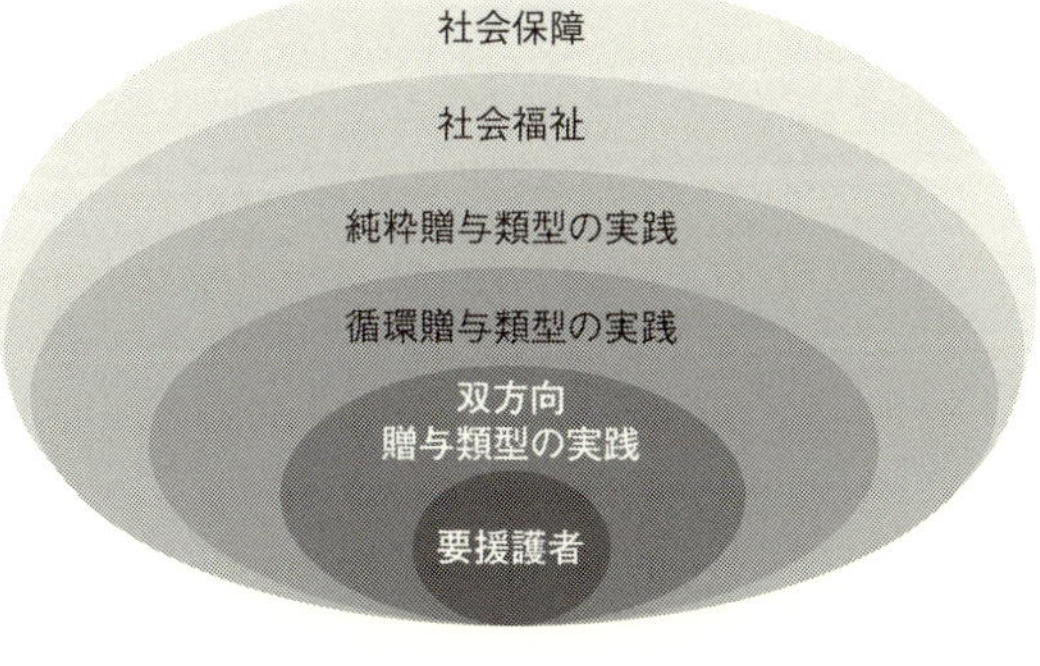

7.2　現在構想可能な３類型を併存させた「重層的な地域福祉実践」

計の根幹として譲れないと考えられている点があるからである。すなわち、純粋贈与と循環贈与の類型には福祉の対象者との社会関係を制度の枠内に限定する壁があるし、双方向贈与類型には実践家の価値観に合う相手がいなければ社会関係を創出できないという限界がある。これらの各類型の統合的理解を阻む壁を克服できない限り、三類型を統合した実践や活動条件を構想することは困難である。

この課題を克服する方法は、現在のところ、社会政策上の工夫をしなくても「不快な他者」に耐えられるような「成熟した公民」の出現を待つ以外にない。このため、現状で実現可能な方法論として登場するのが、本書で提言した三類型を実際に統合するのではなく、併存させたままで重層的に成立させるという「重層的な地域福祉実践」の方法論である。以上の検討を図示すれば、図7の通りとなる。

6　本書の知見の応用

6・1　地域福祉実践への応用

(1)一般化・システム化指向の陥穽

この節では、本書の検討が地域福祉政策に対して貢献可能なことは何であったのかを振り返って議論してみたい。

一般的に、社会政策実践は、必ず一般化ないしシステム化の指向性を有してきたといえる。たとえば、ある社会福祉政策を実行に移す意味は、その政策目的を実現するために構想されたシステムを、できるだけ大勢の人が理解し、受容し、実践するべきであると判断を下したということである。政策を実施するとは、個別性を漂白して一般化された方策を全国に広めることを意味する。

ある政策を一般化し、広めることは、政策立案者にとって、望ましい行為の適用可能な範囲を拡大するのは例外なく善いことであると、意識／無意識にみなされることである。それは、政策実践の方法論はほぼ必ず汎用化を指向するために、単純化・定型化する方向のベクトルをもつと言い換えることもできる。

しかし、ある善い政策があるとして、それを一般化・システム化し、あるいは組織化して順次全国に拡大適用することが例外なく善であるのかは、必ずしも論理的な根拠がないのである。そのような政策の発想は、ある種の思考の陥穽ともいえる傾向である。

なぜなら、純粋贈与類型の実践のように「福祉サービスの提供」を目的とする政策であれば、一般化・システム化の指向は、効率化に資する点で望ましい。当該サービスが効率化され、提供できる範囲が拡大する方向に進むことは、必ず良い結果を生むからである。

しかし、双方向贈与類型の実践のように「個人的な社会関係の継続」を目的とする政策になると、一般化・システム化の指向は、必ずしも良いとはいえない。その理由の一つは、前に検討したように、適正規模の問題である。もう一つの理由は、当事者の個人的資質の問題である。そのときに、一般化・システム化やマニュアル化を控える必要が生じる。そうした種類の政策実践が存在しうるのである。

つまり、あらかじめ定められた方法を履行すれば足りる政策実践であれば、効率化のために一般化・システム化の指向はふさわしい。これに対して、実践の枠組みや内容を当事者個人の資質により自己決定する必要があるときは、一般化・システム化あるいはマニュアル化等によって当事者の裁量を狭めるような政策設計をすることは、適合的ではないのである。

これまでの地域福祉の発想、たとえば純粋贈与類型を典型とする政策実践は、主として「福祉サービスの提供」を地域ボランティア団体に実行させせようとするものであった。この種類の政策実践は一般化・システム化になじむ。なぜならば、福祉資源の投下という比較的単純な目的がすでに定まっており、実践家はそれを効率的に行うことに焦点化して工夫すれば足りるからである。

しかし、社会の原子化に対抗するための「社会関係の継続」を政策目標にする場合、たとえば駒ヶ根市、福山市C事業所の実践内容に一律的な行動規範を定立することは困難あるいは有害であると考えられる。その実践の性質は個人の自覚と裁量に負うところが大きいため、どの地域でも直ちに実践可能となるように一般化・システム化やマニュアル化することにはなじまないのである。

このような種類の政策実践、すなわち当事者が自分で考え、自分の責任で自分の周りの小さな範囲を居心地良くするという政策実践は、個人的な成熟を要件とした福祉である。前章で述べた通り、このような実践も社会福祉の一環であると評価できることを、本書は新たに発見したのである。

それは、援護者の自主的な考えによって活動可能な範囲を広げる種類の政策実践である。このような実践への参加は、従来のマニュアルに従うだけのボランティア活動に参加することに抵抗のある住民の参入も期待できる。つまり、新たな政策類型の発見でもあったといえよう。

通常の政策立案の構想過程では、実践手法の一般化・システム化やマニュアル化など、当事者の負担の軽減や政策実現の効率化等をめざすことは無意識かつ頻繁に行われている。しかし、その立案による手法が必ずしも実際に適合しない種類の政策が、このように地域福祉分野で出現し始めたことを指摘しておきたい。つまり前章で検討したように、当事者の現場の裁量を最大限に尊重する政策実践には、通常の政策立案の構想を反省的に転換する必要がある。

(2) 対症療法と根治療法としての位置づけと統合可能性

一般化・システム化による効率化か、当事者重視かという、二種類の政策類型は、原子化した地域社会に対する対症療法の政策と根治療法の政策という区分からも理解可能である。マニュアル化に適する政策が対症療法の政策であり、時間はかかるが当事者の創意工夫の余地が大きい政策が根治療法（radical treatment）の政策である。

純粋贈与類型の実践は、次の特徴を持つ。まず長所として、福祉資源の移転は効率的である。また、システムとして要援護者との間に壁を作るため、要援護者の個別事情に深くコミットした結果生じる摩擦の恐れがなくなる。この手法は、当事者があらかじめ定められたルールに則って行動すると決められているため、援護者は要援護者個人との関係について深く考慮しなくても活動することができる。また、ルールを設定することにより、ふだんつきあいがなく心理的に距離が遠い要援護者にも直接、福祉資源を届けることができる。短所としては、当事者間の関係はルールに則り制度の枠を出ないため、援護者―要援護者間で個人的な社会関係に移行する可能性はあらかじめ排除されている。この活動によって原子化した地域社会の紐帯や社会関係が再構築されることはなく、根治療法的とはいえない。このような政策実践は、原子化した地域社会の課題である福祉資源へのアクセスの悪さを解消することに特化するという意味で、純粋贈与類型は対症療法の政策実践といえる。

一方、双方向贈与類型の実践は、次の特徴を持つ。まず長所として、原子化した地域社会の紐帯を再構築することを直接の目的とする。外在的なルールによるのではなく、個人の判断と自律によって他者と個人的な社会関係を築くため、個人の社会的成熟を期すことができるという意味で、根治療法的である。短所としては、個人の指向性に依存するため要援護者が誰であっても社会関係を構築可能というわけではなく、公平性に欠ける。社会関係を構築するのは「(不快なところもある) 友人」に対してであり、不快な隣人一般との社会関係を構築する政策実践とはいえないのである。

このような政策実践は、原子化した地域社会の紐帯を再度取り結ぶことを直接的に企図した実践である。紐帯の再生には長い時間がかかるかもしれないが、その意味で、双方向贈与類型は根治療法の政策実践といえる。対症療法の政策実践は、効率的で多数の住民を対象とする意味でいわばリーチが長い反面、制度の枠に縛られる。つまり制度依存的で、各人の人間的な成熟や創意工夫とは切り離された実践である。一方、根治療法の政策実践は、社会の原子化への本格的な処方箋となりうるが、多数の住民を対象にできないためにリーチが短く、援護者と近親性がある住民しか関係を取り結ぶことができない。

しかし、前に述べた通り、双方の政策の延長線上で双方を統合することも、理論上可能ではないだろうか。そのための条件は前述の通り、対症療法の制度依存を見直し、ルールに縛られない個人の自律と成熟を尊重するように質的に変化させること、一方、根治療法は快適な他者との関係を延長し、不快な隣人との共生までその視野に入れること、すなわちプレーヤーが成熟することが必要である。

このような変化を達成することは、双方ともに容易ではない。変えるべき現状の手法が各実践の思想の根幹となっているからである。つまり、対症療法の政策にとっては、社会福祉協議会等の政策設計者が定めたルールに規定されて団体活動を行うことが根幹的な条件となっており、当該ルールを外れた要援護者との関係構築は、想定外である。また、根治療法の政策にとっても、社会関係を構築する他者は、原則的に友人関係になれる、あるいは友人に戻ることが可能な相手であり、不快な隣人とそのまま社会関係を構築することは、政策実践の想定外である。

しかし、所与のルールに規定されることなく、不快な隣人とどのように共生していくかは、社会を構成する人間個人が自分の社会生活の質を高めるために個人の責任で考え、成熟しなければならない種類の課題である。すなわち、地域福祉実践の課題は、人間が社会的成熟に至るまでの経路をいかにとりうるかという問題に対する解答を探る試行錯誤である。

この節で触れた、二つの政策手法の延長線上にある理論的な統合可能性の議論は、いわゆる「ブッダの筏の譬え」(9)の中に、手がかりがあることを付言したい。これは、次の階梯を上るためには今まで拠り所としてきた手段を捨てる必要があるとの教えである。不快な隣人と友人との境界を考慮しなくてよい程度まで、社会がさらに成熟した後に、この二つの政策実践は統合する可能性があるからである。

6・2　社会学への貢献と今後の課題　文化人類学・政治学・現象学の統合的理解の可能性

本書を振り返ってみると、日本の各地で実際に行われている地域福祉実践の事例に基づき、社会科学理論を援用して抽象的で類型的な分析を行い、さらにその類型について哲学的洞察を導入して解釈を行った点に特徴がある。すなわち、具体的な事象の調査から抽象的な類型を発見し、さらに抽象的な哲学的概念による解釈に至る、具象から抽象へつながる社会学的な知の方法論の可能性を提示しようとしてきたことは、評価されるのではないだろうか。

これを、社会学を豊饒化するための一つの試みとして、次のように言い換えることも可能である。第3章において、相互行為論を足下の社会条件にまで拡大して理解しようとする本書の試みは、社会学的に次のような貢献可能性があることを述べた。それは、当事者間の限定された環境のもとで議論されることの多い相互行為論を、現実社会の地に足のついた理論として豊饒化できるのではないかという可能性である。はたして、社会学理論に対してそのような豊饒化ができたのであろうか。

本書は、意図的に視野を狭く限定し、相互行為の場面だけを切り取って抽象化された当事者間の相互行為を検討するに留まらず、次のように議論を拡大することができたのではないだろうか。すなわち、相互行為によって提供される「モノ」の性質や方向の相違（贈与論）あるいは社会関係を基礎づける当事者の意識の抽象性（認識論）そして、社会関係が成立する外的条件（規模論）まで議論を拡大し、社会関係を統合的に理解する道を拓くことができたのではないか。それは、社会関係の種類に留まらず、それに付随する社会関係が成立する条件や意識の程度まで検討範囲を拡大して議論する社会学的な方法論を模索する試みであった。

現実の社会は複雑であるが、一般に社会科学理論は社会のすべてを説明する一般理論をまだ発見していないため、それを理解する手段として、複雑な社会に一方向からの光を当て、抽出された姿を描くという手続きを採用している。そのように考えると、本書は現実の五事例の地域福祉実践に三方向の理論から照射し、三つの光の交点に映し出された像を分析し、統合的に理解することによって、実践ごとの類似、質的差異、あるいは新たな発見を試みたといえるのではないだろうか。

つまり、複数の社会科学理論は、理論としては別個の世界のものであるが、それを同一の社会事実に照射することはもちろん可能である。本書はモース贈与論を基軸に据え、シュッツの認識論やダールの規模論をこの基軸の文脈に沿って理解するという操作によって、「光の交点」をより克明に理解することをめざしてきた。このような方法論を採用して現実社会の事象が分析可能であるならば、異なる社会科学理論を統合的に理解する新たな可能性が拓かれると考えられるのである。

とはいえ本書は現実の地域福祉実践／政策のより深い理解を目的として抽象化を行うために、相互行為論は採用せず、他の社会科学理論を援用して実践の現場を複眼的にとらえようとした試論にすぎないともいえる。この点が本書の射程の限界でもある。現実の実践分析における複眼的理解のための方法論を一般化された社会学方法論として定立するためには、さらに多数の事例について比較分析を行い、多数の研究の蓄積を行う必要がある。同様の分析視角による比較研究の蓄積が今後とも必要であると考える理由である。

最後に、本書ではこれらの社会科学理論の分析視角を導入することにより、地域福祉実践の援護者側の認識や政策効果の相対化を考察できた一方で、要援護者の認識や政策実践の相違により生活の質がどのように異なるのかといった要援護者側の相対化の検討は十分とはいえない。この点は今後の研究課題としたい。

注

（1）市場交換ではこのような社会関係さえ存在しない方がよいという関係を排除するベクトルが存在する。

（2）純粋贈与類型や循環贈与類型の実践では、要援護者の事情に個人的に関与することは、ボランティアとしては背負いきれないほどの負担を負うリスクがあるため、厳しく制限されている点を想起されたい。

（3）たとえばパットナムは、社会が効率的になる（＝個人の利益になる）ために奉仕するものという位置づけでソーシャル・キャピタルを発想し議論している。

（4）詳しくは補論参照。

（5）たとえば抽象的な理解の問題としてではなく、援護者主観的には要援護者を不快な隣人とは思ってもいないで接しているというような心理的な抵抗感がある。しかし、ここで取り上げた実践は、援護者主観的には、要援護者を自分の友人としてとらえ直すことを企図している駒ヶ根市、福山市C事業所の実践を除けば、要援護者に対して自分の友人に対する感情とは異なる感情で接しているのである。ここでは、この感情の相違について焦点化して検討を試みようとしているのである。

（6）当該集団内部では当該隣人は、「他者」ではなく「身内」である。もちろんこの時代であっても、自治会や町内会などで隣人をケアすることはあったが、それは現代の地域福祉とは異なるものであったのではない。それは、同じ町内会の隣人であっても、心理的に「身内」と考えられる隣人についてはある程度のケアが行われていたものの、そうではない隣人に対しては、なんらかの社会的排除が行われていたのではないか。

（7）あえて表現すれば「時には不快なこともある友人」へと変質したといえるであろう。

（8）このように要援護者を「不快な隣人」として認識するのではなく、むしろ援護者と要援護者との間にある一種の壁を取り払うことを企図した他の社会福祉分野の実践事例として、北欧のコンタクトパーソン制度（高齢者福祉制度）、カナダのコミュニティフレンド制度が存在する。さらに、これらの外国の制度と直接関係があるわけではないが、主に知的障がい者福祉分野における権利擁護活動の一環として、千葉県船橋市のＮＰＯ法人ＰＡＣガーディアンズが行っているコミュニティフレンド事業が存在する。この事業では、コミュニティフレンドは、要援護者（権利擁護が必要な人）と友達になり、一緒に買い物に行ったり、映画を見たりあるいは要援護者の自宅で一緒に過ごすなどの活動を行うのである。活動の際に、特に何らかの機能訓練等をしたり、買い物ができるように訓練したりするなどの指導的な要素は意識的に行わないようにしている。つまり、地域福祉分野（駒ヶ根市）と主に知的障害者を対象とする権利擁護分野（船橋市のＮＰＯ）と、活動の分野は異なるものの、駒ヶ根市の実践の「あなたと私は今日から友達になったんだよ」という指向に非常に近い活動である。この活動もまた、「不快な隣人」をそのままにしないで、自集団内の「友人」へと社会関係の変換を試みている。（http://pacg.jp/inpage/contents_community/）

（9）「ブッダの筏」とは、自分の教えさえ筏のようなものであり、向こう岸に到達したときには、それに執着してはならない。筏は目的に達するための単なる道具にすぎないとするブッダのたとえのことを指している（仏教経典『筏喩経』）。

第Ⅳ部　補論

第9章　福祉研究の三つの位相と方法論的集合主義

補論の部では、本書では議論をつくせなかったさまざまなソーシャル・キャピタル（Social Capital. 以下SC）論の特性と社会政策を関連づけて理解することを試みる。そして、本書で取り上げた駒ヶ根市の地域福祉実践が、いまだ十分に成熟しているとはいえない、社会の多様化を認め指向する政策の嚆矢となり得る可能性があることを指摘する。

また、第10章では、本書でも若干触れたが、現代SC論が、ピーター・エケの指摘のように、「フランスで生まれた集合主義とイギリス社会学の系譜を引く個人主義とのアメリカにおける結合はあまり成功しなかった」(Ekeh 1974=1980: 5) と評価される状況を分析し、「ソーシャル・キャピタルを巡るあまり成功しなかった方法論的集合主義と方法論的個人主義との結合」が、地域福祉政策を含む社会政策にどのように影響しているかについて理解を深める。すなわち、アメリカの社会学が強く内包している個人主義的傾向が、ヨーロッパの集合主義的なSCの考え方に一種の立場の転轍を生じさせたことが、現代のSC論を強く特徴づけていることを明らかにする。

補論において、このような議論を提示する理由は、次の通りである。それは、以下に示すSC論の立場を転轍させた現代社会学の方法論的個人主義的な傾向が、本書で分析を試みた、方法論的集合主義的な社会関係を大切にしようとする社会政策分析を困難にする原因の一つと考えられるからである。

1　問題関心の所在

SCの考え方を基にした研究や政策実践に関しては、現在までに非常に多くの蓄積があるが、未だにSCの統一的な定義は確立されていない。その結果SCとして理解される範囲は、この後でも触れる通り、パットナムの定義（最狭義）から世界銀行の定義（最広義）に至るまで相当な広がりがみられる。さらに、SCは「文脈限定的」「目的限定的」な概念であり、その意味は取り上げられる文脈によって異なる（佐藤 2001: 7）とさえいわれている。このようにSCの定義が多義性を帯びるのは、そもそも「SCの概念を何の目的に利用しようとするのか」という研究目的が論者ごとに異なっており、それが反映されているためである。同様の理由から、SCを基礎とした政策提言の種類もまた多様に存在する。

このような状況にある現在のSC研究動向を理解するにあたっては、各論者の「指向性」を踏まえることが重要である。しかし、一般性を指向する定義からその基盤をなしている論者の価値観や目的を読み解こうとする方法論を採用することは、一般化による価値観の希薄化傾向もあって困難であることが多い。むしろ各研究の具体的成果である政策提言に着目し、これを基にそこから遡及的に導かれる各論者の目的や手法の類型を分析軸として、現在のSC研究の分類・分析を行う方が効果的である。

この章の目的は、この着眼点をもって、すなわち既存SC研究や政策実践を政策提言という「研究成果」の相違に着目して分類・分析することにより、現状のSC研究の動向を整理することにある。さらに各研究等のもつ指向性や、未だに研究が行われていない「欠けている分野」について明らかにすることにより、グローバル化の大きな流れの中におけるSC研究の意味や位置づけ、さらには今後の研究の方向性を示していく。

以下第2節では、先行研究を目的軸と手段軸により大きく三つに分類する分析枠組みを示し、SC研究同士の位置づけを試みる。第3節では、この位置づけによって明らかになった三つの類型の特徴や問題点を指摘するとともに、この分類だけでは説明できない理論研究から政策実践に移行する時に生じる規模的最適性の問題や移行段階でのゆがみの問題等の別次元の論点が存在することについても論じる。第4節ではこの枠組みによって明らかになったこととして、先行研究が乏しい四つめの類型の存在とこの分野を研究する意義について述べ、今後の研究の方向性を示す。第5節では、今まで分析してきたことの成果として、グローバル化が進展している世界の中でのSC研究の意味・位置づけ・方向性について触れ、先行研究の方向性とは異なる代替的政策研究の必要性についても言及する。

2　先行研究と分析枠組み

2・1　先行研究の三分類

SCに関する先行研究は、SCによる政策提言の質的差異により大きく三つに分類することができる。⑴周辺環境整備型の系譜。SCの蓄積を社会全体の発展の基盤ととらえるパットナムらに見られる。⑵政策投資効率を重視する系譜。物的資本や人的資本を有機的に結びつける役割を持つものすべてをSCととらえる。世界銀行等に見られる。⑶地域政策・地域福祉型の系譜。SCを政策的介入によって創出あるいは増進すべき対象物であるととらえ、日本の政策研究に多く見られる。以下、それぞれについて順に説明していく。

(1) 周辺環境整備型

まず周辺環境整備型の研究は、社会学的アプローチにおいて多く見られるが、パットナムのほかブルデュー、コールマン、フクヤマらが議論を展開している。たとえば、ブルデューによるSCの定義とは、「多かれ少なかれ制度化された相互面識及び相互承認の持続的ネットワークの所有、あるいは言い換えると、全体で所有する資本の支援を各メンバーに提供するような集団のメンバー資格に結びついた現実的あるいは潜在的資源の総体」(Bourdieu 1986: 248) である。つまりブルデューにとってのSCとは、要するに人脈やコネのことであり、それは人的資本、文化資本と並んで階層の再生産を促進すると認識される。

他方コールマン、パットナム、フクヤマらの研究ではこの意味は弱められ、逆にSCの人々の結合を強化する機能に着目している。そして血縁関係を超えた広範囲の人々が協調行動を起こすSCのメカニズムを、社会的ネットワークや信頼や互恵等の規範の存在から説明している。たとえば、パットナムにおけるSCの定義は「人々の協調行動を活発にすることによって、社会の効率性を改善できる、信頼、規範、ネットワークといった社会組織の特徴」であり、その本質はSC構成員間の「魂の交歓 (the flow of soul)」(Putnam 2000=2009: 94) であると分析している。そして、「市民的な自発結社 (=ソーシャル・キャピタル) は、安定した実効的な民主的制度に不可欠な『心の習慣』を鍛える (reinforce the habits of the heart)」(Putnam 1993=2004: 11) として、SCがアメリカの民主主義を支える鍵になると認識される。

いずれにしてもこれらの社会科学的系譜では「社会的文脈と歴史が、SCの有効性を深いところで条件づける」(Putnam 1993=2004: 228) と認識されている。つまりSCは歴史経路依存性、つまり徐々に蓄積される性質を有していて政策的に短期間で形成される性質のものではないという理解において共通している。そのため彼らの政策提言もその理解にふさわしく、たとえばパットナムではSCの衰退化傾向は街路整備や通勤時間の改善等の周辺環境整備によって徐々に強化されるべき事項である（Putnam 2000=2009: 505）とされ、この系譜においてはSCそのものを強化しようとする発想はあまり出てこない。

(2)政策投資効率重視型

次に政策投資効率を重視する系譜では、たとえば世界銀行SCI（Social Capital Initiative）ワーキンググループは、SCを天然資本・物的資本・人的資本の継ぎ目にある「Missing-link」（佐藤 2001: 17）であるととらえ、パットナムの定義から研究対象の拡張を行った。SCIにおいては、

「ソーシャル・キャピタルとは、社会の内部的及び文化的結束性、人々の間の相互作用を左右する規範及び価値、そして人々が組み込まれている諸制度のことである。ソーシャル・キャピタルは社会を結束させる接着剤であり、それなしには経済的成長も人間の福祉もあり得ないものである」（宮川・大守 2004: 34）

と定義しており、社会構成から天然資本・物的資本・人的資本を差し引いた残りがすべてSCであるかのように、SCの守備範囲を非常に広くとらえている。

世界銀行における政策的関与の方法は、貧困撲滅という政策効率性を最大限に向上させることを目的とした戦略的なSCの利用であり、政府・研究機関・NGOなどが協働してSC形成を積極的に推進する手法を採る。たとえばODA事業の灌漑プロジェクトにおいて、あえて灌漑水路をコンクリート張りにせず土で作り、それを地元のSCで補修させるシステムをつくることによって、地元住民の協調行動を誘発（＝SC創出）し、投下資源のメンテナンスと継続的活用をはかる政策手段（佐藤 2008）や、JICAにおけるマイクロファイナンスを成功させるための地元SCを対象とした規範づくりの例などがある。

このような社会関係資本に着目したＳＣ活用／因習の除去／ＳＣ醸成アプローチを、「犯罪・暴力」「経済・貿易」「教育」「環境」「財政」「健康・栄養・人口」「ＩＴ」「貧困・経済発展」「農村発展」「都市発展」「飲料水供給」「衛生」等の分野で開発援助行為に活用し（農林水産省農村振興局 2006）、実際にバングラディシュ、インド、エクアドル、サハラ以南のアフリカ等において展開している。

⑶地域政策・地域福祉型

最後の地域政策・地域福祉型の系譜は、経済パフォーマンス重視型とは異なり、特定の投下資源のパフォーマンスを最大化するためではなく、むしろ積極的な政策的関与によって地域のＳＣ指標を向上させ、ひいてはＳＣ自体を醸成させることを目的とした地域／地域福祉政策を提言している。たとえば日本総合研究所では、「地域住民組織の再評価とその活動を強化する政策」「行政と地域住民との協働を個別具体的な地域課題の解決を元に進めていく政策」「ボランティア・ＮＰＯ・市民活動を支援する政策」（日本総合研究所 2008）などの政策を提言している。同時にその際に特に留意すべき点として、「現在のＳＣを壊さない」ことの重要性も指摘している。内閣府においてもこの方向性は同様であり、ＳＣの形成を意識した政策の検討を示唆し、政府もＳＣを活性化するための促進役を果たしていくことが期待されている（内閣府 2002: 101）。

地方自治体においても、この政策提言を受けた政策を実践している。たとえばさいたま市においては、市長が「地域を軸として市民のきずなを育む政策」を打ち出してＳＣ向上の環境づくりに取り組んでおり、たとえば自治会への加入、趣味、ボランティア、ＮＰＯ活動を含めた市民活動の活性化や活動団体間の協働を目指し、また地域コーディネーターの養成や、ＮＰＯ・市民活動・自治会・社会起業家等を育成・再組織化・再活用を提言している。そして最終的にはこれらの諸団体の活動を Bridge 的なものに変えていくことを目指している（さいたま市 2007: 52-54; 2008: 55-56)。

これらの地域政策に共通した特徴は、総論としては、政府が介入すべき程度や不用意な介入による既存SCを破壊する危険性について問題視しながらも、原則的には地域住民で構成されるSC自体を醸成するために政策的介入を行うことをいとわない点にある。

2・2　政策手法軸と価値目的軸

このように、SCの理論的系譜を政策提言という側面に着目していくと、SC政策の手段には、SCに政策が直接介入することを注意深く排除し側面援助に徹するべきであるとする見解（周辺環境整備型）と、反対に政策の直接的介入を積極的に推奨する立場（政策投資効率重視型、地域政策・地域福祉型）との、方向性が大きく異なる二つの傾向があることがわかる。また、政策がどのような利益を図ることを主目的としているか、という観点においても二方向に異なる見解がある。ひとつは主にソフトウェア的運用によって個別的利益を重視する見解である。これは人心に訴えかけることによって地域住民を動かしてSCを創出し、個々の住民にとって暮らしやすい社会を創ることをおもな軸とする見解（地域政策・地域福祉型）である。もうひとつは、主に資本投下によるハードウェア整備をきっかけとして、その合目的的利用や民主主義の醸成に焦点をおく集団的利益を重視する立場（政策投資効率重視型、周辺環境整備型）である(1)。

手段／目的が異なるこれらの見解は、互いに独立しているため二次元平面として説明できる。図8および表4は、上で述べたことを各々価値目的軸（個別的利益―集合的利益）と政策手法軸（直接的介入―間接的介入）として整理したものである。

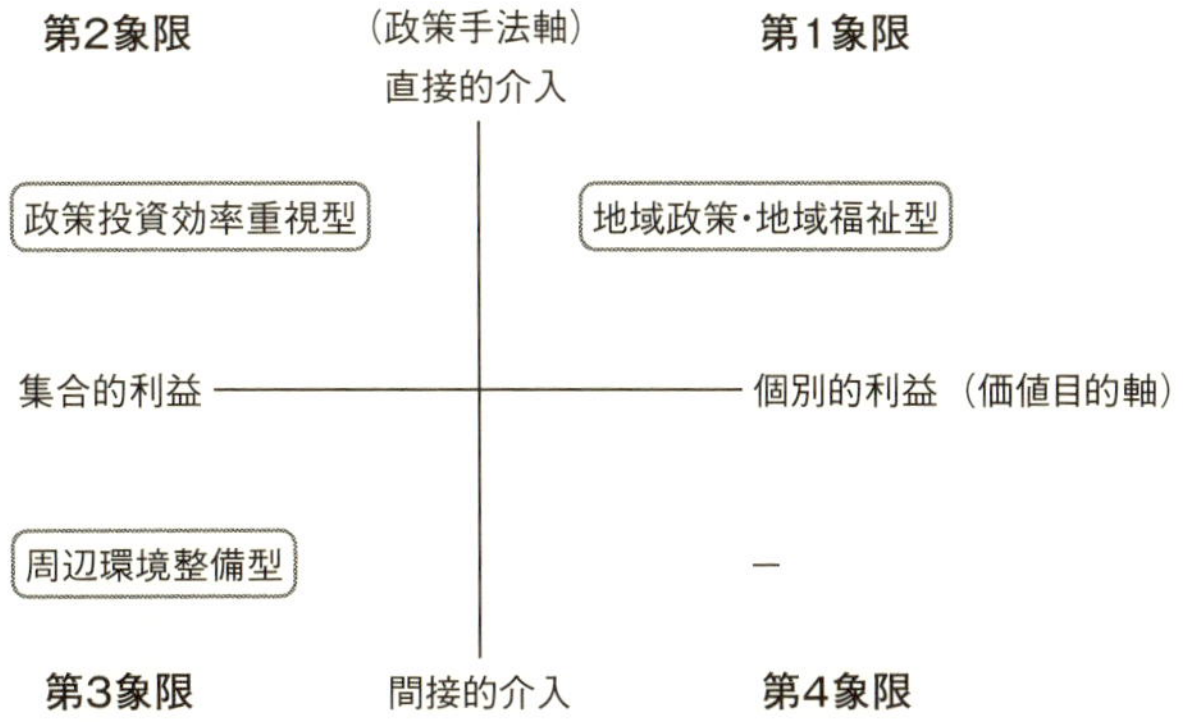

図８　ソーシャル・キャピタルの政策手法と価値目的による類型

表４　ソーシャル・キャピタルの方向性による理解

象限	第２象限	第１象限
類型	政策投資効率重視型	地域政策・地域福祉型
研究	世界銀行等	日本の多くの SC 地域政策研究
目的	貧困解消のための戦略的利用	住民組織活用による SC 指標の向上
政策提言	SC で灌漑水路の補修など	市民活動育成など
象限	第３象限	第４象限
類型	周辺環境整備型	—
研究	パットナム等	既存研究なし（実践例等は後述）
目的	SC 強化で民主主義の危機回避	—
政策提言	街路整備など	—

3　各ソーシャル・キャピタル政策の特徴と課題

3・1　政策の単純化・イベント化と他の政策目的への利用

このような整理を行うと、次の論点が明確になる。まず、価値目的軸において個別的利益増進を目的とする右辺の政策は、第1象限か第4象限に位置づけられるが、既存研究では第1象限に位置づけられる研究がほとんどすべてであり、第4象限に位置づけられる研究は、筆者の知る限り存在していない。この第4象限の重要性については後で詳しく述べることにしたい。これらの住民の個別的利益を重視する政策手法は、従前から研究されている地域政策や地域福祉政策と非常になじみがよい。

特に第1象限の研究については、行政だけでまかないきれない住民福祉ニーズを民間セクターで担当させる、という文脈で議論される分野で、政策実践例も非常に多い。近年は、これらのSC集団への支援の厚遇化、期待の高まりが多くみられるが、それは、公共的セクターを補完する役割を担うNPO等が、行政側から住民組織あるいは地縁的組織と位置づけられることによる。これらの政策は、従来から行ってきた地域政策についてSCの観点から新たな価値を与え、その存在意義を強化したものと位置づけられる。見方を変えれば、地域政策手法の特性として、現実の政策提言では可視化しやすいSC指標の向上を主目的におくことが多いため、その政策はわかりやすいものになりやすく、単純化あるいはイベント化しやすい面があることも否定できない。

たとえばさいたま市では、地縁的活動やボランティアや市民活動等に参加していない市民をまず参加しやすい地域活動に引き入れ、その後市民活動を活発にしていく方向に市民を誘導する政策を提言し、その結果として市民活動への市民参加頻度等のSC指標が向上したことをもってSCが醸成されたとみなしている（さいたま市 2008: 51）。しかし別の観点からみると、本来日常生活における住民同士のつき合いの姿は非常に複雑で、きわめて可視化・指標化しにくいため、この面についてのＳＣは考慮に入れずに、「市民活動参加頻度」という可視化が容易で測定しやすい単純でイベント的な市民活動側面に誘導しようとする政策であると考えることもできる。

次に、集合的利益増進を主目的とする左辺の政策は、第２象限か第３象限に位置している。これらの政策が目標とする価値は、「政策投下効率性の向上」（世界銀行：第２象限）や「草の根からの民主主義の回復」（パットナム：第３象限）などの集合的利益で、ＳＣを利用して向上をはかるべき政策目的がはっきりしている。元々パットナムが指摘した、政策効率性を規定するものがＳＣであるというＳＣの存在意義はこの点にある。すなわちこれらの政策は、個人間の人間関係を利用した他の政策目的を実現する実践例である。その反面、これらの政策はＳＣ増進による個人の幸福増進とは直接的関係がない(2)。

３・２　地域政策・地域福祉型政策の問題点

このように第２・第３象限に分類される政策は、厳密には個人の幸福増進を直接目的とはしていない。個人の幸福増進に直接寄与することを目的とする政策は第１、第４象限側に集中しているため、住民福祉にとって重要なのは右辺の政策である。しかし、第１象限に位置する地域政策・地域福祉型政策には、次の点に課題がある。それは住民への直接的介入を容認する政策の必然的帰結として、「政策意図を、ＳＣ形成を通じて実現する」という発想から決して自由になれない点である(3)。その問題点は次の通りである。

(1) Bridge 型ＳＣへの特化

ＳＣ指標は Bonding 型ＳＣと Bridge 型ＳＣに大きく二分することができる（たとえば日本総合研究所 2008: 3）が、後者に関する指標が相対的に多く、政策提言については、たとえばさいたま市の場合は、ほぼ１００％

がBridge型それも市民活動に関するものであり、一方のBonding型ＳＣに言及した政策提言はほとんど存在しない(4)。これは、市民活動は外部から見えやすく計量化しやすいため、その方向にかたよった結果である。もちろん行政が市民活動を支援するのは当然の政策であり、そのことによる市民活動活性化の効果は高く、費用対効果も大きいと思われる。しかしこのように一方に傾斜した指標は、住民によって構成されるＳＣの中のごく一部の人の活動しか表せないという欠点がどうしても生じる。この指標化の際の傾斜が原因で、政策提言が市民活動的ＳＣへの関与に特化したものになっていくのではないかとも考えられる。

実はＳＣの本質は、表立ったイベント的活動の中ではなく、逆に近所づきあい等の日常的で目立たないBonding型の活動の中にこそ存在し、そこに人が生きていくのに必要な互助・共助の姿がある。つまり、互助・共助は基本的に人に隠れて行う、あるいは、第三者には見えにくいなかで行うものである。そして助ける側は、助けられる側の都合を考慮した上で助けているのだが、そのような日常生活的ＳＣの増進を政策に盛り込んだ既存の政策実例や手法がほとんどなく、具体的な政策策定をすることが困難であったことも影響している。

つまり、指標設定と具体的な政策化の困難さという技術的手段の問題が、本質的な日常的ＳＣに関する政策策定という目的を実現することを困難にしてしまうという、目的―手段間の「ずれ」が具体的な政策提言に表われたものであるとも考えられる。

それは、指標化しやすいものだけを指標化した結果としての政策提言のずれの発生と言い換えることもできる。たとえばＮＰＯやボランティア育成のための研修会の開催や体制づくり等の政策がこれに該当する。もちろんこれらの政策自体に問題があるわけではないのだが、ＳＣ政策としてこういった政策しか出てこないことが問題なのである。

(2) 指標向上政策とSC自体の増進

次に、代替変数である指標を政策的関与により向上させたとしても、本来のSC自体が増進するとは限らない、という問題がある。

つまりSC政策の中には、SC指標向上のための政策が存在するが(5)、これらはこの誤謬を犯しており、独立変数と従属変数を逆に考えている可能性がある。たとえば、自治会組織率向上を目標とするSC政策が存在するが、この政策自体に問題があるわけではないのだが、目標が一人歩きしてしまい、SC増進とは無関係になる危険性がある。すなわち、自治会組織率の向上が従属変数、SC増進が独立変数であって、SCが増進すれば自治会組織率は向上するという関係だが、その逆は真であるとは限らないのである(6)。祭りやボランティア団体を新設する等の政策も同様で、行政主導という直接介入的手法を採ると、どうしてもイベントの開催回数や団体の数を揃えることが目標となってしまい、SC増進とは無関係な政策実践となる可能性が生じるのである(7)。

このことは、パットナムの政策提言と比較するとより鮮明になる。パットナムの政策の特徴は、政策的に介入すべき方向性は、SCを構成する基となる草の根民主主義を育めるような周辺環境を整えることであって、SC自体やSC指標そのものに直接手を加えようとはしていないことである。パットナムがこのような婉曲的な政策を提言しているのはなぜか。それは政策が民主的集団を形成しようとするのは、本末転倒だからである。言い換えれば、パットナムがSC／SC指標に直接的に介入しようとしなかったのは、民主主義発展の機序へのオマージュのためであった。そして民主主義に基づく互助や信頼関係がSCを醸成し、SCが醸成されると結果的にSC指標が向上するというのが理論的な機序であって、その逆は成立しないことをパットナムは自覚していた。SC指標向上政策やSC自体へのコミットメント政策が現出させたSCらしきものは、したがって、民主主義を育む場としてのSCとは似て非なるものなのである。

(3)理論—政策軸の存在

以上のSC理論上の問題のほかに、SC政策の議論が政策実践に移される段階において、理論上想定されていた問題点が実践上は考慮されないという、ある種の「ゆがみ」が生じる恐れが二点あることを否定できない(8)。

(4)既存SCの破壊

それは第一に、「理論」的局面において、SCの政策展開にあたっては、現在のSCを壊さないことが重要であると注意が喚起されているが、政策実践段階になると、SC創出という政策的介入を行うことによって既存SCが壊される可能性があることへの考慮がされておらず、その結果、不用意な介入を促進するような実践が推奨される場合があり得るという点である。たとえば協働のまちづくり推進の市民体制整備(さいたま市)や行政区単位の「地区寄ろ会」設置と運営費補助事業(9)などは、行政主導によるSCの創出が政策の柱になっている。当然ながら、このような住民SCを新たに創出する政策立案自体は価値がある。しかしその制度設計や運用において、このようなSCが既存の日常生活的SCを押しのけ、場合によってはそれを消滅させてしまうこともあり得る危険が考慮されていないと思われるのである。

(5)規模的最適性

第二に、規模的最適性の問題がある。それは既存研究ではあまり指摘されていないことであるが、理論的にSCには規模的最適性が存在するところ、政策実践段階においては、それに対する考慮があまり払われていない実践が存在するという点である。

元々SCは、個々の住民が有している日常生活上での何らかの価値観を共有している他者との相互関係である、という点にその本質がある。つまり、ボウリング仲間や宗教的集まり、うわさ話ができる隣近所との関係などの「魂の交歓」をすることが可能な、いわゆるインフォーマルな親密集団がその代表例であり(10)、したがって、いかなる価値観も共有していない他者とは原則的につながり得ないという性質を有している。この性質のため、その範囲はおのずから構成員が許容しうる一定の精神的・認知的・距離的な範囲を超えることはない。政策的にその範囲を無理に拡大しようとすれば、拡大されたSCは求心力を失って壊れざるを得ないであろう。つまり、SCには構成員が経験的に形成しているところの最適規模が存在するということであって、そのようなSCを外形力によって範囲拡大しようとするのは元も子もなくすリスクが高いのである。

しかし、政策実践局面においては、このリスクの高い政策を実践しているものも多い。たとえば地域福祉政策における地域組織化の手法(11)や、ボランティア・NPO・市民活動と地縁的な活動が連携して、SCを地域のために生かそうと指向する一体的な自立型、開放型の地域コミュニティを創ろうとする試み（さいたま市 2008: 27）などの政策例がある。

このように地域政策・地域福祉型のSC政策は、その生来的性格から規模的拡大を指向しやすいが、地域住民の日常的つきあいである地域の既存SCは元々閉鎖的、つまりBonding的SCを原則とするのであり、それが開放的性質を持っていないからといって非難されるべきものではない(12)。むしろ自分がつきあいたい人と親密につきあうためにはSCが閉鎖的とならざるを得ない場合もあり、構成員はその中で自足しているのである。それを政策によって開放性を持たせたり、規模的拡大を目指したりする必要はない。その政策を行ったとたんにBonding的SCは崩壊する危険にさらされる。閉鎖的であり、適正規模で運営されていたからこそ確保されていた住民の幸福だったからである。つまり政策の指向とSCの原則は、原則的にトレードオフの関係にある。

ただしBonding的SCの短所は、当該SC内で解決できない課題が生じたときに、その閉鎖性ゆえに行政機関や福祉機関がそれを知ることがなく、当該課題が滞留してしまうことにある。したがって、当該SC自体を拡大したり再編成したりするのではなく、SC自体には手を加えずに、専門機関に課題をつなぐしくみ等を作ることが、政策的合理性がある選択である。

つまり、望ましいSCの状態とは、適正規模のSCが一体化することなく並列的・あるいは複合的に存在しており、そのSC同士が互いに弱い紐帯でつながっているという状態なのではないか。そして、その弱い紐帯は必ずしもSCである必要はなく(13)、契約や制度的関係であってもよい。政策はそのような既存SCの規模や構成等の特色を尊重するべきで、SC自体に手を加えたり、規模的拡大を図ったりする必要はむしろないのである。

これを別の面からみると、従来からいわれているSCの二種類のタイプ（Bonding型とBridge型）と政策との関係は、実は政策介入に向いていないのがBonding型SCであり、介入を許容し政策を補完する諸体制の中にBridge型SCが含まれるという役割分担であった。そして、弱体化した地域のつながりを補完できるのはBonding型SCであり、政策の役割を補完できるのはBridge型SCや他の制度的手段であって、両者を混同してはならないのである。

以上からSC政策には、SCの理論分野とは異なる観点によって成立しているSC政策実践分野が別途に存在していることが判明する。つまりSC研究の分類は、すでに述べた手段軸・目的軸のほかに、重要な変数である理論―実践軸が存在していることがわかる。

4　個別的利益―側面援助型の類型への着目

以上のように個人の幸福増進を直接的な目的とするSC政策のうち、地域政策・地域福祉型の政策実践は、住民活動の活発化という大きな成果をあげてきた。その一方でSC理論においては市民活動的政策や指標向上政策への特化が、政策実践においては既存SCを破壊するリスクや規模的最適性の問題が生じる場合もあることも述べてきた。

これらの問題が生じる原因は、それらの政策が住民への「直接的介入」を手段として容認したこと自体にある。なぜならば、そもそもSCの存立は住民が自ら所属するSCを構築したり選択したりするところに依存するが、その主役であるべき住民がSC形成の意思決定の主導権を有しておらず、政策がSCのあるべき姿を示して直接的介入を行い、ある方向に住民を啓発する(14)という手段を是とする発想に、問題の根本的な原因があるからである。

要するに、価値観が一致するSC集団がどの範囲まで及び、誰とどのようにつきあえばうまくやっていけるか、などの「SC内の微妙な空気」が政策側にはよく読めないにもかかわらず、SCをある一定方向に導こうとする意図は十分にあるという問題である。このようなリスクを回避するためにはどうしたらよいのか。その方法として着目されるのが、第4象限に位置づけられる、SCへの直接的介入を避ける政策である。

4・1　第4象限の政策の姿

前掲の図8の第4象限に位置づけられる政策は、目的においては個々の住民の幸福という個別的利益を追求するが、その手法においては集合的利益におけるパットナムの直接的介入を行わない間接的SC醸成手法とその発想を同じくする。

つまりこのタイプの政策は、政策提言を側面支援に限定することによって、①市民活動的SC、②指標向上政策の二つに対する特化傾向、すなわち既存の地域政策・地域福祉型のSC政策が抱える二つの宿命的な制約から自由になることができ、政策側からは把握することができない「SCの微妙な呼吸」を重要な要素とする日常生活的SCを直接対象とすることができるという大きなメリットがある。

残念ながら、この象限に位置する先行理論研究は現在のところ筆者の知る限りほとんど存在していないが、政策実践としては、本書で触れた駒ヶ根市の地域福祉実践があり、この実践が理論化のためのヒントになりうる。本書で触れたように、それは住民の「好み」に応じたSC形成の側面支援という非常にユニークな政策であった。

この事業と比べると、従来の単発型のボランティア制度は、対象者・支援者ともに誰と関係を築きたいか、という相手に対する選択権がなく、困っている特定の事項について匿名で支援して解決することだけが目的で、解決すればそれで関係は終了する、という発想で成り立つところが不十分なのである。このためボランティアを行った後に対象者―支援者の関係がSC形成へと発展することが困難である。

4・2　今後の課題

この第4象限に関わる政策実践の詳細な検討と理論化は、今後の自らの課題となるが、筆者がこの象限の政策に着目する理由は次の通りである。それは第一に地域の目立つ人だけを対象とした政策、第二に地域の課題解決手段としてのSCの利用という発想(15)、第三に拡大再生産的な発想を伴うSC政策(16)、それぞれに対する政策のオルターナティブの意味があると考えているからである。

つまり第4象限の政策は、他の象限の政策のデメリットを解消しうる政策となる可能性を秘めており、今までの政策にはない日常生活の助け合いを行うＳＣを重視しているため、今後のＳＣ政策の発展の鍵となるのである。このようなタイプの政策実践が現代において初めて出現した理由を考察することを合わせて今後の課題としたい。

5　結びにかえて――ディズニー化により排除されるものへの着目

本章で整理を試みた既存ＳＣ研究や政策実践が今後発展していく方向性を考えるとき、グローバル化した社会における官僚制のゆくえを想像せざるを得ない。なぜならばＳＣ政策実践主体はほとんどが地方自治体や公的機関であり、そこでは官僚制に強く規定されて政策実践を行うからである。

現代社会における社会政策の方向性について、バウマンによれば、経済的機能と社会的機能の大半を放棄した国家は、グローバルなエリートと直接対決して不確実性を和らげる方向ではなく、ますます厳格な個人の安全への政策を設計するという（Bauman 2004=2007: 115,144）。現在のＳＣ政策の隆盛は、この個人に向けられた安全政策の大きな流れの一部であると考えることはできないだろうか。現代になって初めて政策がＳＣの重要性に気づいたといえようが、見方を変えれば以前は重要視されていなかったＳＣに対する政策の介入強化、あるいは管理強化ととらえ直すこともできる。

今後のＳＣ政策がこの方向性をもつ官僚制に規定されて進むと考えた場合、それはマクドナルド化（Ritzer 1996=2008）からディズニー化（Bryman 2004=2008）への経路をたどるのではないか(17)。つまり、マクドナルドでのメニューや接客業務のような単純でわかりやすいＳＣ政策の単純化・イベント化を経て(18)一見すると住民の自己実現の夢をかなえるような顔を持つ住民参加型でバラエティ豊かなＳＣ政策が近い将来に現出するかもしれない。

しかしそれは、ディズニー化されたSC政策かもしれないのである。ディズニー化されたSC政策を、必ずしも否定的にとらえる必要はないが、ボードリヤールが指摘した通り、ディズニーランドは何らかのものをあらかじめ排除することによって成立するシステムであることも忘れてはならない（Baudrillard 1981＝1984: 17）。それではディズニー化されたSC政策のもとでは、何が排除されるのか。

それは、政策が推進する枠組みとは異なる「（政策からは見えない日常的SC実態である）別の枠組み」ではないだろうか。この排除は、政策があらかじめ想定しているSC以外のSCをあらかじめ排除しておくことであって、予定していたものしか与えられないという政策の限界を示している。ディズニー化されたSC政策は、政策側からは見えないものをあらかじめ排除することによって、単純化されわかりやすくて見栄えがするものだけを政策対象とするという意味において、吉見俊哉のいうディズニー化、すなわちハイパーリアル化（吉見 1992: 36）した形態としてしか存在しえないのかもしれない。しかしここで排除されたSCこそ、〈政策にとっては予定外であるところの〉社会の多様性を認めるために大切な意味を持っているのである。

注

（1）SCの目的の二方向性は「個体利益の社会関係資本」「集合利益の社会関係資本」という用語で、石田も同様に論じている（石田 2008）。
（2）むろんこれらの政策の成功は、ひいては個人の幸福につながることが望まれているが、必ずしも個人の幸福と直結するとは限らないのである。
（3）集合的利益追求型で直接的介入を容認する政策投資効率重視型の世界銀行等の政策も同様の問題点を有する。
（4）Bonding型SCへの言及は自治会に関するものに限られており、いわゆるインフォーマルなつながり、たとえばご近所つながり等のBonding型ＳＣに触れているものはほぼ存在しない。

（5）たとえば、地縁活動やボランティア・ＮＰＯ活動に参加していない市民に参加を誘導する政策などが該当する。これも政策自体に問題があるのではなく、ＳＣ増進の指標向上自体が自己目的化するときに問題になるのである。

（6）たとえば、マンション入居に際して自治会加入を入居条件にすれば政策的に自治会組織率という数値自体は向上するが、その数値上昇は、地域のＳＣ実態の増進とはほとんど関係がない、というような政策事例である。

（7）指標向上政策がＳＣ自体の向上につながる機序を有しているかどうかについては、双方の相関関係は認められるものの、どちらがどちらに影響を及ぼすかは特定することができないと認識されている（日本総合研究所 2008: 12）。

（8）たとえば、「政府の政策の中には、社会関係資本を破壊する効果をほぼ確実に持っているものがある」（Putnam 2000=2009: 343）、あるいは日本総合研究所（2008: 38）を参照。

（9）水俣市では行政区単位に「地区寄ろ会」を設置し、地域住民の手でまちづくりを行うことに対して運営費助成を行っている（さいたま市 2008: 47）が、行政区単位で事後的に作られた集団は、既存ＳＣとは相反する別の集団となる可能性があり、事業の趣旨とは反対にこういった会の設置が結果的に既存ＳＣを壊してしまう可能性がある。

（10）むろんフォーマルな関係もＳＣの一部である。しかし「日々の暮らしの中では、インフォーマルな形の社交が重要な社会的サポートを提供している」（Putnam 2000=2009: 109）。

（11）地域福祉活動専門員による、福祉問題を抱えていない一般住民の生活問題の共同的解決や相互扶助を目指して地理的コミュニティを形成する活動のこと（牧里 2001: 110）。

（12）ＳＣ研究においては、Bonding型ＳＣはその欠点が強調されることが多い。たとえばPutnam（2000=2009: 20）。

（13）もちろんBridge型ＳＣがその役割を果たしてもよい。しかし、そのような役割はＳＣでなければ果たせないものではない。

(14) 住民は政策の提示に従ってそれに参加して意見を述べることができるに留まるという程度の参加形態をとることが多い。

(15) そもそもSCは目的的組織ではないことを第4象限の政策は主張することができる。

(16) 拡大再生産的性格はSCの本質にはない。

(17) リッツァーによれば、マクドナルド化は官僚制システムをその先駆者としており (Ritzer 1996=2008: 52)、バウマンによれば、ディズニー化は、マクドナルド化が収束するところから始まる (Bauman 2004=2007: 20)。

(18) 現在でもすでにSC政策先進地域においてそのような単純化・イベント化された政策が出現していることは、先に述べた通りである。

第10章　社会関係資本理論のパラダイムシフト

――方法論的集合主義と方法論的個人主義からの理解

1　ソーシャル・キャピタル（社会関係資本）への注目

1・1　ソーシャル・キャピタルは手段か目的か

近年の社会学におけるソーシャル・キャピタル（以下、SC）に関する議論の隆盛は、より多くの財を所有するだけでは人間は幸福になれないことや、社会の進展には人と人とのつながりが重要な役割を果たしていることに、われわれの社会が徐々に気づいてきたことの証左であるととらえることも可能である。

つまり、一般にSCと命名された社会関係に社会が注目するようになった背景には、政策や経済社会の効率性をさらに向上させるための手段として把握されたという一面も存在するが、実はその視点に留まらず、経済合理性の追求に政策の重心があったことを反省するとともに社会関係の重要性に着目するという意味があったとも考えられるのである。

その点を踏まえると、社会関係について議論する場合に留意すべきことは、社会関係を政策や経済効率性等の他の目的に奉仕する手段としての意味に限定しないようにすることである。

たしかにＳＣが高い地域では、経済活動を含む市民パフォーマンスが向上するという相関関係は、ＳＣ研究者によって明らかにされている(1)。そのため有効な財の投下を目指す団体、たとえば世界銀行やＯＤＡ等の地域開発機関では、投下資本の有効活用という観点から、ＳＣを政策・経済効率に従属させて活用する発想が生まれ、方策が採られても（Worldbank 2001=2002: 234; OECD 2001: 39）不思議ではない。しかし、この視点における議論では、ＳＣに代表される社会的交換関係の存在意義が、はたして政策や経済効率性を達成する手段に限定されるのかという点については、ほとんど検討されていないのである。

ここに、現在のＳＣ理論やその理論的母体となっている社会的交換理論の相対的な位置づけを確認するため、これらの理論が、方法論的個人主義（以下、「個人主義」）や方法論的集合主義（以下、「集合主義」）の系譜とどのように関係しているのかを検討する意義が存在する。

個人主義とは、すべての社会現象の説明は、諸個人の特性に還元可能であるとする立場である。たとえば、合理的選択理論では、個人の行為は利己的で私利の最大化を目指すとみなし、個人主義の立場を採る。これに対して集合主義とは、社会的事実は個人から独立して実在し、創発特性をもつ存在で、それが個人の行為を決定づけると考える立場である。

この論点に着目する意義は次の通りである。ＳＣが他の目的達成のための手段なのか、それ自体目的となりうるのかという論点は、この問題の発生が以下に帰せられるからである。それは、ＳＣ理論や社会的交換理論は、一般にはモースの贈与論がその出自の一つと認識されているものの、贈与論が集合主義的な発想をその根底においているのに対して、ＳＣ理論は必ずしもそうではなく、むしろアメリカ社会学に特有の個人主義的発想に影響されており、一種のパラダイムの転轍が生じている点に原因が存在する。

そしてこの転轍が、ＳＣ理論を基礎とする現実の政策立案の際の特色と限界を規定することも、合わせて明らかにしたい。そして、結論においては、この規定に基づくゆえの政策の行き詰まりを解消する方向性の一つを提示したい。

1・2 分析視角

一般にSC理論は、集合主義的な考え方、つまり社会学者デュルケムの集合主義やその理論的後継者である社会学者・文化人類学者モースの贈与論の系譜を引き継ぐと考えられている(2)。

それは社会学者タルコット・パーソンズが自らの社会学において目指していたような「現代社会学理論は、個人主義的な要素と全体主義的要素との特殊な『結婚』の結果として記述されうる」(Parsons 1961=1991: 87)という見解への信憑として理解できる。しかし実はこのパーソンズの確信は、エケが指摘しているように、「フランスで生まれた集合主義とイギリス社会学の系譜を引く個人主義とのアメリカにおける結合はあまり成功しなかった」(Ekeh 1974=1980: 5)のである。つまり、「一般にアメリカ社会学においては、集合主義的モデルは永続しない傾向があり、たとえ一時的に採用しても、すぐ個人主義的モデルに変化してしまう」(Ekeh 1974=1980: 5-10)のである。そしてこの傾向はSC理論の系譜においても例外ではなく、個人工義的傾向が強く、集合主義的傾向が弱いというアメリカ社会学における特色を踏襲しているのではないか。つまり、フランスで誕生した集合主義は、アメリカにおいてSC理論に援用される際に、一種の立場の転轍を生じたのではないかと考えられるのである。

本章ではこの転轍がいかなるものであったかを分析し、この転轍が政策への援用に与える影響について検討する。以下、第2節ではエケの分類にしたがってデュルケムからブラウ、ホマンズの社会交換理論に至る集合主義の変遷の系譜を整理し、さらにこの分析視角から各SC理論の社会学者の傾向を概観する。第3節では、前節の分類に基づいて次の検討を行う。すなわち、SC理論が集合主義の視角のどの部分を踏襲し、あるいはどの部分が個人主義的なものの見方に取って代わられたのかが明らかにされる。また、このようなSC理論の特色が、SCを基盤とした政策にどのような影響を及ぼし、どのような規定となって表れているのかに言及する。第4節ではまとめとして本章で明らかになったことを踏まえて、どのような政策展開が可能であるかを検討する。

2　社会関係理論とソーシャル・キャピタル理論の系譜——デュルケムからパットナムまで

2・1　社会関係理論の系譜

まず、フランス集合主義とイギリス個人主義の系譜を引く社会関係理論が、アメリカにおいてどのような形の結合したのかについて、エケの議論を基に整理を行うことにしよう。

エケによれば、デュルケム、モース、レヴィ＝ストロース、フレーザーと続くフランス社会学の交換理論の全体主義的傾向は、人々の個人的結合をコミュニティや家族などの直接的な紐帯の枠組みを越えて社会主義やデモクラシーなどへの理想主義的な同調へ向けたという意味において、(カトリック的な) フランス革命の民主的理想をパラダイムとしている。なお一般には、イギリスの人類学者であるアルフレッド・ラドクリフ＝ブラウンがこの系譜に属しており、デュルケム的全体主義理論を完成した人物とされるが、エケの見解では、ラドクリフ＝ブラウンは、デュルケム的な創発特性をもつ「構造」としての社会よりもむしろ個人の集合としての「集合の総体」としての社会に関心があった。つまり、一般の理解とは異なり、「ラドクリフ＝ブラウンは、限定的な意味でしかデュルケム学派ではなかった」とされている (Ekeh 1974=1980: 8)。

これに対して、同じ社会的交換理論の提唱者ではあるが、イギリス社会学の系譜であるホマンズ、ブラウ、エマーソン、シュナイダーの交換理論は個人主義的傾向をもっている。エケによれば、イギリスの個人主義的傾向は、イギリスの産業革命の（プロテスタンティズム的な）技術的理想をパラダイムとしてもっている。たとえば、ホマンズは交換行動を「対面的」関係に限ったことが特徴的であるが、これは個人主義の視角に基づくものであるし、ブラウは心理学的観点を排除し、経済学的視点から社会交換を論じているが、これも個人主義的で合理的人間観に基づいた分析であるからである。

以上のフランス社会学、イギリス社会学の立場の違いを、アメリカの社会学者パーソンズは、「個人主義的」「全体主義的」枠組みの対立として理解（Parsons 1961＝1991: 86）し、さらに、前項で触れた通り「個人的要素と全体主義的要素との特殊な『結婚』」（Parsons 1961＝1991: 87）ととらえて記述しようとした。しかし前出の通り、エケによれば、パーソンズのこの試みは、必ずしも成功していないとされている。また、「社会学の下位領域では、必ずしもこうした結婚が意図されたことはなかった」（Ekeh 1974＝1980: 5）のである。

つまり、エケによれば、「パーソンズやブラウは自らを全体主義的であるとみなしているが、その視点には疑問があり、その外見や本人の否定にも関わらず、むしろ個人主義的傾向を持つ。そして一般に、アメリカ社会学では全体主義的モデルは永続しない傾向があり、たとえ一時的に採用されてもすぐ個人主義的モデルに変化してしまう」と述べられている（Ekeh 1974＝1980: 10）。

グールドナーも「デュルケム機能主義からパーソンズ機能主義への移行に伴って、機能理論に内在する価値（＝全体主義的理解）はかなり変化」し、「パーソンズは、原理的には、人間の道徳的理想を追求する際の、人間の活動的な努力による影響を受け入れるような、いささかもっと動的な均衡を想像している」（Gouldner 1971＝1974: 182,196）と述べている。だから「たとえばパーソンズの社会学は、ホマンズよりも個人主義的傾向が弱いとはいっても、実質的にはデュルケム的なものとは言えない」（Ekeh 1974＝1980: 12）のである。したがって、

「一様ではないが、少なくとも社会的交換理論の領域では、ホマンズやブラウやエマーソンの業績の中には、アメリカ社会学の個人主義的特徴が色濃く示されている」（Ekeh 1974=1980: 12）と結論づけられているのである。

2・2　ソーシャル・キャピタル理論の系譜

このような個人主義、集合主義に関するエケの視角を援用して、社会関係理論の一環とも理解できるSC理論の系譜を検討したい。ここでは、SC理論の代表的研究者であるブルデュー、コールマン、リン、パットナムの各SC理論がどのような面で個人主義的であり、集合主義的であるかに焦点を当てて考察する。

まず、フランスの社会学者ピエール・ブルデューにとってのSCは、社会が分化するしくみを説明する概念であった。つまり、個人が有しているSCが、教育機会や雇用機会を規定し、その結果社会は階層化され固定される（Bourdieu 1986: 248-249）という理解である。ここでは個人の努力によるSCへの影響を否定的にとらえていることから、むしろ集合主義的な理解が行われている。

しかし、ブルデューの理解とは異なり、コールマン以降のアメリカ社会学におけるSCのとらえ方は、以下に述べるように個人主義的色彩が強まるのである。

ジェームズ・コールマンにとって社会関係資本の意義は、合理的個人が目的の達成を容易にするために協調行動を起こすメカニズムを説明する点にある。そしてその視角に沿って、モースの著作の北大西洋北西部のクワキユートル族のポトラッチの例を引き、ポトラッチは個人による義務の意図的創出であると解釈している（Coleman 1990=2004: 484）。しかしこの引用は、モースの趣旨とは異なる説明のしかたではないだろうか。なぜなら、モースは、ポトラッチを行う者の動機を「任意の形式を取るが、根底において厳格に義務づけられている」（野口 1992: 208）としているからである。つまり個人の努力によって影響されることの少ない「全体的給付体系」の基にあると考えているからである。要するにモースは、社会がポトラッチを行うことを個人に要請すると考える、すなわち集合主義的な分析視角から解釈するのに対して、コールマンのポトラッチの理解は、明らかに行為者の意思に基づく個人主義的行為を前提にしているのである。

ナン・リンは、コールマンのSCの見解をさらに個人主義的、競争的に発展させている。リンは合理的選択論の立場から、社会の構造的特性がある程度個人の行動の範囲を決めるとしながらも、個人が自己の便益のために社会構造を操作する自由をある程度有する点を強調し（Lin 2001=2008: 314）、個人をして市場の場での見返りを期待して社会関係に投資する存在（Lin 2001=2008: 24）であると見立てている。つまり、個人は自らの戦略的選択により、SCにアクセスし他者を利用する自由を有することを強調している点で、今回検討したSC研究者の中では最も個人主義的色彩が強い論者である。

最後に検討するパットナムにとってのSCとは、「人々の協調行動を活発にすることによって、社会の効率性を高めることのできる「信頼」「規範」「ネットワーク」といった社会的仕組み」である。そして、政策的に環境を整備することにより個人の行動を各人が意図的に変えることで、SCが高まり、結果的に社会の効率性を高めることができるという主張を行っている（Putnam 2000=2009: 498）。パットナムが目指すところは、コールマンやリンが前提としている合理的人間観に基づく市場経済的社会とは異なり、コミュニティを再興させることにある（Putnam 2000=2009: 499）。SCは個人ではなく社会に賦存していると論じる点ではむしろ集合主義的である。しかし、それにもかかわらず、政策的に個人の意識を変革することによって再興が可能となるという点で、パットナムの議論も集合主義を離れた個人主義的ソリューションであると判断されるのである。すなわち、パットナムは、行き過ぎた個人主義を批判し、コミュニティの重要性を強調しながらも、個人の意識改革を訴求するという方法しか採用していない点において、アメリカ社会学の個人主義的影響を受けているのである。この点については、結論において再度検討する。

3　社会関係の着眼点の相違

以上に見てきたように、アメリカ社会学における社会関係資本論は、論者によりその濃淡に相違はあるが、デュルケムやモースの集合主義的分析視角を参照しているものの、実はアメリカ社会学の特色である個人主義的性格を強く内包しており、必ずしも集合主義の社会関係のとらえ方を踏襲していないという意味において、社会関係のとらえ方に一種の立場の転轍を生じたのである。

集合主義や贈与論の論者とSC理論の論者による社会関係のとらえ方の相違は、以下のように理解可能である。まず、贈与論の立場に基づく社会関係の見方は、次のようなものである。まず、そもそも個人の意思のレベルでは、なぜ自分が贈与を介して他者とつながろうとするのかについては、実はあまり関心を払っていないと考えられる。

社会的連帯の動機は、個人の主体的な自由意思に基づくと主観的には考えられても、実は、個人がなぜそう意図するようになったのかは個人の意思の彼方にある。理由はもはやわからないが、とにかくわれわれは社会関係を取り結ぼうとする文化を持ち、社会から個人が社会的連帯を要請されているのである。この考え方のもとでは、贈与という手段を介して人間は社会関係を持とうとし、社会関係を取り結ぶことそれ自体によって直接的に満足するであろう。このように、社会関係の構築と継続は目的であって、個人的動機や意思に基づいて経済効率性を高める手段ではないととらえるのが贈与論の特徴である。そしてその理由は、贈与論が社会の現象を個人に還元できないとする集合主義の発想に基づいているからである。

この理解から、贈与論の立場に基づいた社会政策は、次のような特徴を持つと演繹することが可能である。社会関係の構築は政策の目的そのものであって、社会の効率性を高める手段とする政策オプションにはなじみにくい。また、社会関係の構築が手段ではない以上、たとえばある個人が社会関係を持つ人数等の社会関係を間接的に表す現象を指標化し、その指標を向上させ管理することを政策目的にする政策とは親和性が低い。なぜなら、このような社会関係に関する指数が高い値を示しても、重要なのは量的問題である指標としてとらえることではなく、社会関係の個別の内容を個人がどのようにとらえるかという質的問題であり、そもそも他の目的達成の手段とならない以上、指標によって政策的に管理しようとする動機自体も低くなるからである（表5の贈与論の列を参照）。

これに対して、今回検討したSC理論の論者の多くに共通する社会関係のとらえ方は、次のようなものである。そもそも社会関係の構築は、社会の経済的効率性を向上させる等の別の目的を持った個人の意思の結実として、つまり各個人の利益に資することに奉仕する手段的な要素として把握される。その発想のもとでは、政策は、社会の効率性をさらに向上させるという目的達成のための手段として、社会の構成員である住民に対して、各自の利益を測ることを企図して社会効率を向上させるのに役立つ社会関係を構築するよう誘導することになろう。個人主義のもとで、社会の効率性を向上させる手段として社会関係の構築と継続がはかられる以上、そのような政策を採用するのが当然である。そしてその政策オプションは、たとえばある個人や集団の社会関係を間接的に表す現象を指標化し、その指標を向上させることが社会の効率性を高めるとみなして、その管理を目的にする手法と親和性が高くなるであろう（表5のSC理論の列を参照）。

表5　贈与論とソーシャル・キャピタル理論に基づく政策展開の相違

	贈与論（モース）	ソーシャル・キャピタル理論
着眼点	社会関係の重視	同左
立場	集合主義的	個人主義を内包
社会的連帯の動機	社会が個人に要請	個人の合理的選択
個人の努力の社会への影響	弱い	強い
社会関係重視の視点	社会関係の構築は目的 贈与を行う	社会関係の構築は手段 社会パフォーマンスを高める
社会の効率性を高める政策との親和性	低い	高い
社会関係の指標化との親和性（理由）	なじみにくい （社会関係の構築それ自体が目的）	なじむ （手段の有効性を測る必要がある）
政策の個人への介入度合い	弱い	強い
政策展開の手段	（集合主義的政策展開のあり方を今後要検討）	住民意識を変えるための働きかけ（個人主義的）

4　政策との親和性と発展可能性

4・1　集合主義理論の中でソーシャル・キャピタルが汲み取れなかったもの

これまでの検討で、現在のアメリカ社会学で行われているSC研究の特色は一様ではないが、社会関係に対する個人の努力の影響を強調する点で、集合主義的理解が弱まり、個人主義的色彩が濃くなっていることが明らかになった。すなわち、SC理論では、集合主義あるいは贈与論による社会のとらえ方から個人主義的な理解の仕方へと一種の立場の転轍が行われたのである。それはアメリカ社会学において社会的交換理論の立場の転轍があったとするエケの指摘と同様の文脈である。社会的交換理論の系譜上にあると考えられるSC理論が、この意味においても社会的交換理論と同様の転轍の系譜をたどっているわけである。

そしてこの立場の転轍が、SC理論を基に政策展開が行われる場合の特色を規定する。すなわち、個人主義的な社会関係の理解の色彩が強いSC理論は、SCを代替指標によって指標化し、それを向上させることを個人に対して誘導する政策と親和性が高いという関係がある。

たとえば、世界銀行のSCIやODAの戦略に組み込まれたSC活用手法や、日本における内閣府国民生活局の調査（内閣府 2002）などは、SCを個人主義的にとらえる理解に基盤をおいている(3)。

ここで留意すべきなのは、一般に個人主義と集合主義では、政策展開において住民への介入の度合いが異なる可能性があることである。つまり、社会を個人主義的にとらえる立場では、個人を変えれば社会を変えることが可能であるとの観点から、政策によって個人の意識を変えることによって社会を変革しようとする手法に傾きがちであり、したがって、集合主義的発想と比較して、政策の全能性を信じやすく、住民への介入の度合いが高くなる傾向にある。そして、SCを指標化し、当該指標を向上させる方向に個人の行動を誘導しようとするタイプの政策も、一般に同様の傾向を有している。

この傾向は、個人主義的色彩が比較的強いSC研究者に特有のものではなく、たとえば、SC研究者の中でも個人主義的傾向が比較的少ないパットナムにおいても、SCの政策手法は、市民参加の機会を制度的に確保するなどの住民意識への働きかけ（Putnam 2000＝2009: 498）が主になっている。これは、SCは個人の内ではなく社会に賦存するという集合主義的見解を有するパットナムにあってさえ、その政策展開が個人の意識を変えるという個人主義的手法しかないことを示している。つまり、個人主義的な傾向を強める社会への批判であったはずのSC理論が、その対策である政策手法として、個人の意識に訴えかける個人主義的手法のオプションしか取りえないという限界を示しているのではないだろうか。元々集合主義や贈与論の立場から発生したSC理論であるのに、その政策展開において個人主義的なオプションしかないことは、当該政策の論理的整合性や有効性についての弱点となっている可能性が指摘できるのである(4)。

この点に、個人主義的立場に転轍したSC理論の限界が感じ取れるのである。集合主義から個人主義的立場に転轍したことを原因とする規定であるから、その解決方法の探求先として、ＳＣ理論のルーツである集合主義的理論、特にモース贈与論に立ち戻ることに論理的な有効性がある。

つまり、ここで議論したＳＣ理論における集合主義から個人主義への転轍の認識は、集合主義的理論の中に現在のＳＣ理論が汲み取れなかった社会関係のとらえ方が存在し、それに基づく別の政策展開を探る可能性を開くものである。

４・２　集合主義的ソーシャル・キャピタルという可能性

この新たな道は、たとえば「集合主義的ＳＣ」と表現可能である集合主義や贈与論の立場により近い社会関係資本理論による政策展開の可能性があることを意味している。この立場に着目する理由は、集合主義に基づく贈与論の現代的価値が、贈与を繰り返すことそのもの、つまり社会関係を持つことそれ自体が人間にとって意味がある、すなわち幸福であるととらえるところに、社会学理論と政策の両方に貢献可能な価値が存在するからである。また、パットナムの指摘でもある過度の個人主義の弊害を救うための理論的よりどころとしても、デュルケムの集合主義的アプローチは有効である。たしかに、デュルケムにとって、社会は個人に倫理を落とし込むためのシステムという側面があった。その現代的意義は失われているとしても、個人の全能性に対する期待、ひいては、個人に及ぼす政策の全能性への信頼を控えめに抑える効果が集合主義の分析視角に存在している。それが現代において集合主義に光を当てる意義であると考えられるのである。

この立場に基づく理論や政策展開については、今後の課題である。その発展可能性を探る方向性は、次のようなものとなろう。

集合主義的ＳＣの立場に基づく政策展開の例としては、社会からつながることを要請されているというメッセージを個人的に受信している人、すなわち理由はよくわからないが他者と社会関係を持ちたいという動機を有している特定の住民を援助するという事業になる。これに対して、個人主義的SCに基づく政策展開では、まず政策側に社会関係を構築すべきという価値観があり、それへの政策誘導として社会関係構築を目指して(5)一律に政策誘導するという手法になる。この二つの政策立案は、見かけ上は類似しているかのようであるが、そのパラダイムや政策効果が全く異なるということは、本書の議論によって明らかになったのではないか。

また、一般に、社会政策に社会理論を応用する際に広く用いられている「指標化」する手法のリスクについても、今回の視角を用いることによって理解可能であると考えるため、今後の研究課題として指摘しておきたい(6)。

注

(1) 代表的研究として、パットナムの南北イタリアにおける制度パフォーマンスの格差に関する研究がある(Putnam 1993=2004)。

(2) SC理論家たちもしばしばそのように自称している。たとえばコールマンは、モースの贈与論を敷衍している(Coleman 1990=2004: 484)し、パットナムはデュルケムの集合主義を援用している(Putnam 2000=2009: 401)。

(3) 特に日本において、指標化と政府のコントロールへの指向が強いのは、政策立案者において、社会を変え社会のあり方に責任を持つのは国家であるという自負が強いことが影響しているのかもしれない。

(4) たとえば、SC指標の設定が適切であったとして、各個人の努力によって指標が向上したとしても、当該指標の向上によって政策目標が達成できたかどうか、たとえば社会が効率的になったか、あるいは人間の幸福に資することができたかどうかについては実は明らかにならない。これには、個人の努力を誘導することによって社会構造を変革することができるかどうかという、合理的選択論が抱えるテーマが関係しており、まだその相関関係が明らかになっていないからである。

（5）場合によっては指標化して誘導することが目的適合的である。

（6）最近イギリス、フランス、日本等において政府が検討しているブータンを手本にした「国民総幸福量」を指標化する動きについても、それが集合主義的な概念を使用しながら、政策展開の際には、実は個人主義的立場を前提にしている可能性があることの検討などに応用可能であると考える。

あとがき

本書は、筆者が上智大学大学院総合人間科学研究科に提出し、社会学博士学位を授与された論文「地域福祉の比較社会学」（二〇一六年）に加筆修正を加えたものである。本書の議論の中心となる論文は、第二回福祉社会学会奨励賞を受賞した「地域福祉実践の規模論的理解―贈与類型との親和性に着目して」（『福祉社会学研究』vol.8 2011）であるが、この論文は、発表後に「比較福祉研究の新展開」について論じた（『福祉社会学研究』vol.14 2017）ものであるとの評価をいただいた。

つまり本書は、地域福祉実践についての社会調査を比較分析することにより社会理論化することを目指した新しい比較社会学の具体的な方法についての研究書となっている。

考えてみると、本書は結果的に、デンマーク出身の社会学者エスピン＝アンデルセンへのオマージュとなっているのではないか、ということに思い当たった。おそらく私は、アンデルセンが試みているような比較社会学の研究書、すなわち現実の社会福祉実践と抽象的な社会理論を自由に往還するような書物を書きたかったのであろう。そのような発想と方法論を、さらには、知性はひろびろとしていてどこまでも伸びやかに広がっていくものであることを、私は、藤村正之上智大学副学長、中筋直哉法政大学教授の二人の指導教授から学んだのである。

一般的な話だが、現在の日本の社会福祉の世界は、物事を抽象化して考えることがいささか不得手であるように思う。一方、理論社会学の世界は、物事を抽象化するあまり、現実社会に直接適用しにくいものになっているようにも思う。つまり、目には見えない大切なもの（こちらはアンデルセンではなく、サン＝テグジュペリだが）は、抽象化あるいは制度化すると、残念なことにさらに見えにくくなる傾向があると思うのである。その目に見えないものが存在していることを前提に、それを大事にした上で具体的な事象を理論化することを試みたかったのである。そのような執筆意図をお伝えすることができただろうか。

私が地域福祉実践を参与観察していくなかで、目に見えない大切なものと感じたのは、福祉実践がシステム化あるいは規模が拡大していくにつれて、個々の要援護者の幸福が失われていくとの反比例の傾向がどうしても生じてしまうことに関係者は無自覚であってはならないという、この一点であった。人間の幸福はなかなか可視化することも計量することも困難だが、そのような目に見えないものを存在するものと考え、それを大切にして設計を行っている実践に焦点を当てて研究したかったのである。

そしてそれを説明するために、手の届く範囲の共同体が要援護者を支える機能が社会福祉政策上とても重要であることを論じたかったのである。社会理論としては、要援護者の社会関係の質、特に相互行為の重要性について贈与論の観点を援用した。また、当事者の社会関係の自覚について認識論の観点を参照した。さらに適切な社会関係の規模すなわち社会関係の量を考察するために規模論の観点を採用したのだが、それによって目に見えない大切なものを可視化することができたかどうかいささか心許ない。それでも、今回取り上げた五つの地域福祉実践に関わる人々が、いろいろな考え方で要援護者の幸福を真剣に考えて取り組み、要援護者とさまざまな方法で相互行為を構築しようとしていることをお伝えできたのではないかと思う。そして、地域福祉実践とは、たとえそれがどんなに優れた実践であっても一種類で完結するものではなく、同一地域内に質的に異なる多様な実践が重層的に存在していること（＝重層的な地域福祉実践）が、その地域で暮らす要援護者の自由と幸福に直結していると私が考えていることもまた、お伝えできたのではないかと思う。

本書では、五つの地域の実践しか取り上げなかったが、執筆にあたっては、日本全国のさまざまな地域福祉実践を調査させていただいた。とても全員のお名前を書ききれないが、快く社会調査の便宜を図ってくださった長野県駒ヶ根市社会福祉協議会の片桐美登氏、広島県福山市鞆の浦のさくらホームの羽田冨美江氏をはじめとする各地の方々に、心からの感謝を申し上げる。

また、本書の基盤に流れる着想には、私淑している内田樹神戸女学院大学名誉教授、釈徹宗相愛大学教授のお考えに負うところも大きかった。釈先生には本書への推薦文も寄稿していただいた。また、山本幸代氏にはひとかたならぬお世話になった。ここに記して感謝申し上げる。みなさま、本当にありがとうございました。

私の今後の研究は、日本国内に留まらず、エスピン＝アンデルセンが示しているような福祉レジームの三類型、すなわち社会民主主義レジーム、保守主義レジーム、自由主義レジームに日本を追加した形で、各国の状況を比較研究する方向へと舵を切ることになるのではないかと思う。

「人間、特に高齢者の自由と幸福は、手の届く範囲の共同体を中心とする社会関係がどのような条件であれば、あるいはどのようにしたら実現可能になるのか」。社会的動物である人間の根源に深く関係するこのテーマには、どこかに各国の福祉レジームや国民性に関係なく時代、地域を超えた普遍的な解答があると考えられるのである。一方、そのような普遍性にもかかわらず福祉レジームや国民性にある程度規定される部分も存在するのではないか。比較社会学の研究対象として、まことにふさわしい研究領域であると思うのだが、読者のみなさんは、この点をどのようにお考えだろうか。

本書の装画は、抽象画家 山本浩二画伯が描かれた「老松（黒松）」です。画伯には、「老松」作品の中から、この本にふさわしい「老松」をご自身で選定していただきました。

倉敷市の大原美術館には、モネの「睡蓮」が飾られています。この「睡蓮」は、オークション等で落札されたものではなく、美術館の創始者大原孫三郎が、画家をパリのモネの工房に派遣し、大原美術館にふさわしい「睡蓮」をモネ自身に選定してもらい、それを購入して展示したものであると聞いています。本書装画の「老松（黒松）」は、そのひそみに倣ったものです。

画伯の「老松（黒松）」は、よく能舞台などに描かれている具象画の〈老松〉とは異なり、絵の中にそれが飾られている場所と同規模の空間が存在していることを見る人に意識させます。画伯の代表作であり、内田樹さんのご自宅である「凱風館」の能舞台に描かれている「老松」の絵の中には、それが描かれている七〇畳の合気道道場と同規模の広大な空間があるように感じられます。

また、「老松」は、生と死の暗示でもあります。画伯の絵では、黒く細い線で表現される幹部分が死を、煙のように表現される葉部分が生を暗示しているように私には感じられます。その生と死のモチーフは、この本のテーマである「良き生の過ごし方、良き死の迎え方」と重なっているのです。画伯、ありがとうございました。

本書は、ＪＳＰＳ科研費 17HP5175の助成を受けたものです。
This book was supported by JSPS KAKENHI Grant Number 17HP5175.

二〇一八年二月

著　者

人名索引

事項索引

あ行

か行

さ行

た行

な行

は行

ま行

や行

ら行

参考文献

Bateson, Gregory, 1979, *Mind and Nature: A Necessary Unity*, Wildwood House.（=1982, 佐藤良明訳『精神と自然――生きた世界の認識論』思索社.）

Baudrillard, Jean, 1981, *Simulacres et Simulation*, Paris: Editions Galilee.（=1984, 竹原あき子訳『シミュラークルとシミュレーション』法政大学出版局.）

Bauman, Zygmunt, 2001, *Community: Seeking Safety in an Insecure World*, Cambridge: Polity Press.（=2008, 奥井智之訳『コミュニティ――安全と自由の戦場』筑摩書房.）

――――, 2004, *Wasted Lives*, Cambridge: Polity Press.（=2007, 中島道夫訳『廃棄された生』昭和堂.）

Berger, Peter L. and Luckmann, Thomas, 1966, *The Social Construction of Reality: A Treatise in the Sociology of Knowledge*, New York: Doubleday.（=1977, 山口節郎訳『日常世界の構成――アイデンティティと社会の弁証法』新曜社.）

Blau, Peter, 1964, *Exchange and Power in Social Life*, New York: John Wiley.（=1974, 間場寿一ほか訳『交換と権力――社会過程の弁証法社会学』新曜社.）

Blumer, Herbert, 1986, *Symbolic Interactionism: Perspective and Method*, Berkeley: University of California Press.（=1991, 後藤将之訳『シンボリック相互行為論――パースペクティブと方法』勁草書房.）

Bourdieu, Pierre, 1986, "The Forms of Capital," John G. Richardson ed., *Handbook of Theory and Research for the Sociology of Education*, New York: Greenwood Press, 241-258.

Bryman, Alan, 2004, *The Disneyization of Society*, London: Sage Publication.（=2008, 能登路雅子監訳・盛岡洋二訳『ディズニー化する社会――文化・消費・労働とグローバリゼーション』明石書店.）

Coleman, James Samuel, 1990, *Foundations of Social Theory*, Cambridge: Harvard University Press.（=2004, 久慈利武監訳『コールマン　社会理論の基礎』青木書店.）

Dahl, Robert and Tufte, E., 1971, *Polyarchy*, New Haven: Yale University.（=1981, 高畠通敏・前田脩訳『ポリアーキー』三一書房; 2014, 岩波文庫）
———, 1973, *Size and Democracy*, Stanford: The Board of Trustees of the Leland Stanford Junior University.（=1979, ダール・タフティ 内山秀夫訳『規模とデモクラシー』慶応通信.）
Durkheim, Émile 1895, *Les règles de la méthode sociologique*, Nabu Press.（=1978, 宮島喬訳『社会学的方法の基準』岩波文庫.）
Ekeh, Peter P., 1974, *Social Exchange Theory*, London: Heinemann.（=1980, 小川浩一訳『社会的交換理論』新泉社.）
Esping-Andersen, Gosta, 1990, *The Tree Worlds of Welfare Capitalism*, Cambridge: Polity Press.（=2001, 岡沢憲芙・宮本太郎監訳『福祉資本主義の三つの世界———比較福祉国家の理論と動態』ミネルヴァ書房.）
Fischer Claude, 1984, *The Urban Experience*, San Diego: Harcourt Brace.（=1996, 松本康・前田尚子訳『都市的体験—都市生活の社会心理学』未来社.）
藤村正之, 1999,『福祉国家の再編成——「分権化」と「民営化」をめぐる日本的動態』東京大学出版会.
———, 2000,「福祉政策にとっての地域社会——社会政策研究の空間論的展望」『社会政策研究』1: 95-117.
———, 2014,『考えるヒント——方法としての社会学』弘文堂.
深田耕一郎, 2013,『福祉と贈与——全身性障害者・新田勲と介護者たち』生活書院.
古川孝順, 2012,『社会福祉の新たな展望——現代社会と福祉』ドメス出版.
Goffman, Erving, 1959, *The Presentation of Self in Everyday Life*, New York: Doubleday.（=1974, 石黒毅訳『行為と演技——日常生活における自己呈示』誠信書房.）
Gouldner, Alvin Ward, 1971, *The Coming Crisis of Western Sociology*, London: Heinemann.（=1974, 岡田直之・田中義久訳『社会学の再生を求めて１——社会学＝その矛盾と下部構造』新曜社.）
浜本満・浜本まり子編, 2001,『人類学のコモンセンス——文化人類学入門』学術図書出版社.
原田校区福祉委員会・豊中市社会福祉協議会, 2000,『遊友——民家を借りてデイサービスをつくってしまった地域のパワー』シイーム.
広井良典, 2009,『コミュニティを問いなおす——つながり・都市・日本社会の未来』筑摩書房.

Husserl, Edmund, 1950, *Cartesianische Meditationen*, Hamburg: Felix Meiner.（=1970, 船橋弘訳『デカルト的省察　世界の名著 51』中央公論社.）
———, 1973, *Zur Phänomenologie der Intersubjektivität: Texte aus dem Nachlass*, Den Haag: Martinus Nijhoff（=2012, 浜渦辰二・山口一郎監訳『間主観性の現象学　その方法』筑摩書房.）
今村仁司, 2000,『交易する人間（ホモ・コムニカンス）――贈与と交換の人間学』講談社.
石田光規, 2008,「社会関係資本（Social Capital）―その理論的背景と研究視角」『社会学論考』（東京都立大学社会学研究会）25: 51-77.
金澤周作, 2008,『チャリティとイギリス近代』京都大学学術出版会.
金子郁容, 2013,「コミュニティとコミュニケーション―伝統的共同体とネット上のコミュニティをつなぐもの」『電子情報通信学会技術研究報告　ＨＣＳヒューマンコミュニケーション基礎』113（185）: 13-14　2013-8-16.
金子勇, 2011,『コミュニティの創造的探求――公共社会学の視点』新曜社.
春日住民福祉協議会, 2008,『住民が創る自治・福祉・防災の地域づくり――いつまでも住み慣れた地域で暮らしつづけるために』春日住民福祉協議会.
片桐雅隆, 1982,『日常世界の構成とシュッツ社会学』時潮社.
———, 1993,『シュッツの社会学』いなほ書房.
加藤秀治郎, 2008,『政治学』第３版, 芦書房.
Kitwood, Tom M., 1997, *Dementia Reconsidered: The Person Comes First*, Buckingham: Open University Press.（=2005, 高橋誠一訳『認知症のパーソンセンタードケア――新しいケアの文化へ』筒井書房.）
国民生活審議会調査部会コミュニティ問題小委員会, 1969,「生活の場における人間性の回復」（2018/02/10 取得 http://www.ipss.go.jp/publication/j/shiryou/no.13/data/shiryou/syakaifukushi/32.pdf）
厚生労働省, 2008,『地域における「新たな支え合いを求めて」―住民と行政の協働による新しい福祉（これからの地域福祉のあり方に関する研究会報告書）』厚生省ホームページ（2016/2/14 取得 http://www.mhlw.go.jp/shingi/2008/03/s0331-7b.html).
———, 2012,『平成二四年版　厚生労働白書』. 厚生省ホームページ（2018/02/10 取得 http://www.mhlw.go.jp/wp/hakusyo/kousei/12/）
厚生労働省社会保障審議会福祉部会, 2001,「福祉支援計画策定指針の在り方について」.
———, 2002,「市町村地域福祉計画及び都道府県地域福祉支援計画策定指針の在り方について」厚生省ホームページ（2016/2/14 取得 http://www.

mhlw.go.jp/shingi/2002/01/s0128-3.html).
厚東洋輔, 2011,『グローバリゼーション・インパクト——同時代認識のための社会学理論』ミネルヴァ書房.
Lévi-Strauss, Claude, 1958, *Anthropologie Structurale*, Paris: Plon.（=1977, 荒川幾男ほか訳『構造人類学』みすず書房.）
Lin, Nan, 2001, *Social Capital: A Theory of Social Structure and Acton*, Cambridge: Cambridge University Press.（=2008, 筒井淳也ほか訳『ソーシャルキャピタル——社会構造と行為の理論』ミネルヴァ書房.）
Lévinas, Emmanuel, 1961/1971, *Totalite et infini-essai sur l' exteriorite*, Den Haag: Martinus Nijhoff.（=1989, 合田正人訳『全体性と無限——外部性についての試論』国文社.）
———, 1963, *Difficile liberte*, Paris: Albin Michel.（=1985, 内田樹訳『困難な自由』国文社.）
MacIver, Robert M.1917, *Community. A Sociological Study: Being an Attempt to Set Out the Nature and Fundamental Laws of Social Life*, London: Macmillan.（=1975, 中久郎・松本通晴監訳『コミュニティ - 社会学的研究——社会生活の性質と基本法則に関する一試論』ミネルヴァ書房.）
松本康編, 2014,『都市社会学・入門』有斐閣.
牧賢一, 1996,『コミュニティ・オーガニゼーション概論——社会福祉協議会の理論と実際』全国社会福祉協議会.
牧里毎治, 1990,「地域援助技術」岡本民夫・小田兼三編『社会福祉援助技術総論』ミネルヴァ書房, 144-151.
牧里毎治・野口定久・河合克義編, 2001,『地域福祉』有斐閣.
Malinowski, Bronisław, 1932, *Argonauts of The Western Pacific*, London: George Routledge and Sons.（=1980, 寺田和夫・増田義郎訳「マリノフスキー　西太平洋の遠洋航海者」泉靖一責任編集『世界の名著　マリノフスキー　レヴィ＝ストロース』中央公論社.）
Mauss, Marcel, 1950, *Sociologie et Anthropologie*, Paris: Presses universitaires de France.（=2009, 吉田禎吾・江川純一訳『贈与論』ちくま学芸文庫.）
Mead, George Herbert, 1982, *The Individual and the Social Self*, Chicago: University of Chicago Press.（=2001, 河村望訳『社会心理学講義・社会的自我』人間の科学新社.）
Merton, Robert, 1968, *Social Theory and Social Structure*, New York: The Free Press.（=2007, 森東吾・森好夫・金沢実・中島竜太郎共訳『社会理論と社会構造』みすず書房.）

宮川公男・大守隆編, 2004,『ソーシャル・キャピタル』東洋経済新報社.
文部科学省, 2009,『平成21年度　学校基本調査報告書』.
中島修・菱沼幹男編, 2005,『ミュニティソーシャルワークの理論と実践』中央法規出版.
永田幹夫, 2001,『地域福祉論』全国社会福祉協議会.
中野いく子, 1996,「高齢化社会における福祉コミュニティ形成の方策に関する研究」日本社会事業大学大学院1996年度博士論文.
中村豊, 2008,「超越論的世界像」『空間・社会・地理思想』12号: 145.
内閣府, 2002,『平成一四年度内閣府委託調査ソーシャルキャピタル――豊かな人間関係と市民活動の好循環を求めて』.
日本総合研究所, 2008,『日本のソーシャル・キャピタルと政策――日本総研2007年全国アンケート調査結果報告書』日本総合研究所.
野口雅弘, 2011,『比較のエートス――冷戦の終焉以後のマックス・ウェーバー』法政大学出版局.
野口隆, 1992,『モース社会学の研究』葦書房.
野村総研, 2012,『コミュニティソーシャルワーカー（地域福祉コーディネーター）調査研究事業報告書』野村総研.
農林水産省農村振興局, 2006,『ソーシャル・キャピタルをめぐる内外の動き』（2018/2/10取得 http://www.maff.go.jp/j/nousin/noukei/socialcapital/pdf/data103.pdf）
OECD, 2001, *The Well-Being of Nations: The Role of Human and Social Capital*, Paris: OECD.
小川博司, 1985,「匿名の夢と現実」江原由美子・山岸健編『現象学的社会学――意味へのまなざし』三和書房: 259-278.
岡本栄一, 2002,「場―主体の地域福祉論」『月刊福祉』30号（全国社会福祉協議会）: 11-25.
岡村重夫, 1974,『地域福祉論』光生館.
奥田道大, 1971,「コミュニティ形成の論理と住民意識」磯村英一ほか編『都市形成の論理と住民』東京大学出版会: 135-177.
Ortega y Gasset, José, 1930, *La rebelión de las masas*.（=1995, 神吉敬三訳『大衆の反逆』ちくま学芸文庫.）
Parsons, Talcott, 1961, *Theories of Society: Foundations of Modern Sociological Theory*, New York: Free Press of Glencoe.（=1991, 丸山哲央訳『文化システム論』ミネルヴァ書房.）
Piketty, Thomas, 2014, *Capital in the Twenty-first Century*, Cambridge:

Harvard University Press.（=2014, 山形浩生・守岡桜・森本正史訳『二一世紀の資本』みすず書房.）
Putnam, Robert, D., 1993, *Making Democracy Work*, Boston: Princeton University Press.（=2004, 河田潤一訳『哲学する民主主義——伝統と改革の市民的構造』ＮＴＴ出版.）
———, 2000, *Bowling Alone: The Collapse and Revival of American Community*, New York: Simon & Schuster Paperbacks.（=2009, 柴内康文訳『孤独なボウリング——米国コミュニティの崩壊と再生』柏書房.）
Ritzer, George, 1996, *The Mcdonaldization of Society*, Newbury Park: Pine Forge Press.（=2008, 正岡寛司訳『マクドナルド化する社会』早稲田大学出版部.）
Schütz, Alfred, 1932, 1960, 1974, *Der sinnhafte Aufbau der sozialen Welt. Eine Einleitung in die verstehende Soziologie.*（=1982, 佐藤嘉一訳『社会的世界の意味構成——ヴェーバー社会学の現象学的分析』木鐸社.）
———, 1964, *Collected Papers II: Studies in Social Theory*, Den Haag: Martinus Nijhoff.
埼玉県, 2004,『彩の国さいたまの地域福祉協働・創造指針』.
さいたま市市民局市民部コミュニティ課市民活動支援室, 2007,『ソーシャル・キャピタル向上に向けた基礎調査』.
———, 2008,『ソーシャル・キャピタル向上に向けた基礎調査（その２）——心豊かな市民社会の実現を目指して』.
桜井政成, 2007,『ボランティアマネジメント自発的行為の組織化戦略（ＮＰＯマネジメントシリーズ)』ミネルヴァ書房.
三本松政之・朝倉美江, 2007,『福祉ボランティア論』有斐閣.
佐藤寛, 2008,「もう一つの社会資本—社会関係資本（ソーシャルキャピタル）と日本の国際協力」『Civil Engineering Consultant』社団法人建設コンサルタンツ協会 240: 36-39.
———編, 2001,『援助と社会関係資本——ソーシャルキャピタル論の可能性』アジア経済研究所.
世界保健機構執行理事会議決, 1999,「ＷＨＯ憲章における「健康」の定義の改正案について」厚生省（2016/2/14取得 http://www1.mhlw.go.jp/houdou/1103/h0319-1_6.html).
Simmel, Georg, 1900, *Philosophie des Geldes*, Berlin: Duncker & Humblot.（=1999, 居安正訳『貨幣の哲学』白水社.）
———, 1917, *Grundfragen der Soziologie*, Berlin: G. J. Göschen.（=2004, 居安

正訳『社会学の根本問題』世界思想社.）
Smelser, Neil J., 1988, *Comparative Methods in the Social Science*, New Jersey: Prentice-Hall.（=1996, 山中弘『社会科学における比較の方法――比較文化論の基礎』玉川大学出版部.）
総務省統計局, 2009,『人口推計――平成二一年一〇月一日現在』.
武川省吾, 2006,『地域福祉の主流化　福祉国家と市民社会Ⅲ』法律文化社.
玉野和志, 2011,「公共性をめぐる市民と自治体の新しい関係」せたがや自治政策研究所『都市社会学研究』（世田谷区役所）3: 1-15.
Tocqueville, Alexis-Charles-Henri Clérel, 1835/1840, *De la démocratie en Amérique*.（=1987, 井伊玄太郎訳『アメリカの民主政治』講談社学術文庫.）
筒井孝子, 2012,「地域包括ケアシステムに関する国際的な研究動向」高橋紘士編『地域包括ケアシステム』第3章 オーム社.
上野千鶴子編, 2008,『「女縁」を生きた女たち』岩波書店.
Vaitkus, Steven, 1991, *How is Society Possible ? : Intersubjectivity and the Fiduciary Attitude as Problems of the Social Group in Mead, Gurwitsch, and Schustz*, Dordrecht/Boston/London: Kluwer Academic Publishers.（=1996, 西原和久ほか訳『「間主観性」の社会学――ミード・グルヴィッチ・シュッツの現象学』新泉社.）
Weber, Max, 1904, *Die Objektivität sozialwissenschaftlicher und sozialpolitischer Erkenntnis*.（=1998, 富永祐治・立野保男訳『社会科学と社会政策にかかわる認識の「客観性」』岩波文庫.）
World Bank, 2001, *World Development Report 2000/2001: Attacking Poverty*, New York: Oxford University Press.（=2002, 西川潤監訳『世界開発報告2000/2001――貧困との闘い』シュプリンガー・フェアラーク.）
山田宜廣, 2009,『住民主導の地域福祉運営――小学校区の重層構造と「金沢方式」からの考察』筒井書房.
山本馨, 2008,「地域社会に根を持つ福祉を求めて―その社会学的意味と政策科学的展開」法政大学大学院2008年度修士論文.
―――, 2009,「地域政策分析を通しての新たな社会関係資本理解―その類型化と代替政策の可能性」『上智大学社会学論集』上智大学 33: 73-94.
―――, 2010,「地域福祉政策実践のパラダイム比較―モース贈与論の視角による社会学的理解」『ソシオロジ』京都大学社会学研究会 55(2): 89-105.
―――, 2011a,「社会関係資本理論のパラダイムシフト―方法論的集合主義と方法論的個人主義からの理解」『上智大学社会学論集』上智大学 35: 75-86.

――――, 2011b,「地域福祉実践の規模論的理解―贈与類型との親和性に着目して」『福祉社会学研究』（福祉社会学会）8: 85-104.
――――, 2014,「地域介護における要介護者認識の抽象度と福祉政策実践の基本構造―類型化認識を手がかりに」『年報社会学論集』（関東社会学会）27: 196-207.
山内直人・伊吹英子編, 2005,『日本のソーシャルキャピタル』大阪大学大学院国際公共政策研究科ＮＰＯ研究情報センター.
山崎仁朗, 2014,『日本コミュニティ政策の検証―自治体内分権と地域自治へ向けて（コミュニティ政策叢書）』東信堂.
山崎カヲル, 1999,「贈与交換から商品交換へ」井上俊・上野千鶴子・大澤真幸・見田宗介・吉見俊哉編『岩波講座　現代社会学第17巻　贈与と市場の社会学』岩波書店 179-194.
吉見俊哉, 1992,「イデオロギーとしてのディズニーランド―『ディズニーランド都市』をめぐる覚書」『都市問題研究』44（5）: 31-37.
全国コミュニティライフサポートセンター編, 2007,『校区の時代がやってきた！――住民が築く17の小地域福祉活動』全国コミュニティライフサポートセンター.

著者紹介

山本　馨（やまもと　かおる）

1963年生まれ

上智大学大学院総合人間科学研究科社会学専攻博士後期課程修了

法政大学大原社会問題研究所嘱託研究員

社会学博士　群馬県庁職員　表千家茶道教授

2012年に論文「地域福祉実践の規模論的理解―贈与類型との親和性に着目して」（『福祉社会学研究』8号 2011年）により第2回福祉社会学会奨励賞受賞

地域福祉実践の社会理論
贈与論・認識論・規模論の統合的理解

初版第1刷発行　2018年3月10日

著　者　山本　馨
発行者　塩浦　暲
発行所　株式会社　新曜社
101-0051　東京都千代田区神田神保町 3-9
電話 03（3264）4973（代）・FAX 03（3239）2958
Email: info@shin-yo-sha.co.jp
URL: http://www.shin-yo-sha.co.jp
印刷製本　中央精版印刷

ISBN978-4-7885-1573-4 C3036